Judicial Methodology for
Criminal Law

刑法适用方法论

何荣功 / 著

图书在版编目(CIP)数据

刑法适用方法论／何荣功著. —北京：北京大学出版社，2021.11
ISBN 978-7-301-32826-2

Ⅰ. ①刑…　Ⅱ. ①何…　Ⅲ. ①刑法—法律适用—中国　Ⅳ. ①D924.05

中国版本图书馆 CIP 数据核字(2022)第 004659 号

书　　名	刑法适用方法论 XINGFA SHIYONG FANGFALUN
著作责任者	何荣功　著
责任编辑	王欣彤
标准书号	ISBN 978-7-301-32826-2
出版发行	北京大学出版社
地　　址	北京市海淀区成府路 205 号　100871
网　　址	http://www.pup.cn　http://www.yandayuanzhao.com
电子信箱	yandayuanzhao@163.com
新浪微博	@北京大学出版社　@北大出版社燕大元照法律图书
电　　话	邮购部 010-62752015　发行部 010-62750672　编辑部 010-62117788
印 刷 者	北京中科印刷有限公司
经 销 者	新华书店
	650 毫米×980 毫米　16 开本　22.75 印张　273 千字 2021 年 11 月第 1 版　2021 年 11 月第 1 次印刷
定　　价	89.00 元

前言：刑法适用的理论框架及其问题

一

法律是社会需求的产物，本质上是一种政治机制。刑法的属性与构造根本上取决于特定时期国家的政治结构。近代以来，民主法治社会一般遵循这样的基本逻辑：人生而自由平等；国家权力来源于公民的权利；公民的权利神圣不可侵犯。犯罪侵犯了法益，刑罚旨在惩罚犯罪，保护法益，弘扬正义，维护社会秩序，但因其以限制和剥夺公民权利为内容，通过损害法益来保护法益，导致对人格尊严的贬损。正是在这个意义上，刑罚并非单纯的善举，而是人类构建的一种悖论性制度。作为一种不得已的“恶”，刑法的存在必须有正当性根据，刑法的适用过程，就是阐述国家对公民诉诸惩罚的正当性过程。

在现代文明社会，刑法正当性的框架与图景主要由以下基本原则建构：

第一，法益侵害原则。某种行为成立犯罪，其必须侵害了法益或者具有侵害法益的危险。这在大陆法系被称为法益侵害原则，英美法系则多称其为危害原则。我国奉行违法和犯罪相区分的二元违法体系，该原则常常被称为严重社会危害性原则。既然（严重）法益侵害是犯罪的本质特征，那么，行为只有严重侵害了法益或者具有侵害法益的危险时，才有必要被立法规定为犯罪和被司法认定为犯罪；行为欠缺实质法益侵害性时,没有被认定为犯罪的正当性和必要性。

第二,罪刑法定原则。现代刑法的使命是双重的,既要有效地打击犯罪,又要有力地约束国家刑罚权,避免权力滥用,维护刑法的安定性。所以,行为成立犯罪,还必须以刑法的明确规定为前提。即使某种行为具有严重的法益侵害性,在刑法没有规定的场合,同样不能被认定为犯罪。

第三,可责性原则。刑罚及其制度既非社会福利机制,也非单纯的社会管理机制,而系一种强烈的谴责机制。所以,行为成立犯罪,行为人还须有可谴责性,具体表现为行为人实施行为时主观上应存在故意或者过失,需要达到刑事责任年龄,具有刑事责任能力。此外,只有行为人在有能力和合适的机会作出相反选择而没有时,才能让其承担刑事责任。

第四,证据裁判原则。犯罪的认定必须坚持正当程序,以证据为基础,国家承担举证责任。而且,证据必须确实、充分,达到"排除合理怀疑"的程度。

第五,最小化原则。刑罚是和平时期国家对公民使用的最严厉谴责措施,只应针对国家和社会最不能容忍的行为。刑罚具有严重副作用,所以,除恐怖主义犯罪,国家应强调刑法谨慎、谦抑地参与社会治理。在立法上,行为可不规定为犯罪的,尽量不要规定为犯罪;在司法上,行为可不认定为犯罪的,尽量不认定为犯罪;在刑事责任承担上,行为在责任轻重之间有选择余地时,尽量选择轻的刑事责任;在刑事程序上,应强调"少捕慎诉慎押",尽力确保刑法参与社会治理的"最小化"。

二

理想与现实存在距离,这是生活的常态,法律(刑法)的生活也不例外。刑法的理论框架和“最小化”图景在实践中常常被调和甚至扭曲。近些年,随着我国经济社会的发展,在中央高度强调国家和社会治理体系和治理能力现代化的背景下,我国刑事法治取得了明显进步,但囿于历史和现实多种因素制约,在整个社会中,重刑主义的氛围仍然比较浓厚,刑法在社会治理中的功能和角色仍然被整体性地推崇和强调,办案机制整体上依然倾向于打击犯罪,办案人员整体上仍然怀有比较强烈的追诉主义思想。可以说,倚重刑法参与现代社会治理在我国仍然是一个结构性问题。

案件办理中,有的场合,刑法及其适用的基本观念和常识性方法被忽视。比如,犯罪的认定要坚持形式与实质的统一,但有些案件中行为只是形式上符合犯罪构成,并没有实质法益侵害,仍然被认定为犯罪;又如,犯罪的认定要坚持行为和结果的统一,有的案件中只存在法益侵害结果,并无构成要件行为,按理说,无行为则无犯罪,但基于对后果的片面重视,行为仍然被追诉;再如,对事物性质的认识理应重视整体性把握,但办案中择取部分特别是对行为人不利的部分事实和部分法律认定行为性质,并不乏见;还如,事物的性质应由事物主要方面决定,行为主要方面不属于犯罪,次要方面与犯罪有关,不应被评价为犯罪,但实践中,主次关系的原理并未在犯罪认定中被一以贯之地贯彻。

对实践问题的深入分析当然离不开理论知识和工具,但本书并非意在对刑法教义学知识展开分析论证,而是着力于将实践中的争议问题或者容易产生争议的问题进行归纳、提炼,力求形成对争议疑难问题的类型化、规律性阐述。本书主要围绕“形式与实质”“行为与被害”“统一与差异”“扩张与限制”“事实与规范”“原则与例外”“整体与部分”“主要与次要”八对具有对立统一关系的范畴展开,在对立中展示刑法立场、知识和方法上的差异,于差异和比较中寻求统一,实现刑法处罚范围的妥当性。为了让刑法立场和理论争议更容易被看见,本书特别注意结合大量司法疑难案例展开。本书继续秉持慎刑和刑法最小化立场,不同的是,本书侧重于从方法论上展开,是慎刑立场在方法论上的一次探索与思考。

人类具有追求创新和卓越,忽视基础和常识的本性。面对社会急速变迁,人们不可能固守19世纪的理论和制度,刑法必须回到与现实社会关系的互动中创新理念,发展新的理论,形成新的制度。但是,与其他部门法和社会治理机制明显不同的是,刑法是一剂具有严重副作用的猛药,是一把锋利的双刃剑,是一种悖论性的机制,不管刑法适用多么公正,诉讼技巧如何娴熟,刑法适用难免产生大量罪犯,并不会积极地创造和增加社会福利。刑法制度的本性决定了其天然地应慢行稳妥地参与社会治理,而不应积极主动。

基于如上学术立场,本书旨在表达如下常识性观点和刑法适用方法论:犯罪认定要坚持形式与实质统一,在缺乏实质法益侵害的场合,避免将行为认定为犯罪;犯罪认定要坚持行为与被害统一,在欠缺构成要件行为的场合,犯罪同样不应被认定;要重视对刑法概念的含义进行独立判断,不能简单地移植其民法、行政法含义,避免混淆犯罪与民事纠纷和行政违法的界限;要重视刑法的限缩解释,即便对于刑事政策上严厉打击的犯罪类型如黑恶犯罪、毒品犯罪,也存在限缩解释的必要性;要注意刑法规范评价与事实分离的现象,避免刑法适用的不妥当性;有原则恒有例外,但要严格限制刑法适用中的例外,特别是要避免因刑事政策影响而导致的刑法适用的例外;刑法适用应注意总则与分则的整体关系以及刑法与民法等其他部门法的整体关系,避免将符合民商法、经济法的行为认定为变相犯罪行为;在行为主要方面不属于犯罪的场合,避免以次要方面将其认定为犯罪。

三

本书的写作源于我对司法实践的观察与思考,得益于与实务部门同仁们的交流与启发。特别感谢师祖高铭暄先生对本书的鼓励!写作中我指导的博士、硕士研究生在案例整理、文字校对等方面付出了辛勤劳动。北京大学出版社的杨玉洁、王欣彤等编辑老师为本书纰漏的校正和本书的出版提供了诸多帮助。对此,一并表达最真诚的敬意和谢意!法学是理论与实务紧密结合的学科,学术研究必须立足实践,面向未来,本书是我过去几年走近实践学习研究的阶段性总结。向实践学习,与实务界的优秀同仁交流,让我切实体会到刑法适用中沉甸甸的社会责任以及刑法精准适用避免扩大化的政治、社会和伦理意义!近年来,随着生活经验的增加,特别是立足于对刑法功能的整体主义思考,我日渐认识到,国家与社会治理的现代化,应当意味着国家和社会逐渐摆脱对刑法的倚重,而不是刑法卷入其中越来越深。刑法的现代化,应该是刑法谦抑精神的弘扬,而不是强调惩罚以及刑法领地的不断扩张。本书是这一主旨观点的方法论表达。期待本书的出版能对司法实践有所助益。

目　录

第一章
形式与实质（上）

一、问题的提出

形式与实质,也称形式与内容,系一对对立统一的哲学范畴。任何事物都是形式与实质的统一。在形式与实质的关系中,由于实质是事物存在的基础,形式是实质的外在表现,所以,从根本上说,有什么样的实质,就会有什么样的形式。[1] 但在现实社会,形式与实质的关系并非完全呈现理想状态,两者不一致的情况时常存在。犯罪的认定也要坚持形式与实质的统一。

实践中常常面临这样的难题:从刑法条文的字面含义看,某种行为成立犯罪,但若坚持实质解释,行为没有侵害法益,难以认定为成立犯罪;从刑法条文的字面规定看,某种行为成立此罪,但立足于实质的法益侵害,行为却应被认定为成立彼罪;还有的场合,单纯从字面上看,刑法条文的含义是不确定的,只有立足于实质解释,条文的含义才能得以明确。

本书前三章重点阐述刑法形式解释与实质解释的关系,特别是

---

〔1〕 参见《马克思主义哲学》编写组:《马克思主义哲学》,高等教育出版社、人民出版社2009年版,第101页。

实质解释对于犯罪认定的方法论意义。本章主要阐述实质解释对于罪与非罪界分的意义。

二、实质解释的依据与意义

法律的形式,可以称为法律的身体,与此相对,法律的实质,可以称为法律的灵魂或理性。法律由两部分组成,即身体与灵魂,法律的字义是它的身体,而法律的意义和理性是它的灵魂。法律可被类比成一个坚果,有着外壳和内核,法律的字义代表其外壳,意义则代表其内核。经常发生的事情是,你知道文义,却不知道其意义,因为有时候意义比起字义更为有限和狭隘,有时候却更为宽泛和广泛。[1]

罪刑法定原则是刑法的铁律,为了确保刑法的安全性,较之于其他部门法,刑法的理解与适用更为倚重其“身体”,即刑法条文的规定与字面含义,但同样常常出现知道条文的字义却难以清楚条文真义的尴尬局面。实践中,司法人员经常面临这样的难题,即面对同一案件事实和刑法条文,意见各异,如果不实质地考察刑法条文的规范保护目的或保护法益,刑法条文的真实内容与含义就无法确定,案件定性争议也无法消弭,甚至有些场合仅依靠刑法条文字面含义得出的结论是表面化的,不妥当的。

《刑法》第 13 条规定:“一切危害国家主权、领土完整和安全,分裂国家、颠覆人民民主专政的政权和推翻社会主义制度,破坏社会秩序和经济秩序,侵犯国有财产或者劳动群众集体所有的财产,侵犯公民私人所有的财产,侵犯公民的人身权利、民主权利和其他权利,以

---

〔1〕 参见〔美〕斯科特·夏皮罗:《合法性》,郑玉双、刘叶深译,中国法制出版社 2016 年版,第 464 页。

及其他危害社会的行为,依照法律应当受刑罚处罚的,都是犯罪,但是情节显著轻微危害不大的,不认为是犯罪。”

根据上述规定,在理论上,犯罪一般被认为是指刑法规定的具有严重社会危害性(法益侵害性)且应受刑罚惩罚的行为。其中,行为为刑法条文明确规定,即刑事违法性,是犯罪的法律特征;行为具有严重社会危害性(法益侵害性)是犯罪的本质特征。[1] 既然犯罪的本质是行为的严重社会危害性(法益侵害性),那么,对于实质上没有造成严重法益侵害或者不具有严重法益侵害危险性的行为,国家立法就没有必要将其规定为犯罪;司法上,办案人员也就不应该将其解释为符合刑法规定,从而认定为犯罪。

简单地讲,形式解释指的是根据刑法条文及其概念、用语的字面含义解释刑法和认定犯罪;与此相对,实质解释指的是在刑法条文规定的基础上,重视从规范保护目的和法益保护立场理解、解释刑法和认定犯罪。与形式与实质的关系一样,在刑法上,形式解释与实质解释也系对立统一的关系。[2] 在罪刑法定条件下,形式解释是基础,既是刑法解释的起点,也是终点,它设定着实质解释的限度。实质解释系形式解释的“进阶性”解释,旨在揭开刑法条文的面纱,精准地理解刑法规范的目的和真义。犯罪的认定秉持形式解释与实质解释的统一,既是犯罪认定应当坚持的基本立场,也是刑法适用的重要方法。

---

〔1〕 参见高铭暄、马克昌主编:《刑法学》(第九版),北京大学出版社、高等教育出版社2019年版,第42—44页。

〔2〕 这些年,形式犯罪论与实质犯罪论以及形式解释与实质解释在我国刑法理论上得到比较充分的讨论。具体内容可参见陈兴良、张明楷、周光权、刘艳红、邓子滨等学者的相关论述。

三、方法论的展开:以罪与非罪的界限为中心

实质解释对于罪与非罪界分的意义在实践中并不乏见。有些场合,表面地、形式地理解刑法条文,某种行为似乎符合刑法规定,成立犯罪,但如果坚持刑法实质解释,却难以认为成立犯罪。

案例1:王力军非法经营案

本案被评为2017年推动我国法治进程十大案件之一。基本案情如下:2014年11月至2015年1月,被告人王力军未办理粮食收购许可证、未经工商行政管理机关核准登记并颁发营业执照,擅自在巴彦淖尔市临河区白脑包镇附近村组无证照违法收购玉米,将所收购的玉米卖给巴彦淖尔市粮油公司杭锦后旗蛮会分库,经营数额218 288.6元,非法获利6000元。内蒙古自治区巴彦淖尔市临河区人民法院以被告人王力军没有办理粮食经营许可证和工商营业执照进行粮食收购活动,违反《粮食流通管理条例》相关规定为由,依据《刑法》第225条第(四)项的规定,以非法经营罪判处王力军有期徒刑一年,缓刑二年,并处罚金人民币2万元。[1]

此后内蒙古巴彦淖尔市中级人民法院应最高人民法院指令,开庭再审本案。巴彦淖尔市中级人民法院再审认为,原审被告人王力军于2014年11月至2015年1月期间,没有办理粮食收购许可证及工商营业执照买卖玉米的事实清楚,其行为违反了当时的国家粮食流通管理有关规定,但尚未达到严重扰乱市

[1] 参见内蒙古自治区巴彦淖尔市临河区人民法院(2016)内0802刑初54号刑事判决书。

> 场秩序的危害程度,不具备与《刑法》第225条规定的非法经营罪相当的社会危害性和刑事处罚的必要性,不构成非法经营罪。[1]

根据《刑法》第225条的规定,非法经营罪是指行为人违反国家规定,实施刑法规定的非法经营行为,扰乱市场秩序,情节严重的行为。

一审法院之所以判处被告人王力军犯非法经营罪,主要是因为王力军没有办理粮食经营许可证和工商营业执照而进行粮食收购活动,违反《粮食流通管理条例》相关规定,情节严重。换句话说,一审法院对于本案是否构成非法经营罪的认定重视的是被告人的行为符合了《刑法》第225条"违反国家规定",侧重于对"违反国家规定"的形式理解,没有重视从实质上判断行为是否侵害了法益以及是否值得动用刑法处罚。再审法院指出,被告人王力军的行为"违反了当时的国家粮食流通管理有关规定,但尚未达到严重扰乱市场秩序的危害程度,不具备与《刑法》第225条规定的非法经营罪相当的社会危害性和刑事处罚的必要性"。与原审判决明显不同,再审法院重点着眼于王力军行为的实质,即行为有无严重的社会危害性,改判王力军无罪是基于对行为无严重社会危害性实质判断得出的结论。

针对本案,《人民法院报》评论指出:"王力军从粮农处收购玉米卖予粮库,在粮农与粮库之间起了桥梁纽带作用,没有破坏粮食流通的主渠道,没有严重扰乱市场秩序。"[2]该报道对本案行为性质实质理解的立场更为清晰,"在粮农与粮库之间起了桥梁纽带作用"的用

---

[1] 参见内蒙古自治区巴彦淖尔市中级人民法院(2017)内08刑再1号刑事判决书。

[2] 《内蒙古农民收购玉米被判非法经营罪案引争议 最高法院指令巴彦淖尔中院再审》,载《人民法院报》2016年12月31日,第001版。

语甚至可以认为在一定程度上肯定了被告人行为具有的正面意义。本案的诉讼过程特别是再审改判无罪，很清晰地展现出刑法实质解释对于罪与非罪区分的重要意义。

案例2：陆勇销售假药案

本案也是反映实质解释对于决定行为罪与非罪具有重要意义的典型案例。随着《刑法修正案(十一)》对生产、销售假药罪的修改和《药品管理法》对假药含义的修改，陆勇案反映的刑法问题已成为历史，但是，本案的方法论意义并不会随着法律的修改而淡化。

本案基本案情如下：陆勇是一名慢性颗粒白血病患者，需要长期服用抗癌药品，医生推荐他服用瑞士诺华公司生产的名为"格列卫"的抗癌药，每盒药价达人民币2.35万元。2004年，陆勇通过他人从日本购买由印度生产的同类药品，价格每盒约人民币4000元，服用效果与瑞士进口的"格列卫"相同。此后，陆勇开始直接从印度购买抗癌药物，并且帮助病友购买此药。2014年7月21日，湖南省沅江市人民检察院以妨害信用卡管理罪、销售假药罪对陆勇提起公诉。本案最终以检察院撤回起诉终结。[1]

当时的《刑法》第141条规定："生产、销售假药的，处三年以下有期徒刑或者拘役，并处罚金；对人体健康造成严重危害或者有其他严重情节的，处三年以上十年以下有期徒刑，并处罚金；致人死亡或者有其他特别严重情节的，处十年以上有期徒刑、无期徒刑或者死刑，并处罚金或者没收财产。本条所称假药，是指依照《中华人民共

---

〔1〕 参见湖南省沅江市人民检察院沅检公刑不诉(2015)1号不起诉决定书。

和国药品管理法》的规定属于假药和按假药处理的药品、非药品。"[1]根据 2015 年《药品管理法》第 48 条第 3 款第(二)项的规定,"依照本法必须批准而未经批准生产、进口,或者依照本法必须检验而未经检验即销售的"药品,按假药论处。[2]

可见,《刑法》和《药品管理法》对"假药"含义的规定是完全相同的,即包括事实上的假药和法律上的假药。本案中,陆勇代购的印度抗癌药在我国未经批准进口、生产,依法属于假药并无疑问。在这个意义上,司法机关将涉案药品认定为刑法中的假药,是符合《刑法》和《药品管理法》规定的。而且,在本案之前,将海外代购的药品认定为假药也是司法机关的普遍做法。为了避免将本案行为认定为销售假药罪,对于陆勇行为的定性,实践中曾有一种观点认为,陆勇的"代购"行为依法不构成"销售"行为,而是属于购买假药的行为。该观点虽然具有美好的意愿,却是站不住脚的,因为陆勇将代购的药品卖给多名病友使用,明显具有交易性质,依法应属于销售行为。

其实,本案真正的困境在于,将陆勇的行为认定为销售假药罪并处以刑罚,虽然在形式上即字面含义上符合《刑法》《药品管理法》的规定,但在实质上面临处罚正当性的难题:一方面,犯罪的本质是行为的严重社会危害性,本案中陆勇代购和销售的药品具有治疗癌症的功效,能够治病救人,难以认为行为具有社会危害性,更谈不上严重的社会危害性;另一方面,陆勇为无力负担昂贵抗癌药的人提供具

[1] 《刑法修正案(十一)》对该条文进行了修改,删去了《刑法》原第 141 条第 2 款有关假药概念的规定。

[2] 2019 年修订的《药品管理法》第 98 条第 2 款规定:"有下列情形之一的,为假药:(一)药品所含成份与国家药品标准规定的成份不符;(二)以非药品冒充药品或者以他种药品冒充此种药品;(三)变质的药品;(四)药品所标明的适应症或者功能主治超出规定范围。"

有同样疗效的药物，是病友及其家属眼中的英雄，将其行为评价为犯罪，也与普通民众的法感情明显冲突。本案处理过程中，陆勇的300多名白血病病友联名写信，请求司法机关对他免予刑事处罚，就充分说明了这一点。

对于陆勇销售假药案，沅江市人民检察院以销售假药罪对陆勇提起公诉，是有法律依据的，难以认为办案机关的起诉违反刑法规定，但这种做法更多立足于对刑法条文字面含义(形式)的理解，没有充分考虑到犯罪本质与行为的实质危害性。众所周知，其后检察机关以陆勇的行为不属于销售而撤回起诉。在本书看来，撤诉更多是基于陆勇行为实质危害性的考量和对假药的实质解释，撤诉的理由虽然有些牵强，但撤诉行为本身是更为妥当和值得称赞的做法。

案例3：甲公司等高利转贷案

甲公司为某地有实力的企业，李某为甲公司的法定代表人。甲公司因承建某地机场建设之需依法从丙银行贷款人民币2000万元，为此甲公司提供了真实足额的担保。甲公司在依照合同约定取得丙银行贷款后，因机场建设项目延迟，该2000万元贷款未及时投入使用。张某为乙公司总经理，因公司经营急需银行贷款，但因乙公司不符合银行贷款条件无法取得贷款，后通过朋友介绍找到李某请求将银行贷给甲公司暂时闲置的1000万元转贷给乙公司，以解乙公司燃眉之急。甲公司考虑到每月要向银行承担数量不菲的利息和友人介绍的人情面子，遂同意与乙公司签订1000万元的借款合同，将其从银行贷款中的1000万元转借给乙公司，借款时间为1年，利息为银行同期贷款的2倍。在此期间，甲公司每月按照合同约定及时偿还丙银行本息，与丙银行没有任何纠纷。案发时甲公司已全部偿还了丙银行的贷款本息。乙公司因为资金紧张无法偿还甲公司所贷1000万元和利息,双方发生矛盾,乙公司遂向当地公安机关举报甲公司涉嫌高利转贷罪而案发。公安机关查证,至案发时,甲公司按照合同约定共收取乙公司40万元利息。甲公司和李某以犯高利转贷罪被追诉。

过去一个时期,此类案件在司法实践中并不乏见,比如莫某高利转贷案。莫某原系某市公务人员,其朋友马某开设了投资公司从事放贷业务。后马某找到被告人莫某向其借钱,并让莫某从银行贷款转借给其使用,每月支付莫某2%的利息。被告人莫某便以其位于弥勒市的住宅小区房屋为抵押向中国邮政储蓄银行某市支行贷款106万元,后将该款转入马某开设的投资公司账户。其间,投资公司每月定期向莫某银行账户支付借款利息,被告人莫某在银行贷款到期日之前提前将该笔银行贷款还清。被告人莫某实际获利212 434.32元。人民法院认为,被告人莫某以转贷牟利为目的,套取银行信贷资金高利转贷他人,数额较大,其行为已构成高利转贷罪。〔1〕

再如某县盐业公司高利转贷案。2014年5月,某县盐业公司为金乡镇人民政府向某市银行龙港支行申请了人民币3000万元的融资贷款额度,但是金乡镇人民政府仅使用了2000万元的额度,剩余1000万元的额度未使用,若不将授信额度全部使用可能影响该公司第二年的授信。公司领导班子经过多次讨论,刚开始不同意将该1000万元贷出,公司经理郑某为了缓解公司还贷压力,主动提出其弟弟愿意借款并支付利息,领导班子遂同意将上述1000万元用于应急转贷业务。后该盐业公司及

〔1〕参见云南省弥勒市人民法院(2019)云2504刑初306号刑事判决书。

时归还了该笔银行贷款。人民法院认为，该1000万元授信额度从银行贷出后已经改变了贷款用途，利息高于正常贷款利息，其行为符合套取信贷资金的性质，构成高利转贷罪，鉴于其转贷后的款项均已归还，没有给国家和集体造成损失，对被告人郑某及盐业公司予以从轻处罚。[1]

如果只是立足于刑法条文的字面含义，形式地理解刑法关于高利转贷罪的规定，此类案件很容易被认定为犯罪。根据《刑法》第175条的规定，高利转贷罪，是指以转贷牟利为目的，套取金融机构信贷资金高利转贷他人，违法所得数额较大的行为。2010年最高人民检察院、公安部《关于公安机关管辖的刑事案件立案追诉标准的规定（二）》第26条规定："以转贷牟利为目的，套取金融机构信贷资金高利转贷他人，涉嫌下列情形之一的，应予立案追诉：（一）高利转贷，违法所得数额在十万元以上的；（二）虽未达到上述数额标准，但两年内因高利转贷受过行政处罚二次以上，又高利转贷的。"根据《刑法》和《关于公安机关管辖的刑事案件立案追诉标准的规定（二）》的规定，高利转贷罪的入罪门槛是很低的，成立该罪，并不要求转贷行为造成银行或其他金融机构的财产损失，只要转贷违法所得在十万元以上即涉嫌该罪。上述甲公司等高利转贷案中，甲公司将其从丙银行所贷款项的1000万元转贷给乙公司，案发时已收取利息人民币40万元，完全符合《刑法》和《关于公安机关管辖的刑事案件立案追诉标准的规定（二）》的规定。所以，办案机关以高利转贷罪追究甲公司和李某的刑事责任，并非没有刑法依据。但是，将此类行为认定为高利转贷罪，面临明显的疑问：

首先，此种观点与犯罪的本质难以契合。如前指出，行为具有严

[1] 参见浙江省温州市苍南县人民法院（2019）浙0327刑初54号刑事判决书。

重的社会危害性(法益侵害性)是犯罪的本质特征。根据《刑法》第175条的规定,本书不否认高利转贷罪的设立是为了维护国家的金融秩序,具体来说即国家的贷款秩序,但维护金融秩序本身并不具有终极目的性,国家建立并维护金融秩序的重要目的之一在于保护银行或者其他金融机构的资金安全。所以,某一行为要构成高利转贷罪,就不能完全不考虑该行为是否侵害了银行或者其他金融机构信贷资金的安全,并由此破坏国家的金融秩序。[1] 甲公司等高利转贷案中,甲公司向丙银行所贷款项本金1000万元及其利息全部偿还,并不存在任何信贷资金安全及其风险问题。莫某高利转贷案和某县盐业公司高利转贷案中,也同样如此。在这种情况下认定此类行为成立高利转贷罪,难以契合犯罪的本质。

其次,从法秩序统一性以及刑法与民法的关系看,认定此类行为构成高利转贷罪也存在一定疑问。在法律性质上,刑法属于事后法,在整个法律体系中居于保障法的地位,其适用应坚持谦抑、谨慎的立场。以甲公司等高利转贷案为例,甲公司向丙银行所贷款项本金1000万元及其利息全部偿还,双方对此不存在民事纠纷,丙银行并不认为自己被侵害。当借贷双方就借贷资金并不存在民事纠纷以及丙银行并不认为自己利益遭受侵害的情况下,办案机关执意认定甲公司和李某的行为侵害了国家金融秩序构成高利转贷罪,不仅有违刑法的谦抑性,也难以符合法秩序统一性原理和刑法的保障法性质。

对于此类案件,还有必要注意的是,如果办案机关不介入涉案转贷行为,公司、企业往往会按照与金融机构的贷款合同正常偿还所贷本息;相反,一旦公司、企业涉嫌高利转贷罪被立案侦查,公司、企业的正常经营将会受到严重影响,进而导致银行等金融机构所贷资金

---

[1] 关于经济秩序能否成为刑法保护的法益及其限度,详见本书第三章的专门论述。

无法按照约定正常偿还,反而出现银行等金融机构财产遭受重大损失的尴尬局面。这也是办案机关办案时需要关注的问题。

实践中,骗取贷款罪的司法适用存在与高利转贷罪类似的问题。

案例 4:乙公司等骗取贷款案

乙公司向某银行贷款人民币 1.4 亿元,并依法提供真实足额担保。乙公司在按照合同约定向某银行偿还人民币 8000 万元贷款及其利息后,公司因经营问题出现还款困难,双方协商一致重新签订缓期还款协议,乙公司向某银行提供新的担保。此后双方按照新签订的合同履行协议。因有人举报乙公司骗取贷款,公安机关立案侦查。事后查明,乙公司在贷款过程中存在欺骗行为,包括虚构部分资金用途,部分单据上伪造单位领导签字等。

又如,张某伪造购货合同,向某中信银行申请贷款人民币 2000 万元,同时以其公司 65%股价作为担保,并由申某体育公司、兴华木业公司保证在逾期还款之时承担连带清偿责任。后某中信银行因张某逾期还款向人民法院提起诉讼,并通过张某原先提供的真实、有效担保获得清偿。一、二审人民法院均认为,张某的行为符合骗取贷款罪的构成要件,已生效的民事判决结果及其履行不影响案件事实符合犯罪构成和刑事责任的承担,遂判决张某犯骗取贷款罪,判处有期徒刑六年,并处罚金人民币 100 万元。[1]

再如,何某以生产经营需要资金为由,提供虚假购货合同及其他申请材料,向某建设银行申请贷款人民币 300 万元,同时约定由雨山担保公司为贷款合同提供连带责任保证,雨山经发公

[1] 参见黑龙江省哈尔滨市香坊区人民法院(2017)黑 0110 刑初 458 号刑事判决书;黑龙江省哈尔滨市中级人民法院(2018)黑 01 刑终 206 号刑事判决书。

司向雨山担保公司提供反担保。后行为人无力偿还贷款,雨山经发公司代为还款。法院认为,行为人以欺骗手段取得银行贷款,其行为已构成骗取贷款罪,行为人不得以侵害结果的转嫁而逃脱法律制裁。[1]

还如,长岭县众鑫公司虚构购买生产原材料的贷款用途并伪造购销合同,向信用社申请贷款人民币1500万元。贷款到期日前,该笔款项已结清。人民法院审理后认为骗取贷款罪成立,但因贷款款项结清,对行为人从轻处罚。[2]

上述案例反映的共性问题是,行为人在向银行或金融机构贷款的过程中,客观上存在使用虚假手段骗取金融机构贷款的行为,主观上对上述事实也是明知的,但因贷款按时偿还或者有真实足额担保,没有或者不会造成银行等金融机构财产损失。对于此类案件的定性,有两种不同的认识:

一种意见认为,根据《刑法》第175条之一(《刑法修正案(十一)》之前的规定)的规定,骗取贷款罪指的是以欺骗手段取得银行或者其他金融机构贷款,给银行或者其他金融机构造成重大损失或者有其他严重情节的行为。《关于公安机关管辖的刑事案件立案追诉标准的规定(二)》第27条规定,“以欺骗手段取得银行或者其他金融机构贷款,涉嫌下列情形之一的,应予立案追诉:(一)以欺骗手段取得贷款,数额在一百万元以上的;(二)以欺骗手段取得贷款,给银行或者其他金融机构造成直接经济损失数额在二十万元以上的;(三)虽未达到上述数额标准,但多次以欺骗手段取得贷款的;

[1] 参见安徽省马鞍山市雨山区人民法院(2014)雨刑初字第00217号刑事判决书。
[2] 参见吉林省前郭尔罗斯蒙古族自治县人民法院(2018)吉0721刑初58号刑事判决书。

（四）其他给银行或者其他金融机构造成重大损失或者有其他严重情节的情形”。此类案件中，作为犯罪嫌疑人或者被告人的公司、企业的行为完全符合《刑法》和《关于公安机关管辖的刑事案件立案追诉标准的规定（二）》的规定，采用虚假手段骗取银行贷款，侵害了贷款秩序，应依法构成骗取贷款罪。

另一种意见认为，不否认涉案公司、企业的行为形式上符合《刑法》第175条之一和《关于公安机关管辖的刑事案件立案追诉标准的规定（二）》的规定，但此类案件中，公司、企业和银行签订的借款协议是真实的，公司、企业也提供了足额、真实担保并且一直按照合同约定偿还本息，有的在案发前金融机构的贷款已被按时足额偿还，银行的资金并没有损失或者存在损失风险。而且，银行等金融机构常常也不认为自己是刑事被害人，没有与涉案公司、企业产生借贷纠纷。所以，此类案件不宜认定为骗取贷款罪。

骗取贷款罪是《刑法修正案（六）》增设的罪名，立法本意在于缓解贷款诈骗罪认定中的困境，强化对银行和其他金融机构资金安全的保护。[1] 但客观地讲，立法设立该罪本身就面临正当性疑问：一方面，将主观上没有非法占有目的而只是具有使用目的的骗取银行贷款的行为犯罪化，突破了刑法对财产关系的传统介入范围；另一方面，这种做法也存在刑法对银行等金融机构权益保护的偏爱与过度保护，有违宪法平等原则。[2] 实践中，该罪构成要件的形式化理解和处罚范围不适当扩张一直是个突出问题，近年刑法理论也对该问题进行了比较充分的讨论，其中不乏理性的反思。

但是，对于司法人员来说，法律不是嘲笑的对象，严格依法办案

[1] 参见黄太云：《刑法修正案（六）的理解与适用（下）》，载《人民检察》2006年第15期。
[2] 参见何荣功：《刑法与现代社会治理》，法律出版社2020年版，第135—136页。

是其法定义务。单从《刑法》和《关于公安机关管辖的刑事案件立案追诉标准的规定(二)》的规定看,骗取贷款罪并非结果犯,其处罚范围已扩张至行为犯,该罪的成立并不要求行为造成银行或其他金融机构财产损失的结果。所以,办案机关肯定此类行为构成骗取贷款罪,从形式上看,是有罪刑法定依据的。但是,与前述高利转贷罪一样,刑法规定骗取贷款罪的重要目的之一在于保护银行或者其他金融机构的信贷资金安全,银行或者其他金融机构的资金是该罪的犯罪对象,在银行或者其他金融机构的信贷资金已确定不会遭受损失或并不存在丧失风险的情况下,并无实质法益侵害,将此类行为认定为骗取贷款罪,同样难以符合犯罪本质。在借款企业与银行之间连民事纠纷都不存在的情况下,将行为认定为骗取贷款罪,同样有违刑法保障法和事后法的属性。该问题前文已述,这里不再展开。

正是考虑到骗取贷款罪实践中存在的上述问题,《刑法修正案(十一)》对该罪进行了修改:“以欺骗手段取得银行或者其他金融机构贷款……给银行或者其他金融机构造成重大损失的,处三年以下有期徒刑或者拘役,并处或者单处罚金。”在该罪的基本犯罪构成中,最新立法删去了“其他严重情节”的规定,基本犯的成立仅限于造成重大损失的结果犯情形。立法的最新修改也从一个侧面反映了实质解释对于确保刑法处罚范围适当,避免刑法不适当干预民事经济行为的重要意义。

为了维护刑罚的妥当性,本书注意到近年来办案机关对于前述高利转贷、骗取贷款案件采取了缓和处理,比如,有的办案机关对于此类案件采取不起诉,有的采取定罪免刑,有的采取定罪减刑。上述做法在一定程度上兼顾了犯罪的实质,值得肯定。

非法吸收公众存款罪是近年来热议的罪名,如何科学理解其构成要件,避免适用范围的不适当扩张,既是重要的理论问题,也是重要的实务课题。对于行为人在未经批准的情况下擅自向社会吸收资金从事放贷或变相放贷,依法构成非法吸收公众存款罪,并无疑问。值得研究的是,行为人在未经批准情况下向社会公开募集资金但用于实体生产经营活动的,能否依法认定为非法吸收公众存款罪。

案例5:某公司等非法吸收公众存款案

甲与朋友5人共同成立某公司投资A市某福利院。5人共同出资人民币800万元,因为资金不足,在未经政府主管部门批准的情况下公开向亲友和社会募集资金共计人民币2300万元。为了顺利募集到该笔资金,公司承诺对投资人保本付息,利息高出银行同期贷款利率2倍。由于资金有保障,该福利院很快成立,并开创了A市福利院经营的新模式,经营状况很好,在当地有良好的社会声誉,产生了不错的社会效益。后因他人告发被公安机关以非法吸收公众存款罪对某公司和甲及朋友等5人立案侦查,福利院经营为此陷入困境,最终不得不解散。

又如袁某非法吸收公众存款案。被告人袁某系南洋学校的财务主任,南洋学校在未得到相关行政主管部门批准的情况下,向450名学生家长收取教育储备金人民币108 060 000元,该校以收取的教育储备金的孳息折抵学生应交纳的学杂费,并承诺在学生毕业时向家长返还所收取的相应款项。经查,学校收取的教育储备金和学杂费统一上缴集团,或根据集团的指令向南洋其他学校进行资金调拨,南洋学校所收取的教育储备金实际用于办学目的。本案被指控为属于典型的变相吸收公众存款。[1]

---

[1] 参见赵秉志主编:《刑事法判解研究》(总第16辑),人民法院出版社2010年版,第85—91页。

再如某地华泰竹木有限公司(以下简称“华泰公司”)非法吸收公众存款案。华泰公司经营者被告人谢某某、阙某某、吴某因公司初期发展需要更多资金周转,在未经国家金融主管部门审批许可的情况下,经共同商量决定以华泰公司的名义,按月息0.8分至1.5分的标准向田某1等367户社会不特定对象吸收存款,所得款项大部分用于华泰公司的经营及还本付息等,共计借款本金人民币4448.75万元,核本扣息后尚有损失的共计167户,金额为人民币640.5942万元。人民法院审理认为,被告单位华泰公司违反国家金融管理法律规定,以公司经营需资金周转为由,以借款为名并承诺在一定期限内还本付息的方式,向社会不特定对象吸收存款人民币4448.75万元,数额巨大,判决被告单位和3名被告人依法成立非法吸收公众存款罪。[1]

根据《刑法》第176条的规定,非法吸收公众存款罪是指非法吸收公众存款或变相吸收公众存款,扰乱金融秩序的行为。1998年国务院《非法金融机构和非法金融业务活动取缔办法》第4条规定,非法吸收公众存款,是指未经中国人民银行批准,向社会不特定对象吸收资金,出具凭证,承诺在一定期限内还本付息的活动;所称变相吸收公众存款,是指未经中国人民银行批准,不以吸收公众存款的名义,向社会不特定对象吸收资金,但承诺履行的义务与吸收公众存款性质相同的活动。2011年最高人民法院《关于审理非法集资刑事案件具体应用法律若干问题的解释》第1条规定:“违反国家金融管理法律规定,向社会公众(包括单位和个人)吸收资金的行为,同时具备下列四个条件的,除刑法另有规定的以外,应当认定为刑法第一百七十六条规定的‘非法吸收公众存款或者变相吸收公众存款’:

[1] 参见浙江省丽水市庆元县人民法院(2017)浙1126刑初55号刑事判决书。

(一)未经有关部门依法批准或者借用合法经营的形式吸收资金;(二)通过媒体、推介会、传单、手机短信等途径向社会公开宣传;(三)承诺在一定期限内以货币、实物、股权等方式还本付息或者给付回报;(四)向社会公众即社会不特定对象吸收资金。未向社会公开宣传,在亲友或者单位内部针对特定对象吸收资金的,不属于非法吸收或者变相吸收公众存款。”

以上可见,与1998年国务院《非法金融机构和非法金融业务活动取缔办法》不同,2011年最高人民法院《关于审理非法集资刑事案件具体应用法律若干问题的解释》没有将重点放在如何界定非法吸收公众存款与变相吸收公众存款,而是统一规定了两者的认定条件,行为符合《关于审理非法集资刑事案件具体应用法律若干问题的解释》规定的四个特征时,即成立非法吸收公众存款罪。[1]

严格按照《刑法》和《关于审理非法集资刑事案件具体应用法律若干问题的解释》的规定,资金的用途并非非法吸收公众存款罪的构成要件。换句话说,行为只要符合《关于审理非法集资刑事案件具体应用法律若干问题的解释》规定的四个特征,即非法性、公开性、利诱性和社会性,扰乱金融秩序的,即可成立非法吸收公众存款罪,资金用途并不具有决定行为性质的意义。司法机关严格按照刑法和司法解释的规定将上述行为认定为非法吸收公众存款罪,自然无可厚非。但资金的用途毕竟事关行为的性质,不实质考察资金用途将行为认定为非法吸收公众存款,理由难以认为是充分的。

首先,从概念上看,该罪的罪名为非法吸收公众存款罪,并非非法集资罪。换句话说,刑法处罚的是非法吸收公众“存款”的行为,并

---

〔1〕 参见韩耀元、吴峤滨:《〈关于办理非法集资刑事案件适用法律若干问题的意见〉解读》,载《人民检察》2014年第9期。

不处罚单纯的非法“集资”行为。与资金的概念不同,“存款”系金融学上的专用概念,与“贷款”相对应,有特定含义。如果吸收的资金不用于放贷或者变相放贷,那么,该资金又如何是“存款”或者变相“存款”呢?

其次,为了防范金融风险,现代市场经济国家都十分重视对资金的监管。民间借贷作为自然人、法人和非法人组织之间的资金融通的行为,只是在一定范围内被认可,资金的社会性筹集需要经过主管部门的批准,未经有关部门依法批准或者借用合法经营形式吸收资金,都是法律法规禁止的行为。但是,金融的根本目的在于服务实体经济,行为人筹集资金用于实体经营活动的,符合金融的根本目的。退一步讲,即便国家为了加强金融监管将未经批准的集资行为视为非法行为,其中的非法性更多是违反国家对金融的管理,属于行政违法,将其作为犯罪处理,有过度处罚之嫌。而且,如果机械地、形式地适用上述司法解释和行政法规的规定,行为人集资后从事实体生产经营活动的行为因为符合刑法和司法解释的规定而被认定为非法吸收公众存款罪,那么,往往会导致公司、企业生产经营活动陷入困境,甚至破产倒闭等严重后果。

其实,《关于审理非法集资刑事案件具体应用法律若干问题的解释》已注意到了将所集资金用于实体生产经营行为的特殊性,该解释第3条第4款规定:“非法吸收或者变相吸收公众存款,主要用于正常的生产经营活动,能够及时清退所吸收资金,可以免予刑事处罚;情节显著轻微的,不作为犯罪处理。”但从该罪处罚的正当性讲,不得不说上述规定仍显保守。实践中,司法人员有必要重视非法吸收公众存款罪的行为构造,厘清吸收资金用于或者主要用于正常生产经营活动行为的性质与法益侵害的关系,慎重将此类行为认定为非法吸收公众存款罪，避免该罪在实践中被异化为“非法集资罪”。

以上阐述了实质解释对于合理划定经济犯罪处罚范围，避免刑法不适当干预民事经济行为的意义。此外，在财产犯罪、贪污贿赂犯罪等认定中，实质解释同样有助于科学界分罪与非罪。

案例6：王某盗窃案

甲公司系某市从事汽车租赁业务的公司，王某为该公司法定代表人。甲公司与乙公司签订了5辆汽车租赁合同，合同期限为8个月。乙公司在合同签订取得租赁汽车后，在没有经过甲公司同意的情况下私自将该5辆汽车转租丙公司，导致甲公司和乙公司租赁合同到期后乙公司不能按照合同约定归还汽车。甲公司在情急之下发动公司员工四处寻找租赁给乙公司的5辆汽车，后通过GPS定位和多方打听确定该5辆汽车停放在A市丙公司的大院内。是日夜晚，王某派甲公司员工张某等6人擅自进入丙公司大院，在丙公司不知情的情况下将5辆汽车开回本公司。次日清晨，丙公司员工发现停放在公司大院的5辆汽车不翼而飞，遂向当地公安机关以盗窃罪报案。公安机关很快将王某等抓获。

对于本案，实践中一种有影响力的观点认为，王某等人的行为依法构成盗窃罪。主要理由是：《刑法》第91条第2款规定：“在国家机关、国有公司、企业、集体企业和人民团体管理、使用或者运输中的私人财产，以公共财产论。”根据上述规定的精神，公司、企业管理、使用或者运输中的私人财产，也依法属于公司、企业财产。本案中，丙公司与乙公司签订汽车租赁合同合法占有涉案5辆汽车，该5辆汽车依法属于丙公司的财物。甲公司在丙公司不知情的情况下，擅自进入公司大院，秘密将丙公司5辆汽车开走，行为符合盗窃罪规定，依法成立盗窃罪。

单从行为的形式看,办案人员将王某等人的行为评价为盗窃罪,不是没有道理。一方面,丙公司对涉案5辆汽车的占有系基于租赁合同的合法占有,该占有当然应当得到包括刑法在内的法律保护。秘密窃取他人合法占有财物的,依法可以成立盗窃罪;另一方面,站在丙公司的立场,清晨发现停放在公司大院的5辆汽车不翼而飞,以盗窃罪向公安机关报案,完全合乎情理。

但是,将王某等人的行为评价为盗窃罪,只是注意了王某等人行为的一个侧面和形式地理解了本案行为的属性,没有注意到甲公司系涉案车辆的所有者,而本案的定性恰恰需要充分考虑甲公司系涉案车辆的所有者这一重要事实。所以,王某等人的行为是否依法成立盗窃罪,需要实质地理解财产罪的侵害法益。

近些年,《刑事审判参考》《人民法院案例选》《中国案例审判要览》陆续刊载了类似案例,但对于财产犯罪侵害法益的立场,并不完全一致。

案例7:刘清祥盗窃案

被告人刘清祥驾驶未挂牌的"五菱"牌微型客车(价值人民币27075元),因未交纳通行费,被征管所稽查人员查获,暂扣在征管所收费站一未使用的车道。被告人用备用车钥匙将该辆被暂扣的微型客车偷开走。一审、二审人民法院都认定被告人犯盗窃罪,主要理由是:根据《中华人民共和国刑法》第九十一条第二款"在国家机关、国有公司、企业、集体企业和人民团体管理、使用或者运输中的私人财产,以公共财产论"的规定,涉案车辆已在征管所的管理之下,因此,即使征管所的行政执法有瑕疵,也应认定该车在案发时应属于公共财产,行为人刘清祥采用偷开涉案车辆的手段而非通过正当的途径来处理其与征管所之间的行政执法问题,其行为构成盗窃罪。[1]

案例8:江世田等妨害公务案

本案系《刑事审判参考》第205号指导案例,与上述案例定性不同,本案否定了此类案例存在财产犯罪的侵害法益。本案基本案情如下:被告人江世田等因制售假烟,其制假设备依法被行政执法机关扣押。随后被告人江世田等聚集数百名不明真相的群众将已被依法查扣的制假设备从执法部门手中抢回,并殴打执法人员。被告人的行为构成抢劫罪、聚众哄抢罪,还是妨害公务罪,存在争议。一审法院认定被告人构成抢劫罪,福建省高级人民法院依法改判为妨害公务罪,主要理由是:"被告人等强行夺回的制假设备,是犯罪工具,虽属不法财产,但毕竟为被告人自有。夺回自有物品与强占他人所有或公有财物显然不同,被告人不具有非法占有的目的"。[2]

案例9:陆惠忠、刘敏非法处置扣押财产案

本案系《刑事审判参考》第404号指导案例。被告人陆惠忠的汽车被人民法院裁定扣押,停放在人民法院停车场,被告人私自撕毁封条,将汽车开回隐匿。人民法院没有认定被告人的行为构成盗窃罪,而是判处被告人成立非法处置扣押财产罪。[3]

---

[1] 参见国家法官学院、中国人民大学法学院编:《中国审判案例要览(2004年刑事审判案例卷)》,人民法院出版社、中国人民大学出版社2005年版,第273—275页。

[2] 参见中华人民共和国最高人民法院刑事审判第一庭、第二庭主办:《刑事审判参考》(总第28辑),法律出版社2003年版,第53—58页。

[3] 参见中华人民共和国最高人民法院刑事审判第一、二、三、四、五庭主办:《刑事审判参考》(总第51集),法律出版社2006年版,第26—32页。

刘清祥盗窃案中,人民法院之所以肯定刘清祥的行为依法成立盗窃罪,主要原因在于法院认为刘清祥盗窃了征管所的车辆;而在江世田等妨害公务案和陆惠忠、刘敏非法处置扣押财产案中,人民法院之所以否定财产犯罪的成立,主要是认为涉案财产是被告人自己所有的财产,没有财产犯罪侵害的法益。所以,对于此类行为是否构成财产犯罪,办案人员只有实质地判断行为有无侵害财产犯罪的法益,才能得出科学的结论。

在刑法理论上,包括盗窃罪在内的财产犯罪的侵害法益是个复杂的问题,存在本权说、占有说和中间说的争论。我国早期的刑法理论一般认为财产罪的侵害法益(犯罪客体)主要是公私财产的所有权。〔1〕 但是,将财产罪的侵害法益限定于公私财产所有权,明显不符合我国社会发展的现实与需要,因为在现代市场经济社会,刑法不仅应当保护财产的所有权,也应当保护其他本权及占有。对此,学者们提出各种主张。张明楷教授将财产罪的侵害法益概括为:“财产罪的法益首先是财产所有权及其他本权;其次是需要通过法定程序恢复应有状态的占有;在相对于本权者的情况下,如果这种占有没有与本权者相对抗的合理理由,对于本权者恢复(行使)权利的行为而言,则不是财产犯的法益。”〔2〕

刑法理论对财产犯罪法益的界定应符合现代社会财产关系多元性的现实。在商品经济社会,为了充分发挥物的价值,所有权和占有权分离是一种客观存在的普遍社会经济现象,因此,刑法必须在保护所有权的同时重视对占有权的保护,以确保对财产秩序的维护和社会的稳定。而且,即便针对财产的非法占有,行为人也并非可以采取

〔1〕 参见高铭暄、马克昌主编:《刑法学》(第九版),北京大学出版社、高等教育出版社2019年版,第489页。

〔2〕 参见张明楷:《刑法学(下)》(第六版),法律出版社2021年版,第1224页。

非法手段改变。所以,刑法理论对财产犯罪的侵害法益的理解必须充分考量财产秩序的意义、财产关系的复杂性、权利的分离与冲突等现实情况,在权利的协调与平衡中最大限度地实现刑法对财产关系和财产秩序的维护。

本书认为,财产罪的侵害法益需要从以下三个层次理解:

首先,对于与财产既无法律关系也无事实关系的第三人而言,刑法原则上保护财产的占有,其中,既包括合法占有(占有权),也包括非法占有(占有事实)。所以,抢劫犯罪分子抢劫了盗窃犯罪分子所盗财物的,同样成立抢劫罪;行为人盗窃了国家机关、公司、企业、他人占有的非行为人自己财物的,同样成立盗窃罪。

其次,在非法占有的场合,所有权者或其他本权者针对非法占有者恢复权利的行为,原则上不存在财产罪的侵害法益,该场合没有财产犯罪的成立空间。比如甲使用暴力从盗窃犯乙手中抢回自己被盗财物的,从行为人主观方面看,由于财物为甲所有,夺回自己所有财物的行为,无论如何也不能解释其主观上具有的是非法占有(所有)该财物的目的。而在客观上,上述场合财物毕竟系甲所有,甲的行为实质上不可能侵害乙的财产关系。相反,如果承认该种场合具有财产罪法益,反而会导致刑法与民法在法益保护和解释论方面的冲突,违反法秩序的统一性。该情形下,如果行为人使用暴力导致被盗财物占有人的人身伤亡的,可以依法构成侵犯人身权利的犯罪。

最后,在所有权者转移其他本权者合法占有的场合,是否存在财产罪的法益,需要具体分析其他本权的性质和效力。其中,当本权不是基于他物权产生,而是基于合同或其他债权产生时,该种场合不应认为存在财产罪的侵害法益。[1]

---

[1] 参见何荣功:《财产罪法益新论》,载《甘肃政法学院学报》2012 年第 1 期。

具体到王某盗窃案(案例6)而言,乙公司因为租赁合同依法享有对涉案5辆汽车的本权(占有权),但甲公司是这些车辆的合法所有者,在所有者转移其他本权者合法占有财产的场合,虽然其行为有可能侵害占有者的租赁权,但由于不存在财产犯罪的侵害法益,王某等人的行为依法不应成立盗窃罪。刘清祥盗窃案中,人民法院对被告人刘清祥行为的定性没有充分注意到涉案汽车系被告人所有这一重要事实,认定其成立盗窃罪的结论,并不足取。《刑事审判参考》刊载的江世田等妨害公务案和陆惠忠、刘敏非法处置扣押财产案中,人民法院充分考虑了财产犯罪的侵害法益这一实质问题,对被告人行为的定性是科学合理的。

贪污贿赂犯罪属于职务犯罪,行为人是否属于刑法中的国家工作人员以及客观上是否实施了利用职务上便利的行为,往往决定着犯罪的成立与否,而这离不开办案人员对上述犯罪构成要件含义的实质解释。

案例10:张某受贿案

某地方政府十分重视环境保护,逐年加大对环境保护项目的投入与支持,企业可以按照规定申请该市环保补贴项目。张某为该市生态环境保护局工作人员(国家工作人员),李某系甲公司法定代表人,与张某系大学同班同学。李某聘请张某为公司项目申报顾问,具体工作为帮助甲公司修改、把关项目申报书。张某虽系该市生态环境保护局工作人员,但并不具体负责涉案项目审批,因为工作原因对政府环保政策相对熟悉,对所申报的环保项目也有一定了解,因此,经过张某指导的项目申请往往更容易被成功批准。李某与张某约定,如果经过其指导的项目获得某市生态环境保护局批准,那么甲公司将向张某支付项目总资金的1%作为提成劳务费;若没有获批,甲公司不支付任何费用。在案发前的10年中,张某为此获得甲公司的提成劳务费共计人民币300余万元。

对于本案张某行为的性质,一种意见认为其依法应构成受贿罪。《刑法》第385条第2款规定:“国家工作人员在经济往来中,违反国家规定,收受各种名义的回扣、手续费,归个人所有的,以受贿论处。”本案张某的行为依法属于该款规定的受贿行为;另外一种意见认为,张某的行为与受贿罪无关,因为张某在实质上并不存在刑法规定的“利用职务上便利的行为”。

本案定性首先面临的问题是,回扣型受贿罪成立,是否需要国家工作人员利用职务上的便利?根据刑法规定,受贿罪有四种行为类型:(1)索贿型受贿;(2)非法收受型受贿;(3)回扣型受贿;(4)间接受贿或称斡旋受贿。除回扣型受贿外,刑法条文都明确了受贿罪的成立需要国家工作人员“利用职务上的便利”或者“利用本人职权或者地位形成的便利条件,通过其他国家工作人员职务上的行为”。认为成立回扣型受贿罪不需要行为人利用职务上的便利观点的主要理由是,《刑法》第385条第2款对于回扣型受贿没有与其他条款一样规定“利用职务上的便利”,系立法的特意为之,司法者应当尊重立法本意与罪刑法定原则。

本书认为,对于回扣型受贿成立是否需要行为人利用职务上的便利,必须立足于受贿罪的本质。受贿罪在性质上属于职务犯罪,受贿行为的本质是钱权交易。不管是何种形式的受贿行为,如果行为不体现钱权交易的性质,就难以成立受贿罪。而行为是否存在利用职务上便利的要件,根本上决定着行为是否具有钱权交易的实质。所以,行为人利用职务上的便利是回扣型受贿罪成立的必备要件。

对于“利用职务上的便利”的含义，1999年最高人民检察院《关于人民检察院直接受理立案侦查案件立案标准的规定(试行)》规定：“‘利用职务上的便利’，是指利用本人职务范围内的权力，即自己职务上主管、负责或者承办某项公共事务的职权及其所形成的便利条件。”2003年最高人民法院《全国法院审理经济犯罪案件工作座谈会纪要》进一步指出，“利用职务上的便利，既包括利用本人职务上主管、负责、承办某项公共事务的职权，也包括利用职务上有隶属、制约关系的其他国家工作人员的职权。担任单位领导职务的国家工作人员通过不属自己主管的下级部门的国家工作人员的职务为他人谋取利益的，应当认定为‘利用职务上的便利’为他人谋取利益”。较之于1999年最高人民检察院《关于人民检察院直接受理立案侦查案件立案标准的规定(试行)》，《全国法院审理经济犯罪案件工作座谈会纪要》对利用职务上便利的含义采取了扩张理解。

根据刑法的规定，利用职务上的便利，即利用职权之意。在行为人对事项没有职权或者管理与被管理关系的情况下，实质上欠缺利用职务上便利的条件，受贿罪依法不能成立。本案中，张某系某市生态环境保护局的正式在编人员，属于国家工作人员。但张某并不分管环保项目审批，其职位与李某的甲公司实质上并不具有上下级关系或者管理与被管理关系，其涉案行为依法不属于刑法规定的“利用职务上的便利”。张某接受同学李某的邀请，为项目申报提供建议，本质上属于技术性服务工作和劳务活动，并不具有职权的性质。所以本案中张某的行为在性质上属于违纪行为，与受贿罪并无关系。

近年，最高人民法院、最高人民检察院立足于实质立场界定贪污贿赂罪构成要件在司法解释或文件中表现得比较突出。对于医疗机构中的工作人员和学校及其他教育机构中的工作人员，利用职务上的便利，索取或者非法收受他人财物的定性，理论界和实务界的意见曾很不统一，2008 年最高人民法院、最高人民检察院《关于办理商业贿赂刑事案件适用法律若干问题的意见》第 4 条规定：“医疗机构中的国家工作人员，在药品、医疗器械、医用卫生材料等医药产品采购活动中，利用职务上的便利，索取销售方财物，或者非法收受销售方财物，为销售方谋取利益，构成犯罪的，依照刑法第三百八十五条的规定，以受贿罪定罪处罚。医疗机构中的非国家工作人员，有前款行为，数额较大的，依照刑法第一百六十三条的规定，以非国家工作人员受贿罪定罪处罚。医疗机构中的医务人员，利用开处方的职务便利，以各种名义非法收受药品、医疗器械、医用卫生材料等医药产品销售方财物，为医药产品销售方谋取利益，数额较大的，依照刑法第一百六十三条的规定，以非国家工作人员受贿罪定罪处罚。”第 5 条规定：“学校及其他教育机构中的国家工作人员，在教材、教具、校服或者其他物品的采购等活动中，利用职务上的便利，索取销售方财物，或者非法收受销售方财物，为销售方谋取利益，构成犯罪的，依照刑法第三百八十五条的规定，以受贿罪定罪处罚。学校及其他教育机构中的非国家工作人员，有前款行为，数额较大的，依照刑法第一百六十三条的规定，以非国家工作人员受贿罪定罪处罚。学校及其他教育机构中的教师，利用教学活动的职务便利，以各种名义非法收受教材、教具、校服或者其他物品销售方财物，为教材、教具、校服或者其他物品销售方谋取利益，数额较大的，依照刑法第一百六十三条的规定，以非国家工作人员受贿罪定罪处罚。”上述解释和结论充分注意到了刑法中“国家工作人员”“利用职务上的便利”的实质意义，对于行为定性明显采取了实质解释的立场。

又如国家工作人员的含义，根据《刑法》第 93 条的规定，国家工作人员,是指在国家机关中从事公务的人员。国有公司、企业、事业单位、人民团体中从事公务的人员和国家机关、国有公司、企业、事业单位委派到非国有公司、企业、事业单位、社会团体从事公务的人员,以及其他依照法律从事公务的人员,以国家工作人员论。2003年最高人民法院《全国法院审理经济犯罪案件工作座谈会纪要》指出:“从事公务,是指代表国家机关、国有公司、企业、事业单位、人民团体等履行组织、领导、监督、管理等职责。公务主要表现为与职权相联系的公共事务以及监督、管理国有财产的职务活动。如国家机关工作人员依法履行职责,国有公司的董事、经理、监事、会计、出纳人员等管理、监督国有财产等活动,属于从事公务。那些不具备职权内容的劳务活动、技术服务工作,如售货员、售票员等所从事的工作,一般不认为是公务。”

可见,刑法中的国家工作人员,也是个需要进行实质判断的概念,其必须依法从事公务,不能简单地认为只要行为人具有公职人员身份、待遇或者在国家机关、国有公司、企业、事业单位工作,即属于刑法中的国家工作人员。

所以,为了准确认定贪污贿赂罪,办案人员一方面应重视从实质上考察行为人是否具有国家工作人员身份;另一方面,在行为人具备国家工作人员身份的情况下,需要进一步考察其行为是“利用职务上便利的行为”,还是“利用工作之便”,避免贪污贿赂罪处罚范围的不适当扩大。

下文再以虚假诉讼罪为例简要分析实质解释对于犯罪成立的意义。

根据《刑法》第307条之一的规定,虚假诉讼罪,是指以捏造的事实提起民事诉讼,妨害司法秩序或者严重侵害他人合法权益的行为。对于何谓“捏造的事实”,如果采取宽泛的理解,那么,民事诉讼中与诉讼有关的一切事实只要存在虚假,都可以纳入虚假诉讼的范围。

按照这种思维，即使民事法律关系和民事纠纷客观存在，行为人只是为了赢得诉讼而篡改、伪造部分证据（包括非核心证据）的，同样也可以扩大化理解为捏造事实从而成立虚假诉讼。

为了避免虚假诉讼罪处罚范围的不适当扩大，2018 年最高人民法院、最高人民检察院《关于办理虚假诉讼刑事案件适用法律若干问题的解释》对于虚假诉讼和捏造事实的含义采取了实质认定和限制解释立场，强调"对于是否属于捏造民事法律关系，应当坚持实质性判断，不能进行形式化、简单化认定"[1]，该解释将虚假诉讼罪中的捏造事实严格限定为捏造民事法律关系，虚构民事纠纷的情形。捏造民事法律关系，是指行为人与他人之间根本不存在特定的民事法律关系，但是，行为人通过伪造证据、虚假陈述等手段无中生有、凭空伪造双方存在民事法律关系的假象；虚构民事纠纷，是指双方本来不存在民事纠纷，故意虚构因为捏造出来的民事法律关系产生民事纠纷的事实。[2] 按照上述解释，民事法律关系和纠纷实质、真实地存在，只是虚构案件证据的情形，不属于虚假诉讼罪的调整对象。

以上主要围绕实质解释对于限定刑法处罚范围，避免刑法处罚范围扩张的意义展开。其实，实质解释的功能还有另外的重要一面，可以有效地避免行为人以合法形式掩盖非法目的，逃避刑法制裁，避免刑法漏洞。

案例 11：涂某挪用公款案

涂某，某大学财务部部长。其在任职期间，利用职务之便，在未征得学校主管领导同意、超越自身职权的情况下，应朋

[1] 周峰、汪斌、李加玺：《〈关于办理虚假诉讼刑事案件适用法律若干问题的解释〉的理解与适用》，载《人民司法》2019 年第 4 期。

[2] 参见周峰、汪斌、李加玺：《〈关于办理虚假诉讼刑事案件适用法律若干问题的解释〉的理解与适用》，载《人民司法》2019 年第 4 期。

友的借款要求,采用在借款合同上伪造领导签字、骗取公章的手段,以学校的名义将校基建贷款600万元借予一私营公司经营使用。调查中没有发现涂某从中谋取个人利益。

根据《刑法》第384条的规定,挪用公款罪是指国家工作人员利用职务上的便利,挪用公款归个人使用,进行非法活动的,或者挪用公款数额较大、进行营利活动的,或者挪用公款数额较大、超过三个月未还的行为。本案中涂某的行为是否成立挪用公款罪,关键问题在于涂某的行为是否符合“挪用公款归个人使用”。关于挪用公款“归个人使用”的含义,2002年全国人民代表大会常务委员会《关于〈中华人民共和国刑法〉第三百八十四条第一款的解释》规定:“有下列情形之一的,属于挪用公款‘归个人使用’:(1)将公款供本人、亲友或者其他自然人使用的;(2)以个人名义将公款供其他单位使用的;(3)个人决定以单位名义将公款供其他单位使用,谋取个人利益的。”

本案中,涂某决定将单位600万元公款借给私营公司,并不属于刑法规定的“将公款供本人、亲友或者其他自然人使用”;案发时没有发现涂某从私营公司获取任何利益,也不符合“个人决定以单位名义将公款供其他单位使用,谋取个人利益”的规定;而将600万元公款借给私营公司使用也是以单位名义,并非以涂某个人名义,形式上也不符合全国人民代表大会常务委员会《关于〈中华人民共和国刑法〉第三百八十四条第一款的解释》规定的“归个人使用”中的第二项。但若立足于实质解释则不难发现,本案中涂某将学校公款600万元挪用给私营公司使用的行为是其擅自决定的,作为财务部部长,其个人决定不能体现和代表单位意志,学校主管领导对此也不知情。借给私营公司600万元的行为,只是表面上以单位名义,由于既不体现单位意志,也不符合或者为了单位利益,所以,实质上并不属于以单位名义,而是以其个人名义。本案中涂某的行为具有公款私用的本质,实质上符合《关于〈中华人民共和国刑法〉第三百八十四条第一款的解释》规定的"以个人名义将公款供其他单位使用",依法属于挪用公款归个人使用,成立挪用公款罪。

近些年,国家为了严惩贪污贿赂犯罪,避免犯罪分子以合法形式掩盖非法行为,在贪污受贿等职务犯罪的认定上,司法解释或文件重视实质解释的立场表现得十分明显。比如,2007 年最高人民法院、最高人民检察院《关于办理受贿刑事案件适用法律若干问题的意见》规定的新型受贿类型,包括交易型受贿、干股型受贿、合作投资型受贿、委托理财型受贿、赌博型受贿、特定关系人"挂名"领薪型受贿等,实际上都采取的是实质认定的方法。

又如,对于收受贿赂物品未办理权属变更的能否认定为国家工作人员非法占有从而成立受贿,曾是一个很有争议的问题,实践中行为人往往以房屋、汽车的所有权转移需要办理产权变更登记为抗辩事由。2007 年最高人民法院、最高人民检察院《关于办理受贿刑事案件适用法律若干问题的意见》第 8 条规定:"国家工作人员利用职务上的便利为请托人谋取利益,收受请托人房屋、汽车等物品,未变更权属登记或者借用他人名义办理权属变更登记的,不影响受贿的认定。"该规定同样采取的是实质认定犯罪的立场。

四、总　结

对于本章内容,简要总结如下:

第一,犯罪的成立是形式与实质的统一,犯罪的认定要坚持形式解释与实质解释的统一。形式解释指的是根据刑法条文及其概念、用语的字面含义解释刑法和认定犯罪;实质解释强调的是在刑法条文规定的基础上,重视从规范保护目的和法益保护立场理解、解释刑法和认定犯罪。

第二,在罪刑法定时代,形式解释是刑法适用的前提与基础,它设定着实质解释的限度,实质解释系形式解释的“进阶性”解释,旨在揭示理解刑法规范的目的和真义。在行为只是表面、形式地符合刑法条文规定而没有实质法益侵害的场合,应尽量避免将其认定为犯罪,以确保刑法处罚的实质妥当性。

第三,不管是在经济犯罪的认定中,还是在贪污贿赂犯罪、财产犯罪等认定中,重视实质解释都具有重要意义。一方面,有助于限定刑法处罚范围,避免刑法处罚的不当扩张;另一方面,可以防止行为人以合法形式掩盖非法目的,避免刑法保护法益的漏洞。

第二章
形式与实质（中）

一、问题的提出

刑法的科学适用，不仅要重视罪与非罪的界分，还要重视此罪与彼罪的界限。实践中，可能遇到的情况是，行为造成了法益侵害的结果，依法构成犯罪没有疑问，只是对行为成立此罪还是彼罪存在意见分歧。立足于刑法的形式解释，该行为成立甲罪；立足于实质解释，则会得出行为构成乙罪的结论。在该情形下，办案人员如果能够立足于刑法条文的规范保护目的、犯罪的本质与构造以及行为侵害的法益，那么，行为的性质更容易厘清，争议也不难消除。

本章在第一章的基础上，重点阐述实质解释对于此罪与彼罪界分的方法论意义。

二、实质解释与彼此罪的区分

1. 贪污罪与受贿罪的区分

贪污罪，指的是国家工作人员利用职务上的便利，侵吞、窃取、骗取或者以其他手段非法占有公共财物的行为；受贿罪，是指国家工作人员利用职务上的便利,索取他人财物,或者非法收受他人财物,为他人谋取利益的行为。前者属于非法占有型职务犯罪,后者属于钱权交易型职务犯罪,两者的构造存在明显差异。一般情况下,两罪的界限是比较清晰的,但实践中,也会出现区分的难题。

案例1:保卫部部长采购贪污案

李某系某大学保卫部部长,因新生军训,学校需要统一采购学生军训服装。李某受学校指派负责服装招标采购工作,甲公司中标。王某为甲公司负责人,与李某系同乡。李某为了获取非法利益,在服装招标采购过程中与王某商定原本每套服装60元在合同中约定为80元。学校按照合同将服装款项打入甲公司账户,随后王某将差额部分共计4.5万元从甲公司转入李某指定的个人账户并由李某非法占有。

对于本案,一种意见认为,李某的行为符合《刑法》第385条第2款的规定,属于国家工作人员在经济往来中,违反国家规定,收受回扣,归个人所有,成立受贿罪,王某的行为依法构成行贿罪。另一种意见认为,李某侵占的是学校的公共财物,依法属于贪污罪,王某成立贪污罪的共同犯罪。

案例2:甲报销发票受贿案

甲为某市政府的主要领导,要求其分管的某局局长乙在某局将自己20万元的私人票据报销。甲提供的票据不符合规定无法报销,但乙考虑到甲系自己的上级主管领导,对自己仕途多有提携帮助,不愿也不敢得罪甲,便找到企业家丙寻求帮助。丙过去几年一直承接某局和乙分管的工程项目,而且丙在某局及其下属事业单位尚有500余万元工程款未结算。乙对丙承诺报销该笔款项后,将尽快协调将相关单位所欠丙的工程款及时结清。乙并未向丙说明报销票据来源,只是说报销款用于上级领导的招商引资。丙在收到该20万元票据后很快在自己公司报销,并将20万元报销款现金交给乙,乙转交给甲。甲收到该20万元款项后也没有问及具体来源。

对于甲行为的定性,办案人员意见分歧较大:一种观点认为,甲是乙的上级主管领导,指使乙将自己的20万元私人发票在乙单位报销,甲的行为符合刑法规定的利用职务上的便利侵吞公共财物,依法成立贪污罪。另一种观点认为,本案中,20万元发票并非由乙所在单位报销,最终由丙及其公司报销承担,公共财物没有遭受任何损失,不符合《刑法》第382条第1款规定的"国家工作人员利用职务上的便利,侵吞、窃取、骗取或者以其他手段非法占有公共财物",依法不成立贪污罪。甲的行为依法属于索贿,成立受贿罪,乙的行为构成行贿罪。

如前指出,在犯罪的性质与构造上,贪污罪和受贿罪存在明显的不同。贪污罪属于非法占有型职务犯罪,根据《刑法》第382条第1款的规定,只有在国家工作人员非法占有公共财产从而导致公共财产遭受损失的情况下,行为才应依法成立贪污罪。受贿罪属于交易型职务犯罪,行为是否成立受贿罪,重点在于考察行为是否体现钱权交易的本质。

回扣,一般意义上指的是卖方从买方支付的商品款项中按一定比例返还给买方的价款。按照是否采取"账外暗中"的方式,回扣包括"账内明示"的回扣和"账外暗中"的回扣。"账内明示"的回扣由于记入单位账内,并不存在违法犯罪的问题,是符合法律规定的。《反不正当竞争法》《刑法》中规定的回扣都是"账外暗中"的回扣。理论上,曾有学者将回扣分为"顺扣"和"倒扣",前者指的是卖方在买方购买商品时按一定比例给买方一定价款;后者是指买方在购买商品时,在正常价格之外再给卖方一定比例价款的情况。[1] 现代社会由于普遍处于买方市场,“倒扣”现象很少存在,因此,“回扣”一般指的是“顺扣”。另外,值得注意的是,卖方支付给买方的回扣必须是卖方商品价款的一部分,即卖方从获取的利润中支付给买方的价款。如果卖方给买方的“回扣”不是从其利润中支付的,而是买方从其自己单位支出,形式上经过卖方单位进而由买方占为己有的,不属于这里的回扣,行为人的行为本质上属于侵占本单位财产,依法可能构成职务侵占罪或贪污罪等。

保卫部部长采购贪污案(案例 1)中,真正遭受财产损失的是某学校。对于甲公司和王某而言,每套军训服装款 60 元的利益得到了充分保障,合同签订的每套服装 80 元只是写在纸上的,系表面、形式的,实质上甲公司和王某的利益并没有被“回扣”。所以,本案行为表面上是回扣型受贿,实质上是李某和王某内外勾结非法占有学校公共财物。学校公共财产遭受损失,李某和王某依法成立贪污罪的共同犯罪。

甲报销发票受贿案(案例 2)的情况相对复杂。甲让乙在单位将其 20 万元发票报销,属于以报销虚假发票侵吞公共财物的行为。站在国家工作人员甲的立场上,根据甲的主观认识,其行为的性质更符合贪污罪的构成要件。但客观事实是,某局局长乙并非在自己工作的国家机关报销这 20 万元票据,公共财物没有遭受任何损失。在这种情况下,认定行为成立贪污罪,难以符合贪污罪的本质与规定。从实际法益侵害看,涉案的 20 万元款项来自丙及其公司,乙将该 20 万

---

[1] 参见杨兴国:《贪污贿赂罪法律与司法解释应用问题解疑》,中国检察出版社 2002 年版,第 217 页。

元送给自己主管领导甲，乙的行为符合行贿罪的构成要件，依法成立行贿罪，甲依法构成受贿罪。《刑法》第 389 条第 3 款规定："因被勒索给予国家工作人员以财物，没有获得不正当利益的，不是行贿。"本案中 20 万元虽系丙支付，但由于丙系被乙索要，丙及其公司并没有从中获得不正当利益，丙的行为依法不成立行贿罪。

以上可见，行为是否体现钱权交易的实质、涉案财物的来源以及国家公共财物是否受到损害，对于贪污罪和受贿罪的区分具有重要意义。

2. 受贿罪与诈骗罪的区分

受贿罪与诈骗罪的界限在一般情况下是清晰的，但两者也会有发生交织的情形，此时对于行为成立诈骗罪还是受贿罪，也会产生疑问。办案人员若能重视实质解释，考察行为人是否存在利用职务上便利的行为，以及行为是否体现钱权交易的本质，对于澄清行为性质是很有帮助的。

实践中，以下情形可以依法成立诈骗罪，没有太多争议：第一，行为人冒充国家工作人员，承诺为他人谋取利益，以此骗取他人财物的；第二，行为人有国家工作人员身份，但对请托人的具体请托事项没有职权，即没有职务上的便利，却谎称有职权，承诺为他人谋取利益，收受骗取他人财物的。上述情形中，行为人对请托事项没有"职务上的便利"，即职权，并不存在成立受贿罪要求的实质法益侵害，行为人取得财物主要依靠的是"骗"。

但有些案件中，"职务上的便利"与"诈骗"交织在一起，行为究竟是成立受贿罪还是诈骗罪，并非界限明确。

案例 3：甲购买案件信息诈骗案

甲系上级公安机关工作人员，依法负责管理某地区刑事案件信息。乙为其辖区基层派出所所长,为了完成办案任务和表现工作业绩,乙通过朋友介绍找到甲,希望甲能够从其管理的信息库中提供重要或者重大案件线索,便于其查处。为此,乙从单位账外资金私自送给甲 50 万元“帮助费”。甲收到该笔费用后,答应将及时为乙提供重要案件线索以便于其查处。在此后 4 个月内,甲两次提供给乙有关重大传销犯罪活动的线索,派出所查证后都不属实,所提供的两起案件都属于正常市场营销活动,与犯罪无关,无法立案。乙在与甲打交道过程中逐渐认识到甲为人浮夸,不可靠,特别是历经两次案件线索的失败后,决定不再找甲帮助提供案件线索,遂向甲提出退回 50 万元“帮助费”中的 45 万元,其中 5 万元作为感谢费,案件线索之事不再继续找甲帮忙。甲收到 50 万元后部分用于偿还个人债务,部分被其挥霍,无法退还,为此双方发生矛盾,后案发。经调查,甲在收到乙的 50 万元“帮助费”后提供的传销违法犯罪线索,并非来自其负责管理的案件信息库,而是委托朋友在市场上各花费人民币 5000 元购买的,案件信息自然难以确保真实、可靠。

对于甲行为的定性,有两种意见的对立:

一种意见认为,本案中,甲收受乙 50 万元后并没有利用其职务上的便利为乙谋取利益,职务上的请托事项根本没有实施,系虚假的,本案中缺乏钱权交易的事实,甲的行为应依法成立诈骗罪。

另一种意见认为,甲系上级公安机关的国家工作人员,负责管理某地区刑事案件信息,依法具有所托事项的职权,即职务上的便利。明知辖区派出所有具体请托事项而收受他人财物,符合刑法规定的“为他人谋取利益”的要件。所以,其行为完全符合受贿罪的成立条件。至于国家工作人员收受请托人财物后,是否为请托人实际谋取了利益,并不是受贿罪的成立要件,不应影响本案受贿罪的成立。

案例4:杨某某诈骗案

> 被告人杨某某原系某市公安局岳塘分局宝塔派出所民警,在宝塔派出所值班时,通过翻看接警记录,获悉报案人陈某某被电信诈骗。杨某某随即利用民警身份联系陈某某,称可以帮其挽回损失,但协调工作需要费用,陈某某向杨某某转账支付7500元。收到转账后,杨某某并没有采取实际行动为陈某某追回被诈骗款项,而是将7500元全部用于偿还个人债务及生活开支。此外,被告人杨某某还实施了其他类似案件五起,比如杨某某以帮助犯罪嫌疑人聂某办理取保候审手续或帮其减轻处罚为由,向聂某亲属收取"协调经费"12.75万元。收到费用后,杨某某到法院询问了解情况,回复聂某亲属。除此之外,杨某某没有实施帮助聂某办理取保候审或帮其减轻处罚的实际行为。

对于被告人杨某某行为的性质,办案机关也存在两种明显对立的意见:一种观点认为,杨某某的行为构成诈骗罪;另一种观点认为,杨某某的行为构成受贿罪。

一审法院判决被告人杨某某犯诈骗罪,判处有期徒刑4年,并处罚金人民币5万元。[1] 二审法院认为,上诉人杨某某利用职务便利诈骗他人财物,数额巨大,其行为既构成诈骗罪,又构成受贿罪,按照法条竞合、择一重罪处理判决杨某某犯诈骗罪,判处有期徒刑3年,并处罚金5万元。[2]

案例3和案例4的共同点在于:第一,行为主体都系国家工作人员;第二,国家工作人员对于请托人的具体请托事项,依法都有职务

---

〔1〕 参见湖南省湘潭市雨湖区人民法院(2019)湘0302刑初366号刑事判决书。

〔2〕 参见湖南省湘潭市中级人民法院(2019)湘03刑终472号刑事判决书。

上的便利(或者本人职权或者地位形成的便利条件);第三,在收受请托人财物后,都实施了与承诺不一致的行为,即虚构事实、隐瞒真相的行为。

对于上述情形,有观点认为行为应依法成立受贿罪,客观地讲,该意见不是完全没有道理。

首先,根据《刑法》第 385 条的规定,受贿罪有两种类型:索贿型受贿罪和非法收受型受贿罪。在前者情形中,国家工作人员利用职务上的便利,索取他人财物的,即成立受贿罪;对于非法收受型受贿罪,除国家工作人员利用职务上的便利,收受他人财物外,还需要行为人为他人谋取利益。众所周知,国家为了严密贿赂罪的法网,从严打击贿赂犯罪,近些年在司法解释和文件中对"为他人谋取利益"的含义采取了扩大解释,"为他人谋取利益"的构成要件地位逐步淡化。2003 年最高人民法院《全国法院审理经济犯罪案件工作座谈会纪要》规定:"为他人谋取利益包括承诺、实施和实现三个阶段的行为。只要具有其中一个阶段的行为,如国家工作人员收受他人财物时,根据他人提出的具体请托事项,承诺为他人谋取利益的,就具备了为他人谋取利益的要件。明知他人有具体请托事项而收受其财物的,视为承诺为他人谋取利益。"2016 年最高人民法院、最高人民检察院《关于办理贪污贿赂刑事案件适用法律若干问题的解释》第 13 条在吸收上述纪要规定的同时,进一步扩张了"为他人谋取利益"的含义,规定:"具有下列情形之一的,应当认定为'为他人谋取利益',构成犯罪的,应当依照刑法关于受贿犯罪的规定定罪处罚:(一)实际或者承诺为他人谋取利益的;(二)明知他人有具体请托事项的;(三)履职时未被请托,但事后基于该履职事由收受他人财物的。国家工作人员索取、收受具有上下级关系的下属或者具有行政管理关系的被管理人员的财物价值三万元以上,可能影响职权行使的,视为承诺为他人谋取利益。”

可见,非法收受型受贿罪的成立,虽然刑法条文明确规定了“为他人谋取利益”要件,但司法解释通过对“为他人谋取利益”含义的扩张理解,其构成要件地位已大打折扣。实践中,只要国家工作人员在职务事项上收受他人财物的,基本可以肯定受贿罪的成立。在甲购买案件信息诈骗案(案例3)和杨某某诈骗案(案例4)中,被告人甲和杨某某对于所请托事项,都具有职权(或者本人职权或地位形成的便利条件),肯定甲和杨某某的行为成立受贿罪,不是完全没有刑法依据。

其次,从法益侵害的角度看,一般认为受贿罪侵害的法益是国家工作人员职务行为的廉洁性。行为人明知他人在自己的职权(或者本人职权或地位形成的便利条件)事项上有请托事项,非法收受他人财物,当然侵害了国家工作人员职务行为的廉洁性。

但是,在国家工作人员主观上没有为他人谋取利益的故意,客观上没有利用职权(或者本人职权或地位形成的便利条件)为请托人谋取利益的情况下,将行为认定为受贿,与受贿罪的实质并不契合。

第一,国家工作人员收受财物后没有利用职权为请托人办事,当然违反《公职人员政务处分法》的规定,如抽象地讲,行为也侵害了国家工作人员职务行为的廉洁性。但是,职务行为的廉洁性不是抽象的存在,而是具体的存在,是否受到侵害最终要落实到具体事项上,要有具体行为体现。国家工作人员收受他人财物时,主观上并不具有为他人谋取利益的意思,客观上始终没有利用职权为请托人谋取利益,很明显事实上国家工作人员职务行为的廉洁性没有遭受侵害。

第二,上述案件中行为人的行为难以符合职务犯罪的含义和受贿罪的本质。职务犯罪,顾名思义,即行为人利用职务实施犯罪。所以,行为成立职务犯罪,必须要求行为人利用职务实施了法益侵害行为,如果行为人实施的法益侵害行为与国家工作人员的职务无关,自然无从谈起成立职务犯罪。具体到受贿罪而言,作为职务犯罪的典型形态,受贿罪的本质在于钱权交易及其交易危险性,国家工作人员收受财物之时或者此后,主观上没有为他人谋取利益的意思,客观上没有利用职权为他人谋取利益,行为无法体现钱权交易的实质。

在甲购买案件信息诈骗案(案例3)中,甲虽然对所请托事项有职务上的便利,但其收受财物后并没有利用职权从其管理的案件信息库中提供案件线索,而是从市场上购买信息。甲实施的行为与职务并无关系,通过虚构在市场上购买案件信息意图占有请托人财物,行为在性质上更多地属于骗取财物;在主观上,行为人对虚假事实有明确认识,表现出了非法占有财物的故意。所以,行为应依法成立诈骗罪。

在杨某某诈骗案(案例4)中,杨某某不仅有职权,而且积极承诺为请托人谋取利益,但杨某某在收到请托人财物后,既没有采取实际行动为陈某某追回被诈骗款项,也没有实施帮助聂某办理取保候审或帮其减轻处罚的行为,没有实施职务上的行为,所谓的钱权交易只是形式和表象,实质上并不存在,主观上杨某某对上述事实也是明知的,行为应依法成立诈骗罪。

简单地讲,在上述两个案件中,所谓的职务上的便利更多地属于“犯罪的外衣”,为犯罪提供了假象和便利,国家工作人员的职务在犯罪中都没有起到实质作用,行为的本质是“骗”而非“钱权交易”。

对于甲购买案件信息诈骗案(案例3)和杨某某诈骗案(案例

4)，有一种观点认为，被告人的行为既成立受贿罪，又成立诈骗罪，属于两罪的竞合，应从一重罪论处。如前指出，案例 4 中二审法院就持该意见。本书并不赞同该案二审法院的意见，因为犯罪竞合的前提是行为人的行为同时构成两罪。杨某某诈骗案(案例 4)中，被告人杨某某实质上没有利用其职务便利，行为不体现钱权交易的事实，受贿罪依法并不成立，无从谈起犯罪竞合并从一重罪论处的问题。

相反，在国家工作人员收受他人财物过程中或其后，实施了虚构事实、隐瞒真相的行为，比如虚构收受财物的原因、归属和数量等，如果国家工作人员利用职务上的便利为他人谋取利益的事实存在，换句话说，如果存在钱权交易的事实，那么虚构事实、隐瞒真相的行为就不影响受贿罪的成立。

案例 5：吴六徕受贿案

本案为《刑事审判参考》第 1147 号指导案例。基本案情如下：被告人吴六徕在担任洞新公司经理期间，某公司股东徐某某找到吴六徕要求承接某高速建设的供应业务。吴六徕原计划安排其情妇赵某某承接业务，便谎称赵某某为“领导的朋友”，让徐某某承接该业务，需要给予“领导的朋友”好处费 100 万元，徐某某表示同意。之后，吴六徕利用职权，决定由徐某某承接该供应业务。随后徐某某按照约定联系吴六徕交付 100 万元好处费，吴六徕带徐某某与赵某某的弟弟见面，谎称赵某某的弟弟系“领导的朋友”。赵某某的弟弟收到徐某某所送的 100 万元后将该笔钱款转交给赵某某。

对于本案定性，一种观点认为，被告人吴六徕虚构事实、隐瞒真相，促使徐某某交付财物的行为构成诈骗罪。一审法院审理后判决被告人吴六徕犯受贿罪。二审维持原判。

《刑事审判参考》在“裁判理由”中指出:“单纯地看该起事实,形式上似乎也符合诈骗罪的犯罪构成,但吴六徕实施上述行为时充分利用了职务上的便利,徐某某也是基于对吴六徕职权的信任交付财物,后在吴六徕的帮助下承接了相关业务。徐某某虽误以为其所送财物交给了‘领导的朋友’,但其对送出财物以满足吴六徕的要求,进而借助吴六徕的权力谋取利益有清晰的认识,其关注的重点不在于何人收取贿赂,而在于能否用贿赂换取利益,事实上徐某某也确实通过行贿获得了巨额利益。因此,以索贿而不是诈骗来评价吴六徕在本起事实中的行为性质更为准确。”[1]

与甲购买案件信息诈骗案(案例3)和杨某某诈骗案(案例4)不同,本案中,被告人吴六徕担任洞新公司经理,对于涉案项目业务具有职务上的便利。徐某某承接高速建设的供应业务,事实上得到了被告人吴六徕的帮助。徐某某支付100万元好处费与被告人吴六徕职权之间明确存在钱权交易的关系,被告人吴六徕作为洞新公司经理的职务廉洁性也受到侵害。被告人对徐某某谎称赵某某为“领导的朋友”,其承接该业务需要给予“领导的朋友”好处费100万元,系虚假事实,但该虚假事实旨在掩盖该100万元的由来与归属,并不改变和影响本案钱权交易的事实,吴六徕的行为依法成立受贿罪。人民法院的判决是正确的。

3. 贪污罪与职务侵占罪的区分:村民小组组长非法占有集体土地征用补偿费的定性

村民小组组长将集体土地征用补偿费非法占有是成立贪污罪还是职务侵占罪,是司法实践中经常面临的问题,实践中处理并不一

---

[1] 参见中华人民共和国最高人民法院刑事审判第一、二、三、四、五庭主办:《刑事审判参考》(总第106集),法律出版社2017年版,第74—77页。

致。实质解释有助于厘清两者的界限。

案例6:赵玉生、张书安职务侵占案

本案是《刑事审判参考》第1138号指导案例。基本案情如下:2011年以来,被告人赵玉生利用担任河南省新郑市城关乡沟张村二组组长的职务便利,与该村文书被告人张书安商议后,在发放新郑市城关乡沟张村二组村民南水北调工程永久用地补偿费过程中,以在该村二组南水北调工程永久用地补偿费分配表中添加张书安的方式,先后两次以张书安名义套取人民币(以下币种同)169 120元,张书安分得3万元,赵玉生将余款据为己有。案发后,张书安家属代为退赃3万元。

新郑市人民法院认为,被告人赵玉生、张书安利用协助政府发放改组南水北调工程永久用地补偿费的职务便利,骗取、侵吞补偿费169 120元,其行为均已构成贪污罪。

被告人上诉提出,涉案款项系农村集体组织的合法财产,并非国有财产;南水北调建设部门已经完成对征用土地的丈量、附属物的清点及补偿费的发放工作,两被告人的行为不属于利用国家工作人员的职务便利侵吞国有资产。

郑州市中级人民法院审理认为,南水北调工程永久用地补偿款系新郑市城关乡沟张村集体土地被国家征用而支付的补偿费用,该款进入新郑市城关乡"三资"委托代理服务中心账户后即为该中心代为管理的村组财产,上诉人赵玉生、张书安在分配该财产过程中,私自将本组扣发的集体财产以张书安的名义套取后私分,其行为符合职务侵占罪的构成要件。判决赵玉生、张书安犯职务侵占罪,分别判处有期徒刑6年和3年。[1]

《刑事审判参考》虽然刊载了赵玉生、张书安职务侵占案,但是实践中对于此类案件的处理意见仍然分歧较大,既有像本案一样,一审判决被告人成立贪污罪,二审改判为职务侵占罪的,如崔某二审改判职务侵占案[2];也有一审法院认定行为人构成职务侵占罪,二审将其改判为贪污罪的,如路某某贪污案[3]。

该类案件的定性主要涉及两个具体问题:(1)行为主体是否依法属于国家工作人员以及行为是否依法属于公务;(2)行为人非法占有的财物是村集体所有财产,还是国家的公共财产。

在赵玉生、张书安职务侵占案(案例6)中,主张行为构成贪污罪的观点认为,本案中,被告人赵玉生、张书安的行为应认定为协助人民政府从事土地征用补偿费用的管理工作,属于《刑法》第93条第2款规定的"其他依照法律从事公务的人员"。而主张本案行为成立职务侵占罪的观点认为,二被告人侵吞的南水北调工程永久用地补偿费是新郑市城关乡沟张村集体土地的补偿款,属于乡"三资"委托代理服务中心代为管理的村组集体财产。二人的行为并非协助人民政府从事公务,不属于国家工作人员,将村民小组集体财产非法占为己有,应认定为职务侵占罪。

《刑事审判参考》在本案的"裁判理由"部分指出,实践中,土地征用补偿是一个复杂的过程,村民委员会等村基层组织人员协助人民政府从事土地征收、征用补偿费用的管理等行政管理工作,包括协助政府开展核准、测算以及向土地征用受损方发放补偿费用等管理

[1] 参见中华人民共和国最高人民法院刑事审判第一、二、三、四、五庭主办:《刑事审判参考》(总第106集),法律出版社2017年版,第12—18页。

[2] 参见安徽省芜湖市中级人民法院(2020)皖02刑终47号刑事判决书。

[3] 参见山西省长治市中级人民法院(2020)晋04刑终25号刑事判决书。

活动。如果村民委员会等村基层组织人员在协助政府从事上述公务活动过程中，利用职务便利，弄虚作假、虚报冒领套取超额土地补偿款，则构成贪污罪。如果上述工作已经结束，土地补偿费已经拨付给村集体，那么，村民委员会等村基层组织人员在管理村集体事务过程中侵吞集体财产的，依法不再属于协助政府从事特定公务，行为构成职务侵占罪。[1]

上述争议与分析更多是基于行为主体以及行为性质展开。本书不否认行为主体对行为性质认定的意义，但是，对于此类案件行为的定性，不能忽视法益侵害的性质。

根据刑法规定，贪污罪中行为非法占有的是公共财物，职务侵占罪中行为非法占有的是公司、企业或者其他单位的财物。两罪的犯罪对象和法益侵害是不一样的。1999 年最高人民法院《关于村民小组组长利用职务便利非法占有公共财物行为如何定性问题的批复》指出："对村民小组组长利用职务上的便利，将村民小组集体财产非法占为己有，数额较大的行为，应当依照刑法第二百七十一条第一款的规定，以职务侵占罪定罪处罚。"可见，财产损失的性质，即行为是导致国家的公共财产还是集体财产（包括村民财产）损失，也是决定行为是成立贪污罪还是职务侵占罪的重要因素。

实践中，村民委员会等基层组织工作人员在集体土地征用补偿过程中侵吞非法占有补偿费的，并非不可能成立贪污罪。比如某地政府征用某村集体土地，在协助政府测量土地过程中，村民小组组长王某利用职务之便，虚报土地面积，导致政府多支付人民币 2000 余万元，王某从中获利人民币 500 万元。本案中，国家的公共财产遭受

[1] 参见中华人民共和国最高人民法院刑事审判第一、二、三、四、五庭主办：《刑事审判参考》（总第 106 集），法律出版社 2017 年版，第 16—17 页。

重大损失,王某的行为依法不再属于职务侵占罪,而是贪污罪。

可见,村民小组组长非法占有集体土地征用补偿费的行为究竟是成立贪污罪还是职务侵占罪,法益侵害的性质对于两罪的区分具有十分重要的意义。行为主体是否依法属于国家工作人员以及其行为是否依法属于公务,与行为人非法占有的财物是村集体所有财产还是国家的公共财产,往往具有紧密的对应关系。换句话说,此类行为在行为人依法从事公务的场合,往往导致国家公共财产的重大损失;在行为人依法履行集体自治事务的场合,往往导致的是集体财产的损失。前者依法成立贪污罪,后者依法属于职务侵占罪。

4. 抢劫罪与抢夺罪的区分

抢劫罪与抢夺罪的界限并非总是泾渭分明,有些案件中,两者的界限模糊不清,真正划清两者的界限,离不开实质地考察两罪的本质与构造。

案例 7:“女鬼”抢劫案

本案流行于网络上,多半属于讲坛案例,但对于理解抢劫罪的构造及其与相关犯罪的区分是很有意义的。

基本案情如下:某大学的校园里长久流传着这么一个凄美动人的爱情故事,一女学生在校园教学楼后的小树林里,因久候男友不至,为情所困,投缳自尽。此后就有谣传:有人经常看见一白衣长发女子在小树林里游荡,逢人便焦急地问:“几点了?”在一个迷人的夜晚,一对恋爱男女躲在教学楼后的小树林里,坐在石椅上亲热,突然,在他们身后出现一白色的身影,二人一回头,发现一白衣长发女子,只见她轻启朱唇,娇滴滴地问:“几点了?”吓得恋爱男女大叫有鬼,抱头逃窜!白衣女子从容地拾起恋爱男女留在长椅上的背包,随后离开。类似情况在校园内发生多起,恋爱男女们也丢了N个背包,一时间校园内人心惶惶……不久"女鬼"被警察抓获。

对于"女鬼"行为的定性,有三种意见:第一种观点认为,"女鬼"以非法占有为目的,用非暴力的和平手段窃取了他人所占有的财物,并且多次窃取,依法成立盗窃罪。第二种观点认为,"女鬼"以非法占有为目的,实施了欺骗行为,顺利将财物骗到手,依法构成诈骗罪。第三种观点认为,"女鬼"使用的是除暴力、胁迫以外的造成被害人不能反抗的其他方法实施的抢劫行为,应成立抢劫罪。第三种意见在实践中更受青睐。

案例8:邹代明抢劫案

本案系《刑事审判参考》第159号指导案例。基本案情如下:2000年6月下旬,被告人邹代明携带美元来到拉萨,在兑换美元的过程中结识了被害人马全忠,后与马全忠达成了兑换美元的口头协议。7月3日上午,邹代明电话约请马全忠携款至其租用的房间兑换1万美元后,二人商定当日下午再行交易。下午马全忠按照约定赶到其租用的房间,将携带的人民币17万元交给邹代明。邹代明把钱装入事先准备好的白色纸袋内后,佯装打开保险柜取美元时,迅速跑出房门,并将防盗门锁上。与在楼外等候的张某某等人一同乘出租车逃离现场。

拉萨市中级人民法院一审认定被告人邹代明构成抢劫罪,判处有期徒刑5年,并处罚金人民币1万元。检察机关以量刑畸轻提出抗诉。二审法院认为一审法院定性正确,量刑不当,判决被告人成立抢劫罪,判处有期徒刑12年,剥夺政治权利3年,并处罚金人民币1万元。

本案审理过程中,对于邹代明行为定性存在抢夺罪、诈骗罪和抢劫罪三种意见的争议,最终人民法院以抢劫罪对被告人定罪量刑。

对于本案的定性,《刑事审判参考》在“裁判理由”中写道:“从表面上看,邹代明在实施犯罪行为时似乎是采取了乘人不备公然夺取的手段,事前事后也未直接对被害人施加暴力或者以暴力相威胁。但其之所以能够得逞,是因为邹代明经过策划,预先将作案地点的唯一窗户用砖头堵住,又安装防盗门并将屋里的门扣焊死,使人无法从屋子里面将门打开,然后按照计划,将被害人引入其精心设置的‘机关’中,并利用其将受害人禁闭起来,从而使被害人陷于在被劫取财物时处于不能抗拒、也不能及时采取当场夺回财物控制权的有效措施的状态,从而使自己当场劫取被害人财物的目的得以实现。这显然与抢夺犯罪被害人没有丧失夺回自己财物的行动自由和能力不同,其行为完全符合抢劫罪中‘其他手段’的认定标准,应当以抢劫罪定罪论处。”〔1〕

“女鬼”抢劫案和邹代明抢劫案两案的案情迥异,但反映的问题具有共性,即如何科学地理解抢劫罪中的“其他方法”,肯定两案成立抢劫罪的观点都认为,两案中被告人的行为依法属于“其他方法”,成立抢劫罪。

“其他方法”属于兜底性规定,实践中,但凡刑法兜底条款几乎都会出现扩张适用的问题。对于抢劫罪中“其他方法”的含义,目前主流的刑法理论认为,是指为了当场非法占有财物,而采用的暴力、胁迫之外使被害人处于不能反抗或者不知反抗的方法。例如,用酒灌醉、用药麻醉等。〔2〕 如果认为“其他方法”的作用只是在于使得被害

---

〔1〕 参见中华人民共和国最高人民法院刑事审判第一庭、第二庭主办:《刑事审判参考》(总第24辑),法律出版社2002年版,第62—66页。

〔2〕 参见高铭暄、马克昌主编:《刑法学》(第九版),北京大学出版社、高等教育出版社2019年版,第492页;张明楷:《刑法学(下)》(第六版),法律出版社2021年版,第1270页。

人不能、不知反抗，那么，上述两个案例，特别是邹代明抢劫案，将没有疑问地成立抢劫罪，《刑事审判参考》在邹代明抢劫案的“裁判理由”中也表达了这一点。但这种理解难以符合抢劫罪的行为构造与侵害法益的特点。

抢劫罪历来被认为属于财产犯罪，但与盗窃罪、诈骗罪明显不同的是，其属于公然强取型财产犯罪，侵犯的是复合法益，同时包括财产权和人身权，而且，抢劫罪侵犯人身权利的内容限于生命权和健康权。正是基于抢劫罪的这一构造，刑法理论和实务对作为抢劫罪手段的“暴力”“胁迫”一般采取限制解释，抢劫罪中的暴力除具备其他犯罪暴力的一般特征外，还强调暴力的“当场性”，即抢劫罪中的暴力必须对被害人当场实施。胁迫的内容也只限于以当场实施暴力相威胁，行为人不是以当场使用暴力相威胁的，而是以非暴力相威胁的，就不属于抢劫罪中的胁迫。

既然抢劫罪属于侵犯公民财产权和人身权的复合法益的犯罪类型，那么，对抢劫罪手段“其他方法”的理解，就不应偏离抢劫罪的行为构造与侵害法益的特点。如果行为没有造成财物所有者、占有者、保管者生命健康的损害结果或者不具有造成上述后果的危险性，就不宜理解为抢劫罪中的“其他方法”。而且，对“其他方法”作如此限制解释，也是刑法同类解释的基本要求。

“女鬼”抢劫案中，行为人假扮女鬼，被害人受惊吓而丢下财物，被害人的生命健康并无遭受侵害的危险性，将此种行为认定为抢劫，明显难以符合抢劫罪的本质与行为构造。对于本案，本书更倾向认定成立抢夺罪。

邹代明抢劫案中，被害人马全忠被被告人邹代明锁在其租用的房间内，邹代明乘机将被害人随身携带的人民币 17 万元拿走，侵害了被害人的财产权。但将被害人单纯地暂时锁在租住的房间，更多是限制了被害人的人身自由，同样不存在损害被害人生命健康的危险性。本案被告人的行为更符合违背被害人意志夺取财物，认定为抢夺罪更为妥当。

5. 诈骗罪与具体诈骗罪的界限

《刑法》在第 266 条规定诈骗罪的同时，还规定了合同诈骗罪（第 224 条）、贷款诈骗罪（第 193 条）、保险诈骗罪（第 198 条）等具体类型的诈骗罪，上述罪名的合理区分，离不开对具体类型诈骗罪规范保护目的这一问题的实质理解。

根据司法解释的规定，诈骗罪与具体类型诈骗罪的立案追诉标准是不一样的。以诈骗罪和合同诈骗罪为例，前者要求诈骗公私财物价值 3000 元至 1 万元以上的，才成立犯罪；后者要求诈骗公私财物 2 万元以上的，才立案追诉。实践中的问题是：行为人实施合同诈骗，财物没有达到 2 万元以上，却达到诈骗罪追诉标准的，如何处理，这涉及《刑法》第 266 条与第 224 条的关系问题。

有一种观点认为，行为不构成合同诈骗罪，符合诈骗罪的犯罪构成的，可以按照诈骗罪处理。如张明楷教授写道："利用合同骗取他人财物，没有达到司法解释所规定的合同诈骗罪数额较大的标准但达到普通诈骗罪数额较大标准的，应认定为普通诈骗罪。因为行为并不符合合同诈骗罪的客观要件，故不存在合同诈骗罪与普通诈骗罪的法条竞合问题。如同行为不符合故意杀人罪的某个要件但符合故意伤害罪的犯罪构成一样，当然应认定为故意伤害罪。"〔1〕

对此，周光权教授指出："张明楷教授的观点值得商榷，在法条竞合的场合要坚持特别法条绝对优先，主要理由在于：第一，立法者的

〔1〕 张明楷：《刑法学（下）》（第六版），法律出版社 2021 年版，第 1086 页。

特殊考虑值得尊重。立法者制定特别法条时,有特殊考虑(立法者意思)。对这种立法上的特别考虑,在司法上必须尊重,否则,就可能模糊刑罚权的性质,造成解释权对立法权的僭越。”“如果特别法的定罪起点高于普通法,特别法的处罚范围相对较小,也是因为立法上认为特别法条所规范的行为容易发生,或者该行为一旦实施,通常行为人取得财物的数额较大,为缩小刑罚打击面,而特别地考虑对某些行为不处罚。”[1]

本书赞同周光权教授的理解。从形式上看,诈骗罪和合同诈骗罪等具体类型的诈骗罪,是一般法和特别法之间的法条竞合关系,但是,如果实质地考察合同诈骗罪的刑法规定和规范保护目的,两者的关系不能简单地认为是一般的法条竞合关系。立法者之所以要在诈骗罪外设置合同诈骗罪等具体诈骗罪,而且,合同诈骗罪、贷款诈骗罪等具体诈骗罪的入罪门槛要明显高于诈骗罪,主要是因为立法者对具体诈骗罪的设立有特别的考量。以合同诈骗罪为例,本罪中的合同具有特定含义,限于经济合同,多发生在生产、经营领域,体现市场交易性质。较之于日常生活中的合同,一方面,经济合同的标的往往比较大,在签订、履行合同的过程中,如果诈骗财物的数额小,则难以认为达到值得动用刑罚处罚的必要性;另一方面,如周光权教授所言,经济合同中,参与交易主体往往是公司、企业(当然不排除自然人),被害人具有相对较强的承受能力。较高犯罪门槛的设置,更多的是为限制诈骗罪的处罚范围,避免刑法对经济社会的过多干预。

所以,行为人实施了具体类型的诈骗行为,诈骗财物数额达不到具体诈骗罪的定罪量刑标准时,意味着该行为的社会危害性达不到值得动用刑罚惩罚的程度,不成立犯罪。将行为转而认定为入罪门

---

[1] 周光权:《刑法总论》(第四版),中国人民大学出版社 2021 年版,第 398—399 页。

槛低的诈骗罪,是背离规范保护目的的做法。诈骗罪和各种特殊的诈骗罪之间并不是形式意义上的一般和特别的关系,而是存在一定差别的不同种犯罪。[1]

上述问题同样存在于交通肇事罪与过失致人死亡罪的关系上。交通肇事罪的成立,除行为违反交通规则,造成人员和财产重大伤亡结果外,根据2000年最高人民法院《关于审理交通肇事刑事案件具体应用法律若干问题的解释》的规定,行为人必须要对事故承担同等以上责任。在行为人对事故发生承担次要责任的场合,没有成立交通肇事罪的余地。在行为不成立交通肇事罪的情况下,同样不能转而以行为人造成了人员伤亡,认定为过失致人死亡罪。

三、实质解释与行为情节的认定

刑法除规定基本行为形态外,还规定有特殊行为类型和情节,其中有的是加重形态与情节,也有减轻形态与情节。立法是国家的理性的、有目的的专业性行为,立法之所以要设定特殊行为类型和情节,往往有特定规范保护目的的考量。办案人员只有掌握了其中的规范保护目的,才能避免认定中出现偏差。这同样涉及强制刑法实质解释问题。下文以入户盗窃、公共场所当众强制猥亵、交通肇事逃逸的含义理解与认定展开说明。

1. 关于入户盗窃的理解

《刑法修正案(八)》将入户盗窃、携带凶器盗窃、扒窃增设为盗窃罪的行为类型。上述场合,行为成立盗窃罪,既无盗窃财物数额要

[1] 参见周光权:《法条竞合的特别关系研究——兼与张明楷教授商榷》,载《中国法学》2010年第3期。

求,也无行为次数的限制。何谓“入户”“携带凶器”等,便成为十分重要的问题。对于“入户盗窃”,2013 年最高人民法院、最高人民检察院《关于办理盗窃刑事案件适用法律若干问题的解释》第 3 条第 2 款规定:“非法进入供他人家庭生活,与外界相对隔离的住所盗窃的,应当认定为‘入户盗窃’。”但实践中,对“入户”的理解面临很大的争议,办案机关的意见也不尽一致。

案例 9:王某某入户盗窃案

某日凌晨 3 时许,被告人王某某在被害人石某某居住处的楼外,使用竹竿从窗户处探入室内,盗得被害人石某某放在床头柜上价值人民币 1431 元苹果手机一部。

对于本案,一种意见认为,被告人王某某使用竹竿从窗户探入室内盗窃,不应认定为入户盗窃。另一种意见认为,被害人手机在户内,本案依法属于入户盗窃。人民法院审理后没有认定王某某的行为属于入户盗窃。〔1〕

案例 10:李某某盗窃案

2019 年 4 月 21 日凌晨,被告人李某某到长乐区董某某的住处,使用竹竿透过一楼窗户,盗走住宅内一楼客厅两个背包,内有现金人民币 300 元等物;5 月 3 日凌晨,被告人李某某到长乐区金峰镇仙高村煤气站旁边吴某的住处,使用撬棍撬开一楼大门,盗走吴某放置在一楼室内的一个背包;2019 年 5 月 19 日凌晨,被告人李某某到长乐区文岭镇前董村下店 116 号陈某某的住处,使用竹竿透过一楼窗户,盗走室内一楼客厅内一背包,内有现金人民币 300 元。

---

〔1〕 参见湖北省武汉市汉阳区人民法院(2021)鄂 0105 刑初 70 号刑事判决书。

本案中,被告人李某某共实施十起犯罪事实,对于使用竹竿窃取户内财物的行为,人民法院审理后认定李某某属于入户盗窃。[1]

案例 11:巫建福盗窃案

本案是《刑事审判参考》第 1175 号指导案例。基本案情如下:2015 年 10 月 15 日 14 时许,被告人巫建福经过江山市虎山街道孝子村花露亭 33 号被害人应素妹家时,见大门未关产生盗窃念头,进入室内窃得摩托车钥匙一把、一字起子一把,并用窃得的车钥匙在门口试开车辆,在打开车牌号为浙 HDK162 的两轮摩托车的电门锁后,因认为当时盗窃摩托车易被发现,遂先行离开。当晚 21 时许,巫建福再次回到该处,使用窃得的车钥匙将摩托车偷走。经鉴定,涉案起子价值人民币 1 元、摩托车价值人民币 800 元。

本案中,对于利用入户盗窃所得车钥匙在户外窃取摩托车的行为是否属于"入户盗窃",审理中存在以下三种观点:

第一种观点认为,巫建福的行为不属于入户盗窃,依法不构成盗窃罪。理由是,巫建福前后行为有明显间隔,应属两次行为。其入户行窃窃得财物价值极低,应根据《刑法》第 13 条的规定,不以犯罪论。后在"户"外窃取摩托车的行为,因价值达不到"数额较大"的标准,亦不构成盗窃罪。本案中巫建福的入户行为,可认定为非法侵入住宅罪。

第二种观点认为,巫建福的行为构成盗窃罪。理由是,"入户盗窃"无犯罪数额要求,巫建福"入户"窃得的车钥匙价值极其低廉,但其后又利用车钥匙再次实施了窃取摩托车的行为,虽仍不构成"数额较大",却证明了前次"入户"盗窃行为的社会危害性之大,应认定为

[1] 参见福建省福州市长乐区人民法院(2019)闽 0182 刑初 599 号刑事判决书。

盗窃罪。

第三种观点认为,巫建福的行为构成盗窃罪。理由是,巫建福“入户盗窃”钥匙的目的是盗窃“户”外的摩托车,两者系一行为的两个阶段。车钥匙作为控制和使用摩托车的载体,“入户盗窃”车钥匙的行为在整个盗窃行为中起决定性作用,故巫建福在户外窃取摩托车的价值应计入“入户盗窃”的数额,整体行为属“入户盗窃”。

审理本案的人民法院认为,被告人巫建福以非法占有为目的,入户盗窃他人财物,其行为已构成盗窃罪。判处被告人拘役3个月,并处罚金人民币1000元。《刑事审判参考》在“裁判理由”中也表达了积极赞同的立场。[1]

为了统一“入户盗窃”的含义,准确把握行为性质,也有地方规范性文件对其含义作出规定。比如,2015年浙江省高级人民法院、浙江省人民检察院、浙江省公安厅发布的《关于办理盗窃刑事案件的若干意见》指出:“‘入户’以行为人身体的全部进入户内为前提。如果只是在门窗外利用竹竿或其他工具伸进户内实施盗窃的,不宜认定为入户盗窃。”

本书认为,准确把握“入户”的含义,同样需要立足于刑法规范保护目的,从实质上进行解释。

对于“入户盗窃”规范保护目的,可能存在如下两种理解:一是,“户”是供家庭生活所用的最安全的地方,对于户中财产的安全应给予更强有力的“升格”保护,将“入户盗窃”单独规定为犯罪,旨在强化或者升格对“户内”财产权的保护。二是,入户盗窃之所以需要单独规定为犯罪,主要是因为该行为不仅侵害财产权,“入户”还侵犯

---

〔1〕 参见中华人民共和国最高人民法院刑事审判第一、二、三、四、五庭主办:《刑事审判参考》(总第108集),法律出版社2017年版,第69—76页。

了公民的住宅安宁权,而且还极有可能侵犯公民的人身权。对于入户盗窃的规范保护目的,如果持第一种意见,那么,使用竹竿从窗户将家中财物盗窃的,自然属于入户盗窃;如果持第二种意见,那么,上述行为就难以属于入户盗窃,只是属于一般盗窃行为,该种情形下,行为是否构成犯罪,还需要进一步考察盗窃财物的数额和情节等。

本书认为,第二种观点对入户盗窃规范保护目的的理解,更为妥当。第一,从"户"的功能看,户系家庭生活所用之地,并非简单的场所概念,入户行为本身就侵犯了住宅的安宁和公民人身权。将入户盗窃的规范保护目的理解为侵犯了公民财产权和住宅安宁权,更符合事物的属性。而且,户是相对封闭的空间,行为人入户盗窃,很容易被户主发现,从而引发人身伤害。第二,刑法将入户盗窃、携带凶器盗窃和扒窃并列规定为盗窃罪客观行为,而携带凶器盗窃和扒窃,都与人身安全相关联,刑法规定携带凶器盗窃和扒窃的目的都显示出对人身权的保护。将入户盗窃规范保护目的理解为对公民财产权、住宅安宁权和人身权的保护,符合刑法同质解释的要求。第三,从普通国民观念讲,进入户内盗窃被发现或者被抓获的风险更大,入户盗窃无疑体现出犯罪分子更"大胆",即犯罪人的主观恶性和人身危险性较之于普通盗窃行为人更大。第四,立法资料也显示了第二种理解更契合立法初衷。全国人大常委会法工委领导同志在《〈刑法修正案(八)〉解读》中写道:"《刑法修正案(八)》之所以对入户盗窃的、携带凶器盗窃的、扒窃的,不论数额,不仅体现的是强化对公民财产的保护,还要强化对公民安全的保护。入户盗窃对公民财产和人身安全,构成重大危险。"〔1〕

〔1〕 郎胜:《〈刑法修正案(八)〉解读》,载《国家检察官学院学报》2011年第2期。

基于入户盗窃规范保护目的,王某某入户盗窃案(案例9)中,人民法院否定王某某的行为属于入户盗窃,是妥当的;人民法院认定李某某成立入户盗窃(案例10),本书并不赞同。

“巫建福盗窃案”(案例11)涉及的问题相对复杂,需要重点讨论两个方面问题:

第一,本案中被告人巫建福究竟是实施了一个盗窃行为,还是实施了两个盗窃行为。对此,《刑事审判参考》在本案“裁判理由”中指出,刑法意义上的一行为,应是符合具体犯罪构成要件的一系列动作表示,需要结合各行为要素综合评判,利用“入户盗窃”的车钥匙盗窃“户”外摩托车的行为是一次盗窃行为。[1] 对此,本书是赞同的。摩托车钥匙和摩托车是一个整体,行为人之所以入户盗窃摩托车钥匙就是为了随后窃取摩托车,这是一个行为的两个阶段,将其分解为两次(个)盗窃,既不符合行为的构造,也不契合犯罪人的犯罪计划与进程,忽视了行为的整体性。

第二,对于被告人巫建福入户盗窃摩托车钥匙,依法属于入户盗窃,没有疑问,争议主要在于能否将其后盗窃的事实上停在户外的摩托车在规范上评价为“户内财物”。对此,《刑事审判参考》在“裁判理由”中表达了肯定立场,理由主要是:(1)现实中,财物本身是否在“户”内与权利人是否在“户”内具有财产权并非完全重合,如权利人通过占有“户”内的有价支付凭证等物品,进而可以对别处的关联财物实现控制。既然财物可以通过形式占有实现控制,那么窃取“户”内形式占有载体的行为就已经侵犯了权利人对关联财物的控制。无论实际在何处获取关联财物,对财产权的侵犯在“入户盗窃”时已经

---

[1] 参见最高人民法院刑事审判第一、二、三、四、五庭主办:《刑事审判参考》(总第108集),法律出版社2017年版,第73页。

发生。(2)从司法效果来看。“入户盗窃”和“数额较大”类盗窃的构成要件不同,如果坚持“入户盗窃”需在户内获取财物的标准,如本案的情形,就会出现要么类似前两种观点那样强行割裂一行为、分开评价的情况,要么因“户”外财物价值不足,不以盗窃罪论。这些做法或不符合客观事实,或徒增法律漏洞,达不到良好的司法效果。[1]

本书认为行为人入户盗窃车钥匙依法属于入户盗窃,但不赞同将停在户外的摩托车认定为“户内财物”。

首先,将放在户外的摩托车认定为户内财物,违背了主物与从物之间的法律地位与关系。不可否认,在钥匙和摩托车的关系上,没有摩托车钥匙是难以启动、窃走摩托车的,所以,有无取得车钥匙对于摩托车窃取具有关键性意义。但问题是,不管车钥匙多么重要,相对于摩托车而言,其毕竟属于从物,而在法律地位与两者关系上,从物随主物,即从物与主物同享法律命运。[2]《民法典》第320条规定:“主物转让的,从物随主物转让,但是当事人另有约定的除外。”财产犯罪认定中,财产的民事法律关系和民法属性是犯罪判断的前提和基础,因为摩托车钥匙在户内而将户外的摩托车评价为户内财物,采取的是主物随从物的立场,明显违背了主物、从物之间的法律地位与关系。

其次,在事实上,摩托车毕竟停放在户外,而且,作为一般社会民众都明白,即便钥匙放在户内,摩托车停放在户外还是户内,在财产安全方面两者是存在明显差别的。将停放在户外的摩托车认定为户内财产,难以符合案件事实和国民的一般认识。此外,按照这一逻辑,类似案件的处理很可能得出明显不正义的结论。比如,甲将自己

〔1〕 参见最高人民法院刑事审判第一、二、三、四、五庭主办:《刑事审判参考》(总第108集),法律出版社2017年版,第74页。

〔2〕 参见王利明、杨立新、王轶、程啸:《民法学》(上),法律出版社2020年版,第322页。

新购买的价格昂贵的宝马汽车停放在某公共停车场，乙为了窃得该车，某日乘甲不在家，潜入家中偷得该宝马汽车钥匙并到公共停车场将车开走非法占有。按照上述逻辑，停放在公共停车场的宝马汽车也将被认定为户内财物。但是，宝马汽车停放在公共停车场，在一般国民观念中无法将公共停车场与户内等价联系，而且，恐怕被害人自己也不会认为停放在公共停车场的宝马汽车属于户内财物。

再者，本书不否认摩托车钥匙对于实现摩托车盗窃的关键意义，但对于整个行为的完成而言，使用钥匙开走停放在户外的摩托车的行为的重要性未必较之于入户窃取车钥匙为低。

本案中，被告人巫建福的行为由两个阶段构成，第一个阶段即盗窃摩托车钥匙，在性质上该行为属于盗窃的预备行为；第二阶段即使用钥匙窃取摩托车，该行为依法属于盗窃的实行行为。本案的特殊性在于，盗窃车钥匙的犯罪预备行为，本身被刑法单独规定为独立犯罪类型。行为性质的认定必须立足于行为构造和刑法规定，具体来说，一方面，盗窃车钥匙（预备行为）后进而窃取摩托车（实行行为），盗窃数额合计人民币 800 元，达不到盗窃罪追诉标准，盗窃行为按照《治安管理处罚法》处理，不成立盗窃罪；另一方面，盗窃车钥匙（预备行为）系入户实施的，依法属于入户盗窃。该预备行为同时属于入户型盗窃的实行行为，属于一行为触犯数罪名。

值得注意的是，对于入户盗窃，虽然我国刑法没有规定数额或者情节要件，但任何行为构成犯罪都应具有严重的社会危害性，所以，对于行为人入户盗窃的并非一概认定为盗窃罪，办案人员需要实质考察行为有无达到值得动用刑罚处罚的必要性。本案中，被告人巫建福窃取钥匙后又进而盗窃摩托车，犯罪数额为人民币 800 元，同时巫建福有多次盗窃犯罪前科，人身危险性大。在这种情况下，被告人巫建福入户盗窃行为依法应当成立盗窃罪。

综上,对于巫建福盗窃案,本书虽然赞同本案人民法院和《刑事审判参考》的认定结论,即属于入户盗窃,成立盗窃罪,但不赞同其中的分析逻辑。

2.“公共场所当众”强制猥亵的含义

根据《刑法》第237条第2款的规定,在公共场所当众强制猥亵他人或者侮辱妇女的,是强制猥亵、侮辱罪的加重处罚情节,处5年以上有期徒刑。所以,如何理解“公共场所当众”的含义,直接决定着对行为是否依法加重处罚。

案例12:甲、乙强制猥亵案

某日深夜2时许,被告人甲伙同乙在某市洗浴中心三楼休息大厅,趁被害人丙女在大厅熟睡之际,使用手抠、摸的方式,对丙的腿部内侧、私密部位进行猥亵。案发后调取的监控录像显示:两被告人分别躺在被害人躺椅左右两侧的躺椅上。三张躺椅并排,并且均位于休息大厅的入口处附近。两被告人的行为发生于凌晨2点到4点。其间,两被告人有言语交流、对被害人下体拍照的行为。大厅内有50余张躺椅,被害人所在躺椅前后均有零星客人休息,但并没有人注意到涉案行为。在此期间,洗浴中心工作人员和顾客时常路过被害人所在位置,每当有人路过时,两被告人立即停止抠、摸、拍照行为,躲回自己的躺椅上假装睡觉或者玩手机。

对于本案定性,存在较大的意见分歧:

一种观点认为,甲、乙的行为依法属于“在公共场所当众强制猥亵妇女”。2013年最高人民法院、最高人民检察院、公安部、司法部《关于依法惩治性侵害未成年人犯罪的意见》第23条规定:“在校园、游泳馆、儿童游乐场等公共场所对未成年人实施强奸、猥亵犯罪,只要有其他多人在场,不论在场人员是否实际看到,均可以依照刑法第二百三十六条第三款、第二百三十七条的规定,认定为在公共场所'当众'强奸妇女,强制猥亵、侮辱妇女,猥亵儿童。"2018 年最高人民检察院发布的第十一批指导性案例中"齐某强奸、猥亵儿童案"(检例第 42 号)中也明确指出,"只要场所具有相对公开性,且有其他多人在场,有被他人感知可能的,就可以认定为在'公共场所当众'犯罪"。本案的行为发生在洗浴中心休息大厅,供不特定人或多数人自由出入,属于公共场所,并且事发当时不仅有零星客人在厅内休息,还有工作人员路过。因此,被告人所实施的猥亵行为具有被他人感知的可能性,应依法认定为在"公共场所当众"实施。

另一种观点认为,甲、乙的行为依法不属于"在公共场所当众强制猥亵妇女"。本案虽然发生在洗浴中心休息大厅,厅内零星有顾客休息,但被告人全程都是秘密、偷偷摸摸作案的。一旦被告人感知到有人路过或者被害人翻身等,就会立即停止猥亵动作,难以认为符合升格情节中的"当众"要件。此外,如果认定本案行为属于在公共场所当众强制猥亵妇女,被告人将会被判处 5 年以上有期徒刑,将导致罪责刑不相适应和刑罚的过于严苛。

案例 13:姚某某、潘某某强制猥亵案

被告人姚某某在"爷爷家粥铺"包厢吃饭,趁被害人胡某独自收拾该包厢时在包厢内对胡某采取搂抱、亲吻、摸抠手段实施猥亵,因胡某不停反抗以及经理上楼巡查未果。胡某下班后,姚某某尾随并再次强制猥亵,胡某反抗挣脱。其后,被告人潘某某赶来,在某邮政储蓄银行门口,两被告人抚摸被害人胸部,强行脱被害人裤子并摸捏其下体,再次对胡某实施猥亵。

人民法院审理认为,“在公共场所当众猥亵”作为强制猥亵罪的法定加重处罚情节,只要求猥亵行为处于其他在场人员随时可能发现、可以发现的状况下即可,“当众”并不要求在场人员实际看到。经查,案发当晚,姚某某、潘某某在某市邮政储蓄银行门口对被害人胡某进行猥亵,该银行南面是新渡镇公共汽车站,东面为新渡镇幸福里小区,西面为国道,北面是幸福里小区,且该银行临街的均是门面房,是公众可以自由通行的场所,应当认定为公共场所。结合从邮政储蓄银行门口调取的监控录像可以证实,两被告人(上诉人)在此处对被害人进行强制猥亵时,有三四部车辆从此处开过,其侵害行为处于他人随时可能发现、可以发现的状况,是一种当众行为,依法成立“在公共场所当众猥亵”。[1] 一审法院判处姚某某、潘某某犯强制猥亵罪,系共同犯罪,分别判处有期徒刑6年和5年。二审裁定维持原判。

上述两个案例中,被告人的行为都依法属于强制猥亵妇女,并无争议,需要探讨的是,两个案例中被告人的行为是否发生在“公共场所”以及是否属于“当众”实施。

首先,两案中被告人的行为均应依法属于在“公共场所”实施。《刑法》在多个条文中规定了公共场所,大多只是使用了公共场所的概念,并没有解释其含义,只是在个别条文中对公共场所有简单的列举性说明,比如《刑法》第291条聚众扰乱公共场所秩序、交通秩序罪中,将公共场所规定为车站、码头、民用航空站、商场、公园、影剧院、展览会、运动场或者其他公共场所。近年,司法解释和规范性文件对公共场所明显采取了扩张解释的立场。一方面,刑法中的公共场所已超越传统的物理空间,在信息网络空间同样可以存在公共场

[1] 参见安徽省安庆市中级人民法院(2019)皖08刑终157号刑事裁定书。

所;另一方面,在物理空间,司法解释和规范性文件对公共场所的界定也呈现出扩张的特点。2013 年最高人民法院、最高人民检察院《关于办理寻衅滋事刑事案件适用法律若干问题的解释》第 5 条关于公共场所的规定与《刑法》第 291 条的规定基本相同,包括车站、码头、机场、医院、商场、公园、影剧院、展览会、运动场或者其他公共场所。如前指出,《关于依法惩治性侵害未成年人犯罪的意见》和最高人民检察院发布的第十一批指导性案例中"齐某强奸、猥亵儿童案"将校园、游泳馆、儿童游乐场、教室、集体宿舍等场所也认定为公共场所。很明显,刑法中的公共场所已不再限于具有公共社会功能的场所,只要场所具有相对公开性,即有可能被认定为刑法中的公共场所。本书对于公共场所刑法含义的扩大化理解持一定的谨慎态度,但对于上述两案中被告人的行为应当认定为发生于公共场所的观点并不持异议。

其次,立足于规范保护目的和实质解释,甲、乙强制猥亵案(案例12)中被告人的猥亵行为难以认为属于"当众"实施。

当众猥亵,顾名思义,即猥亵行为当着众人之面,这是对猥亵行为特征与方式的规定与要求,至于众人是否实际看到,则是另外一回事。所以,强制猥亵行为当众实施与众人是否实际看到强制猥亵行为,系两回事,不能等同视之。在这个意义上,《关于依法惩治性侵害未成年人犯罪的意见》规定,当众的成立,只要求有其他多人在场,不论在场人员是否实际看到,有其合理性。但该意见并没有明确或者正面界定"当众"的含义。

本书认为,对于行为人"在公共场所当众强制猥亵妇女",刑法加重处罚的根据或者说规范保护目的主要有二:一是当着众人之面强制猥亵妇女,对妇女的性羞耻心和人格将造成公众性的、更大的损害;二是行为人当着众人之面实施强制猥亵妇女的行为,显示出行为人更大的主观恶性和人身危险性。案件办理中,办案人员只有充分立足于上述加重处罚的规范根据与目的,实质地判断案件是否与上述加重处罚根据相符合,才能避免意见分歧,准确把握“当众”的含义。

甲、乙强制猥亵案(案例12)中,刑法加重处罚的实质根据并不存在:首先,不可否认,洗浴中心属于刑法规定的公共场所,但甲、乙的强制猥亵行为发生于夜间,特别是甲、乙的强制猥亵行为是乘被害人丙女熟睡之际秘密实施的。因为行为的秘密实施和无被害人的反抗,不会导致强制猥亵行为被在场的他人看到,而且,本案事实上也没有被他人发现,没有对被害人的性羞耻心和人格造成公众性的伤害。其次,行为人的猥亵行为系乘被害人熟睡之际,偷偷摸摸地进行。每当有服务人员路过时,行为人立即躲藏起来,或者佯装玩手机,并没有公然实施的意图,无法体现出行为人更大的主观恶性和人身危险性。在两方面的加重处罚根据都缺乏的情况下,自然不能认定为本案行为属于“在公共场所当众”强制猥亵妇女。

与此不同,姚某某、潘某某强制猥亵案(案例13)中,姚某某和潘某某的强制行为系在公共场所公然以暴力方式实施,行为表现出确定的公然性。强制猥亵行为发生于邮政储蓄银行门口,行为时间虽然在晚间,但路上不断有车辆和行人通过,很容易被社会民众看见,行为在公共场所公然实施,足以体现行为人更大的主观恶性和人身危险性,具备加重处罚的实质根据,依法应认定为“在公共场所当众”强制猥亵妇女。对于本案,人民法院的判决是妥当的。

3. 关于交通肇事逃逸的理解

对于交通肇事逃逸的含义,司法解释已有明确规定,所以,对该问题的讨论虽不乏一定的实践意义,但更多具有的是理论价值。其中可以看出实质解释对于确定刑法条文意义的重要性。

根据刑法规定,在交通肇事罪中,逃逸情节的性质比较复杂。有些场合,逃逸是交通肇事罪的构成要件,比如,根据2000年最高人民法院《关于审理交通肇事刑事案件具体应用法律若干问题的解释》第2条第2款的规定,"交通肇事致一人以上重伤,负事故全部或者主要责任,并具有下列情形之一的,以交通肇事罪定罪处罚",其中第(六)项"为逃避法律追究逃离事故现场的"就属于该种情形。有些场合,逃逸是交通肇事罪的加重处罚情节,《刑法》第133条规定的"交通运输肇事后逃逸或者有其他特别恶劣情节的,处三年以上七年以下有期徒刑;因逃逸致人死亡的,处七年以上有期徒刑",即属于此种情形。

现代汉语中,逃逸即逃跑的意思,意义并不难理解。但在刑法上,因解释立场不同,观点各异。

2000年最高人民法院《关于审理交通肇事刑事案件具体应用法律若干问题的解释》第3条规定:"'交通运输肇事后逃逸',是指行为人具有本解释第二条第一款规定和第二款第(一)至(五)项规定的情形之一,在发生交通事故后,为逃避法律追究而逃跑的行为。"简单地说,交通运输肇事后逃逸,是指交通肇事行为在成立交通肇事罪的情况下,行为人为逃避法律追究而逃跑。第5条第1款指出:"'因逃逸致人死亡',是指行为人在交通肇事后为逃避法律追究而逃跑,致使被害人因得不到救助而死亡的情形。"可见,逃逸在《刑法》第133条中两处的含义基本是一致的,即为逃避法律追究而逃跑。

2000年最高人民法院《关于审理交通肇事刑事案件具体应用法律若干问题的解释》如此规定,主要考虑的是,实践中交通肇事后的逃逸行为具有较大的危害性,往往导致被害人无法得到救助、损失无法得到赔偿、案件查处难度增大,等等,必须依法予以严惩。肇事人逃跑的目的大多是逃避法律追究,但也有少数人逃跑的目的是怕受害方或者其他围观群众对其进行殴打,等等。同样是逃跑,但这些人往往在逃离现场后,能够通过报告单位领导或者报警等方式,接受法律的处理。对逃跑行为作上述区分,以保证准确适用法律,不枉不纵。[1]

2000年最高人民法院《关于审理交通肇事刑事案件具体应用法律若干问题的解释》对于逃逸的解释,并没有得到学者们的广泛认可。张明楷教授就不赞同司法解释的规定,指出将逃逸解释为"为逃避法律追究而逃跑"不具有合理性。犯罪后为逃避法律追究而逃跑对于犯罪人而言可谓"人之常情",是不具有期待可能性的行为。刑法仅在交通肇事罪中将逃逸规定为法定刑升格的情节,是因为在交通肇事的场合,有需要救助的被害人,进而促使行为人救助被害人。由于行为人的先前行为使他人生命处于危险状态,产生了作为义务,不履行作为义务的行为,当然能够成为法定刑升格的依据。所以,应当以不救助被害人(不作为)为核心理解和认定逃逸,即逃逸就是指逃避救助被害人的义务。一般来说,只要行为人在交通肇事后不救助被害人的,就可以认定为逃逸。所以,交通事故发生后,行为人虽然仍在原地,但不救助伤者的,应认定为逃逸。张明楷教授指出,以下情形不应认定为逃逸:行为人造成交通事故后,让自己的家属、朋友等救助伤者,自己离开现场的;行为人造成交通事故,警察立即到达现场后,行为人并非为了逃避救助义务而逃跑的;行为人将被

---

[1] 参见孙军工:《正确适用法律 严惩交通肇事犯罪——〈关于审理交通肇事刑事案件具体应用法律若干问题的解释〉的理解与适用》,载《人民司法》2000年第12期。

害人送至医院后逃跑的;行为人造成交通事故后,没有需要救助的被害人(被害人已经死亡或者没有救助可能性等)而逃走的;发生交通事故后立即逃离现场,随后又返回现场救助被害人的;等等。[1] 简言之,在张明楷教授看来,逃逸即对被害人的不救助,逃避的是对被害人的救助义务。

周光权教授也不赞同司法解释的规定,他将交通肇事后逃逸的含义解释为"不救助被害人而逃跑"。他指出,对逃逸的考察不在于行为人是否"为逃避法律追究",而应当着眼于保护被害人,即由于不救助行为可能导致被害人死亡,法律才强调行为人不能逃逸。司法解释将逃逸限定为"为逃避法律追究而逃跑",在行为人不是为了逃避法律追究,而是为了实现其他目的,如为了完成单位交给其的紧急任务,为了完成公益事业,为了将突然发病的家人送医,为了满足其他欲望等,而从肇事现场逃跑的场合,该解释的不妥当性表现得更为充分。合理的认定逻辑是,只要在客观上行为人能够实施救助行为,但是其没有履行该救助义务而逃跑,或者因逃跑导致被害人死亡的,就应当成立交通肇事罪中的逃逸或因逃逸致人死亡,而没有必要考察行为人是否出于"为逃避法律追究"的动机或者目的,否则会不当限制此规定的适用。[2]

对于交通肇事逃逸的含义,之所以张明楷、周光权两位教授的理解与司法解释的规定不同,主要源于他们对"交通肇事逃逸"加重处罚的实质根据和规范保护目的的不同理解。张明楷教授认为,犯罪后逃跑是犯罪人的理性行为,刑法不会对犯罪人的理性行为加重处罚,以此为前提,将刑法对逃逸加重处罚的实质与根据集中于对被害

---

〔1〕 参见张明楷:《刑法学(下)》(第六版),法律出版社 2021 年版,第 926—927 页。

〔2〕 参见周光权:《刑法各论》(第四版),中国人民大学出版社 2021 年版,第 217—218 页。

人的救助义务。周光权教授整体上采取了与张明楷教授一样的解释立场与方向,为了避免处罚范围的不适当扩大,增加了“逃跑”的要件限制,即逃逸的含义应限定于“不救助被害人而逃跑”。

“逃逸”含义的理解直接影响到行为的定性(这里所谓的影响到行为的定性,主要是理论上对案件的讨论与定性)。比如甲交通肇事后,立即将被害人送往医院救助。为了逃避承担巨额的医疗费和国家机关的责任追究,被害人在医院抢救过程中,甲乘机逃跑。被害人因伤情过重死亡,甲对事故承担主要责任。如果将逃逸理解为逃避对被害人的救助义务,本案中,事故发生后肇事者甲对被害人履行了救助义务,那么,甲的行为依法就不属于交通肇事后逃逸;如果按照2000年最高人民法院《关于审理交通肇事刑事案件具体应用法律若干问题的解释》的规定,甲的行为符合“为逃避法律追究而逃跑”,依法成立交通肇事后逃逸。又如,交通肇事后肇事者找人顶包的,毫无疑问,顶包的行为属于肇事者逃避法律追究,但其与有无救助被害人并无必然联系。

立足于刑法的规范保护目的,对于逃逸的含义,本书的观点如下:

第一,主张肇事后逃跑是行为人理性行为的观点,难以成立。

张明楷教授之所以提出逃逸是指逃避对被害人的救助义务,重要原因在于张明楷教授立足于交通肇事后逃跑是行为人理性行为这一逻辑前提,而该前提是站不住脚的。

首先,笼统地讲,犯罪后逃跑是犯罪人的理性行为,刑法不会因为犯罪人的理性行为而加重刑罚,是没有问题的。正如因此,不管是故意杀人、抢劫,还是盗窃、强奸后,犯罪人单纯逃跑,刑法并不会因此加重处罚;相反,犯罪人自首的,刑法会奖赏性地从轻、减轻处罚。但该逻辑并不适用于交通肇事罪。交通肇事罪系过失犯,虽然行为人对违反交通运输管理法规多是明知故犯,但行为造成人员和财产的重大损害,是违背其意志的。正因为如此,犯罪行为发生后,肇事者大多数会履行报警、救助义务等,逃逸的只是其中的很少数。在这个意义上,交通事故发生后肇事者不逃逸,体现的才是行为人的理性。

其次,《道路交通安全法》第 70 条第 1 款规定:“在道路上发生交通事故,车辆驾驶人应当立即停车,保护现场;造成人身伤亡的,车辆驾驶人应当立即抢救受伤人员,并迅速报告执勤的交通警察或者公安机关交通管理部门。因抢救受伤人员变动现场的,应当标明位置。乘车人、过往车辆驾驶人、过往行人应当予以协助。”而在其他犯罪的场合,少有这种规定。如果认为交通肇事后逃逸是犯罪人的理性行为,那将意味着《道路交通安全法》对肇事者上述义务的规定,是不符合犯罪人理性的,但显然不能这样理解。

笔者曾对某县人民检察院一年中受理的交通肇事案件进行统计,逃逸的案件只占整个交通肇事案件的很少部分,绝大多数交通肇事案件发生后,肇事者都遵守《道路交通安全法》的规定,积极履行报警、救助被害人等义务,逃逸并非肇事者的惯常做法,将逃逸理解为行为人的理性行为,与客观事实不符。

第二,2000 年最高人民法院《关于审理交通肇事刑事案件具体应用法律若干问题的解释》将逃逸界定为“为逃避法律追究而逃跑”,也存在一定问题。

交通肇事罪是法定犯,刑法对交通肇事后逃逸加重处罚的理解不能忽视《道路交通安全法》的规定。如前指出,《道路交通安全法》比较清楚地规定了肇事者的法定义务,包括立即救助被害人和向执勤的交通警察或者公安机关交通管理部门报告。前者是对被害人的义务,后者是对国家的义务。《关于审理交通肇事刑事案件具体应用法律若干问题的解释》强调逃逸是指“为逃避法律追究而逃跑”,显然将逃逸加重处罚的根据置于肇事者对国家的义务上。这种理解明显是国家本位主义的思考问题的方法,难免面临疑问:一是相对于肇事者对国家承担的义务而言,事故发生后被害人的生命健康、财产权遭受的危险更为急迫,更需要优先救助;二是《道路交通安全法》第1条开宗明义地写道:“为了维护道路交通秩序,预防和减少交通事故,保护人身安全,保护公民、法人和其他组织的财产安全及其他合法权益,提高通行效率,制定本法。”将肇事者的义务主要置于对国家的义务,难以契合《道路交通安全法》的目的与宗旨。

既然交通肇事罪是法定犯,那么,对于逃逸加重处罚的理解不能偏离《道路交通安全法》的规定。交通肇事后行为人不实施救助义务,没有逃跑的,或者对被害人实施救助后逃跑的,都只是履行了《道路交通安全法》规定的部分义务,换句话说,也没有履行部分义务。与肇事者既不履行对被害人的救助义务又逃跑的情形相比,上述两种情形都较之为轻。在这个意义上,周光权教授将逃逸界定为“不救助被害人而逃跑”更值得提倡,该理解也更契合《道路交通安全法》对肇事者规定的双重法定义务。

所以,交通肇事后,肇事者既不积极救助被害人,也没有逃跑的,依法不属于逃逸的情形,不能加重处罚。对于这种理解,有学者认为可能会导致处罚上的不均衡,比如交通肇事后,肇事者在现场看着被害人死亡,能救助而不救助的,如果不实质地认定为逃逸致人死亡,很可能导致处罚的漏洞和罪责刑不相适应。本书认为,在上述情形中,行为人表现出极大的主观恶性和行为客观上的严重社会危害性,该行为已超越了交通肇事逃逸的范围,将其依法认定为故意杀人罪(不作为)更为妥当。

综上,只有基于逃逸的实质处罚根据和刑法的规范保护目的,逃逸的含义才能得以明确。立足于逃逸加重处罚的实质根据,《关于审理交通肇事刑事案件具体应用法律若干问题的解释》将逃逸界定为"为逃避法律追究而逃跑",难以认为是妥当的,建议修改为"对被害人不实施救助而逃跑"。

四、总 结

对于本章内容,简要总结如下:

第一,立法是国家理性的、有目的的专业性活动。刑法规定的罪名都有其特定的规范保护目的,都旨在保护特定的法益。犯罪的本质是行为的法益侵害性。对于办案人员而言,重视刑法的实质解释,不仅有助于厘清罪与非罪的界限,也有助于科学合理地区分犯罪中的"彼"与"此"。

第二,坚持刑法的实质解释,实践中不少争议问题可以有效地得以避免和消除:(1)国家工作人员违反国家规定,在经济交往中收取回扣,归个人所用的场合,要实质考察回扣的来源以及国家公共财产是否受到损害,以确定行为成立贪污罪还是受贿罪。(2)国家工作人员也可能利用工作之便骗取他人财物,成立诈骗罪。国家工作人员收受他人财物成立受贿罪还是诈骗罪,关键在于考察行为在实质上是否体现钱权交易的性质。(3)村民小组组长非法占有集体土地征用补偿费的行为究竟成立贪污罪还是职务侵占罪,实质考察行为导致的是国家公共财产的损失还是集体财产的损失,具有重要意义。(4)抢劫罪中的"其他方法"应限制解释,与暴力、胁迫一样,"其他方法"在侵害财产权的同时,也应当具有致人生命健康损害的危险性,避免将抢夺的行为不适当地认定为抢劫。(5)行为人实施合同诈骗罪等具体类型的诈骗犯罪,诈骗数额达不到具体诈骗罪的定罪量刑标准,不能转而认定为诈骗罪。行为人交通肇事造成人员伤亡,因对事故发生负次要责任,依法不能成立交通肇事罪,不能转而认定为过失致人死亡罪。(6)刑法规定“入户盗窃”在保护公民财产权的同时,也体现了刑法对公民人身权的保护。行为人身在户外,通过竹竿等工具窃取户内财物的,或者通过客厅或者卧室的窗户伸手盗窃户内财物的,不宜认定为“入户盗窃”。(7)“公共场所当众”强制猥亵妇女加重处罚的实质根据在于:一方面,当着众人之面强制猥亵妇女,对妇女的性羞耻心和人格将造成公众性的、更大的损害;另一方面,行为人当着众人之面实施强制猥亵妇女行为,显示出行为人更大的主观恶性和人身危险性。行为人在公共场所强制猥亵妇女,是否构成“当众”,要注意考察行为是否符合上述实质处罚根据。(8)在交通肇事的场合,立足于逃逸的实质处罚根据,将“交通肇事后逃逸”解释为“交通肇事后肇事者对被害人不实施救助而逃跑”更为合适。

第三章
形式与实质（下）

一、问题的提出

刑法的目的在于保护法益,犯罪的本质是行为的法益侵害性。有些犯罪,对于其侵害的法益,理论和实践都没有争议,如故意杀人罪侵害的是人的生命权,强奸罪侵害的是妇女的性自主决定权和幼女的身心健康;有些犯罪侵害的法益虽然在理论上没有争议,但在实践认定中往往出现认识分歧,比如诈骗罪侵害的是财产所有权及其他本权(也不排除占有),而不能是财产的使用权和诚实信用原则;还有些犯罪,对于其侵害的法益理论和实践都存在争议,如虚开增值税专用发票罪等。本书前两章立足于实质解释,阐述了法益对于罪与非罪以及犯罪中彼此区分的意义。但无论是罪与非罪的区分,还是犯罪中彼此的界定,首先需要厘定具体犯罪的侵害法益是什么,该问题是刑法实质解释的基础与前提。本章将结合案例重点围绕该问题展开。

二、正确理解犯罪的实质(侵害的法益)

犯罪的实质,即犯罪行为侵害的法益。从立法角度看,即国家立法规定某种犯罪的规范保护目的。对于办案人员而言,是案件处理的大前提,办案人员对具体犯罪侵害法益的理解,直接决定和影响行为性质的认定。实践中,经常出现的情况是,办案人员并非对每个犯罪侵害法益的理解都是妥当的,而且,即使对法益的界定没有问题,也并不一定能够在实践中得到科学的把握与贯彻。下面将就诈骗犯罪与民事欺诈的区分等五个问题展开具体分析。

(一)诈骗犯罪与民事欺诈的区分:诈骗罪的法益

诈骗犯罪与民事欺诈不是对立关系,而是特殊与一般的包容关系[1],因为诈骗犯罪也是民事欺诈的一种。但在刑法理论与实务中,民事欺诈系狭义概念,指的是没有达到诈骗犯罪程度的民事欺诈,以与诈骗犯罪相区分。

在普通社会民众的观念中,民事欺诈与诈骗犯罪常常是等同的概念。简单地讲,只要行为人实施了欺诈行为,骗取财物达到一定的数额,就会被认为属于诈骗犯罪。这种认识明显没有注意到诈骗犯罪与民事欺诈在法益侵害、欺诈程度上的差别。但这作为一种朴素的国民观念,对实践办案有一定影响。

对诈骗犯罪侵害法益及行为是否成立犯罪的理解需要结合刑法的性质。现实社会中,侵犯财产权利的行为类型多样,违约、民事欺诈、盗用等都会对财产权(法益)造成侵害。刑法作为和平时期国家

---

〔1〕 参见张明楷:《刑法学(下)》(第六版),法律出版社2021年版,第1319页。

对公民使用的最强烈的谴责机制，应针对的是严重侵害法益的行为，这既是宪法比例原则对刑法处罚范围的约束，也是我国罪责刑相适应刑法基本原则的体现。为了保证刑法介入财产关系的谦抑性，立法者将盗窃罪、诈骗罪、敲诈勒索罪、抢夺罪都严格限定在行为人主观上具有非法占有目的的场合。行为人只是违反诚实信用原则的，因为诚实信用是法的价值中较高层次的价值，刑法没有必要介入；如果行为人只是非法使用他人财物，只是侵害财产使用权的，除刑法有特别规定外（如挪用资金罪等），留予民法或其他部门法调整。换句话说，财产犯罪是侵犯财产权行为中的“高端”部分，诈骗犯罪也是民事欺诈中的“高端”部分。

所以，诈骗犯罪的法益，既不是单纯的诚实信用原则，也不是纯粹的财产使用权，而是财产所有权及其他本权（也不排除占有），即行为人通过虚构事实和隐瞒真相，表现出对被害人财产所有权和其他本权的排他性支配。而只有行为人主观上具有非法占有目的时，行为才能表现出对被害人财产所有权和其他本权的排他性支配。正因为如此，行为人主观上的非法占有目的，对于诈骗犯罪的成立，占有“半壁江山”的法地位。

1. 行为人若只是或者主要[1]是违反了诚实信用原则，没有非法占有（所有）他人财物，或者行为只是侵害了他人财产使用权，依法不成立诈骗犯罪。

案例1：房屋转租涉嫌诈骗案

李某在某大学租赁张某的房屋从事水果零售生意，合同约定房屋租期为3年。合同签订后，李某发现水果生意很不景气，每月都亏损，于是尝试将该水果店转租王某，转租期为剩余

[1] 该问题将在本书第十章专门论述。

的2年6个月。李某担心张某不同意房屋的转租,避免转租中的麻烦,于是找到自己的朋友占某冒充张某签字同意房屋转租,与王某签订了2年6个月的水果店租赁(转租)合同。一天,房东张某发现经营水果店的不是李某,问及其中缘故,才知道事情过程及真实情况。张某和王某遂以李某犯诈骗罪为由向公安机关报案。

本案中李某的行为显然不成立诈骗罪(或者合同诈骗罪)。

首先,本案的交易事实和交易对价客观存在,不存在非法占有(所有)行为。张某将自己的房屋租赁给李某,张某依据合同享有3年的房屋租赁收益。房屋未经张某同意转租给王某,并不影响张某获取租赁收益。王某支付租金获得2年6个月的房屋租赁权,李某让朋友占某冒充房东的事实,也不影响王某对房屋的租赁权及其收益。本案中,李某没有实施对张某和王某财产的非法占有行为,张某和王某都不存在财产遭受损失的法益侵害事实。换句话说,本案既没有诈骗犯罪的客观行为,也欠缺诈骗犯罪的侵害法益,李某的行为自然与诈骗罪无关。

其次,不管是诈骗罪,还是合同诈骗罪,本质上都属于侵害他人财产权的犯罪,对于行为是否成立犯罪,必须重视行为的民事性质。《民法典》颁布之前,《合同法》第54条规定:“下列合同,当事人一方有权请求人民法院或者仲裁机构变更或者撤销:(一)因重大误解订立的;(二)在订立合同时显失公平的。一方以欺诈、胁迫的手段或者乘人之危,使对方在违背真实意思的情况下订立的合同,受损害方有权请求人民法院或者仲裁机构变更或者撤销。”第58条指出:“合同无效或者被撤销后,因该合同取得的财产,应当予以返还;不能返还或者没有必要返还的,应当折价补偿。有过错的一方应当赔偿对方因此所受到的损失,双方都有过错的,应当各自承担相应的责任。”《民法典》也作出了同样规定,第148条规定:“一方以欺诈手段,使对方在违背真实意思的情况下实施的民事法律行为,受欺诈方有权请求人民法院或者仲裁机构予以撤销。“第157条指出:“民事法律行为无效、被撤销或者确定不发生效力后,行为人因该行为取得的财产,应当予以返还;不能返还或者没有必要返还的,应当折价补偿。有过错的一方应当赔偿对方由此所受到的损失;各方都有过错的,应当各自承担相应的责任。法律另有规定的,依照其规定。”本案中,李某与王某在签订水果店租赁(转租)合同过程中,客观上实施了虚构事实和隐瞒真相的行为(欺诈行为),转租合同依法属于可撤销合同。可撤销合同系相对无效的合同,其效力取决于当事人的意志:有撤销权的一方不行使撤销权,合同有效,继续履行;有撤销权的一方行使撤销权,合同因被撤销而无效。可见,李某的行为在性质上只是属于民事欺诈行为(可撤销合同),属于民法调整的范围,将其认定为诈骗罪(或者合同诈骗罪),错误地理解了李某行为的性质。

案例2:化妆品涉嫌诈骗案

张某等被告人成立甲公司,注册“妍水”品牌化妆品,谎称韩国品牌销售。其实该化妆品系国内生产厂家生产,产品真实有用,价格也比较适中,并非伪劣产品。甲公司和张某谎称为韩国产品,目的是便于销售。此外,甲公司为了提高产品销售量,在市场上公开招收微代理商。甲公司主要有三个部门:招商部、导师部和物流部。甲公司在招代理商的过程中对代理商谎称产品不愁销售,为此让导师一人分饰两个角色,即以导师身份传授微商销售知识取得被害人信任,同时冒充美容院老板身份向代理商(被害人)订货。在销售的前六个月,该产品在市场上销售情况良好,代理商赚取了不少利润,为此大量订货。半年后,产品销售逐渐惨淡,最终导致货物囤积滞销。对于代理商所订货物,甲公司办理了部分退货,但因资金问题无力全部退货,导致有的代理商遭受数额较大的财产损失。其中部分未能退货的代理商遂以甲公司销售产品的品牌和促销方式虚假,犯诈骗罪为由,向当地公安机关报案。公安机关以诈骗罪立案侦查。

不能否认的是,本案中甲公司和张某等实施了虚构事实、隐瞒真相的行为。比如,产品实际为国产商品,甲公司和张某却公开宣传系韩国品牌;又如,甲公司采取导师一人分饰两角色,以导师身份传授微商销售知识取得代理商信任,同时冒充美容院老板向代理商订货,人为地造成产品虚假市场需求的景象。但是,仅依据上述欺诈行为认定甲公司和张某等的行为成立诈骗罪,难以认为是充分的。一方面,本案销售的“妍水”品牌化妆品是真实、合格的产品,价格也比较公允,前期产品销售状况良好,代理商赚取不少利润也充分证明了这一点;另一方面,代理商支付货款,得到了价值相当的“妍水”化妆品,因市场原因滞销,但产品客观存在,本案难以认为存在诈骗罪成立所必需的较大数额财产损失这一法益侵害事实。在这种情况下,行为依法属于民事欺诈,不应仓促地认为成立诈骗罪或者合同诈骗罪。

案例 3:医生看病涉嫌诈骗案

A 医院为某市依法成立的民营医院,系中西医结合医院,在当地口碑很好,有一定影响力。李某任 A 医院院长。A 医院将中医科承包给齐某和杨某二人,但齐某和杨某二人只是中医助理医师,无医师执业证。为了正常开展诊疗活动,A 医院决定外聘中医执业医师王某,但在过去的一年多时间里,王某没有实际在A医院执业,只是挂名而已。中医科聘请王某之事经过A医院集体讨论决定和院长李某的同意。A医院在经营过程中,中医科(实际为齐某和杨某二人)以王某的名义进行诊疗活动,并以王某的名义开处方,住院病人的病历也都是以王某的名字签名,签名后送医保部门进行报销。就诊者大多数都是农村病人,适用新农合医保进行报销,其间,医疗活动效果好,从没有出现过医疗事故。后来,医疗报销机构工作人员在给病人报销医疗费过程中发现王某经常同一时间在A医院和当地另外一家医院开处方,王某在A医院挂名诊疗的事情被披露。司法机关对A医院的院长李某以及齐某、杨某以诈骗罪侦查、起诉。

本案中,A医院的齐某和杨某二人无医师执业证,以医生王某的名义出诊并开处方,依法属于虚构事实、隐瞒真相的行为。而且,该行为也破坏了国家对医疗活动的管理秩序,系违法行为。但根据刑法规定,诈骗罪的侵害法益是公私财产的所有权(包括其他本权),所以,行为要成立诈骗罪,需要存在病人财产遭受损失的法益侵害结果。虽然齐某和杨某冒用医师王某的名义问诊开药方,但医疗活动效果好,没有出现过医疗事故,特别是行为人既没有虚开高价药,也没有给病人虚假看病,以此骗取病人财物。本案欠缺成立诈骗罪必需的财产损失,即本案没有诈骗罪成立必需的法益侵害,自然不能认定为诈骗罪。

“两头骗”是司法机关对某些具有共同特征的合同诈骗案件的俗称,在“两头骗”中,存在前后两个欺骗行为:行为人通过第一个行为骗取财物以后,又以此为工具,实施第二个欺骗行为。[1] 准确认定

---

[1] 参见陈兴良:《合同诈骗罪的特殊类型之“两头骗”:定性与处理》,载《政治与法律》2016年第4期。

此类行为的性质,离不开对其法益侵害的考察。

案例4:“两头骗”案

吴某与林某约定租车,租金每天人民币200元,租期为1天。合同签订后,吴某从林某处租得一辆奇瑞汽车(价值人民币51 185元),并当场支付租金人民币200元。当日吴某即将该车开至同城某汽车修理店,谎称车主委托自己将车质押借款,并指使他人冒充车主林某与修理店经理许某通电话。许某在通过电话与“林某”沟通后误信“林某”系该车的主人,对该车有处分权,便以该奇瑞汽车为质押物,约定还款期限为1个月,向吴某提供借款人民币25 000元。预先扣除利息3000元,实得22 000元。吴某随即将所得款22 000元中的少部分用于归还债务,大部分用于挥霍。事后车主林某向吴某催讨还车,吴某找各种理由拖延,后关闭通信工具逃匿。林某报警,吴某被公安机关抓获。

对于吴某行为的定性,一种意见认为,吴某虚假租车,在对奇瑞轿车没有所有权的情况下虚构所有权人同意的事实将车质押给他人,所得款项用于个人挥霍,并逃逸,造成林某财产损失,数额较大,吴某的行为同时对林某和许某成立两个合同诈骗罪。另外一种意见认为,吴某对林某实施的行为,成立合同诈骗罪,对许某的行为,只属于民事欺诈。

实践中,“两头骗”的案件类型多样,从逻辑上讲,此类案件中的第一个欺诈行为和第二个欺诈行为存在四种组合关系:(1)前后两个行为都依法成立诈骗犯罪;(2)第一个行为成立诈骗犯罪,第二个行为属于民事欺诈;(3)第一个行为是民事欺诈,第二个行为成立诈骗犯罪;(4)两个行为都是民事欺诈。在具体案件中,行为究竟属于上述哪种情形,需要综合考察行为人在客观上有无欺诈行为以及造成财物损失的法益侵害结果,在主观上有无非法占有财物的目的。

具体到本案而言,认为吴某对林某和许某同时构成合同诈骗罪,是不能成立的。吴某的欺诈行为导致了林某的财产损失,并没有导致许某的财产损失,因为许某占有质押物并依法享有质押权,而此种权利是受法律保护的。在许某财产没有遭受损害即欠缺诈骗罪法益侵害的情况下,吴某虚构其对车辆有处分权并质押汽车的行为,充其量只是民事欺诈,不成立诈骗犯罪(合同诈骗罪)。

2. 客观上,行为人即便实施了虚构事实、隐瞒真相的行为,造成财产法益的重大损失的,也不一定成立诈骗犯罪。

对于诈骗犯罪的认定,实务中一种较为普遍的做法是,行为人客观上实施了欺诈行为,该行为导致了被害人的重大财产损失,从而肯定诈骗犯罪的成立。这是过于简单的做法。因为,在诈骗犯罪与民事欺诈的场合,客观上两者都可能存在虚构事实、隐瞒真相的行为,而且,两者都可能造成公私财产的重大损失,两者区分的关键在于行为人主观上有无非法占有财物的故意与目的。只有行为人主观上具有非法占有目的,通过虚构事实和隐瞒真相,表现出对被害人财产所有权和其他本权的排他性支配时,行为才超越一般民事欺诈的性质,依法成立诈骗犯罪。

案例5:甲公司合同诈骗案

甲公司是从事煤炭买卖的公司,曾经很有实力。因受市场政策调整影响,近两年煤炭买卖交易遭受重大亏损,欠数家公司人民币800余万元债务。甲公司总经理王某不甘心失败,希望继续从事煤炭生意,赚取利润偿还此前债务。王某考虑到如果公司再以从事煤炭生意为由向其他公司、朋友或者银行借款,恐难以成功。于是甲公司和王某以投资新能源为名向乙、丙、丁等公司借款1000万元,款项到手后甲将借款陆续投资煤炭交易业务。不幸的是,甲公司还是在交易中严重亏损,导致最后的借款1000万元也损失殆尽,无力偿还乙、丙、丁等公司的债务。甲公司和王某以犯合同诈骗罪被侦查、起诉。

在实务中,如上述案例,行为人与他人签订合同借款后,改变资金用途,将本用于此生产经营活动的资金改用于彼生产经营活动,虽不乏有案例肯定非法占有目的并将行为认定为诈骗罪或者合同诈骗罪,但多数判决持否定态度。

比如,被告人董某某与妻子周某某注册成立宇润公司。公司成立后在没有开展金融业务资格的情况下,以开发小区项目为由,以支付高额借款利息和高额返点为诱饵,非法吸收531人资金177 374 600元,并已支付利息与本金17 640 347元。董某某将非法集资款项中的101 983 285元转账给武某控制的金惠农公司使用。一审法院认定被告人犯非法吸收公众存款罪和集资诈骗罪。河南省高级人民法院判决认为,鉴于董某某将吸收的大部分资金交给武某用于生产经营,故认定其具有非法占有目的的证据不足,最终撤销一审法院关于集资诈骗罪的判决。[1]

又如,被告人王某某以高息为诱饵,让于某某提供资金供其进行"还旧贷新"业务,多次骗取于某某款项共计人民币4122.91万元,用于投资其经营的梅县雁洋镇鹧鸪村生态园及还债。法院审理认为,被告人王某某以做"还旧贷新"业务为由,使于某某自愿将财物交给被告人,被告人改变资金用途将资金用于投资其经营的生态园以及偿还其经营该生态园向他人所欠债务的部分,属正常生产经营的范围,且被告人一直向于某某支付利息,因此不能认定被告人主观上

[1] 参见河南省高级人民法院(2018)豫刑终210号刑事判决书。

具有非法占有目的。[1]

行为人与他人签订合同借到款项后,违反合同约定擅自改变资金用途,当然属于合同履行过程中的欺诈行为,但与非法占有该笔资金不同,行为人改变所借资金用途用于公司实体生产经营业务,二者在资金归属、再生能力方面与前者存在明显差别。该情形下,难以认定行为人主观上具有非法占有目的,即便行为造成财产损失,也不能轻易地将其认定为诈骗犯罪。

"一房二卖"是"二重买卖"中比较常见的情形。二重买卖,一般认为是指出卖人就特定物同时或先后与数个买受人订立有效的买卖合同。二重买卖的主要特点是两个或数个买卖合同均为有效的合同,出卖人对各买受人负相同的履行义务,对一个买受人履行合同必然导致对其他买受人的合同不履行,出卖人对任一买受人不为履行时都应承担债务不履行的责任。[2] 在刑法上,学者们对二重买卖的界定与民法并无明显不同。[3]

案例 6:"一房二卖"案

"一房二卖"在实践中的情形比较复杂,比如甲因急需资金,将自己的一套两室一厅的房屋卖给了乙,价格为 230 万元。合同签订后甲即后悔房屋要价太低。后丙愿意以 300 万元购买该房屋,而且付现金,无需贷款。甲遂隐瞒自己与乙签订了房屋买卖合同的事实,立即与丙再次签订房屋买卖合同,并在房屋登记机关办理过户手续。

本案中,对于房屋二卖的事实甲是承认的,也愿意按照违约赔付

---

[1] 参见广东省梅州市中级人民法院(2013)梅中法刑初字第 17 号刑事判决书。
[2] 参见信春鹰主编:《法律辞典》,法律出版社 2003 年版,第 260 页。
[3] 参见[日]大谷实:《刑法各论》,黎宏译,法律出版社 2003 年版,第 223 页。

乙钱款。本案中,乙和丙虽然都存在受到欺骗的事实,但没有财产损失,依法不能成立诈骗犯罪。

“一房二卖”的场合,即使一方遭受财产损害,也不一定都成立诈骗犯罪。

案例 7:王立强合同诈骗案

本案是《刑事审判参考》第 961 号指导案例。基本案情如下:被告人王立强在普天大有公司任职并实际控制该公司期间,在公司资不抵债的情况下,隐瞒真相,自己或者指使公司其他工作人员以公司名义与客户签订商品房买卖合同,将已经出售的天旺浅水湾项目 4 套房屋再次出售(之前出售给了唐某和李某,分别为 3 套和 1 套),骗取被害人郭某等 4 名客户的购房款共计人民币 155 万元,用于支付公司诉讼费、房租、职工工资及偿还债务等。

济南市天桥区人民检察院以被告人王立强犯合同诈骗罪,向天桥区人民法院提起公诉。一审济南市天桥区人民法院认为构成合同诈骗罪,二审济南市中级人民法院发回重审,重审改判无罪。

本案行为之所以依法属于无罪,主要理由是:其一,普天大有公司不具有刑法上非法占有唐某财物的目的。普天大有公司将唐某购买的 3 套房屋转卖他人,其主观上具有将该 3 套房屋交付二手购房者的真实意思表示,出卖该 3 套房屋系事出有因,主要是为了解决公司资金周转困难的问题。转卖的 3 套房屋在房屋二卖合同签订时均在开发建设过程中,在公司维持正常运转的情况下,其可以顺利交房,即如一手购房人主张权利,影响其将转卖房交到二手购房人手里,其也可以通过房源调剂解决此问题。其二,普天大有公司也不具有刑法上非法占有李某财物的目的。对该房屋进行二卖时，普天大有公司已经作出给一手购房者李某调整房源的决定，无论是一手购房者还是二手购房者，在房源上都是有保障的。换句话说，本案中行为人的行为是为了顺利签订合同，为了签订合同隐瞒事实并不意味着必然具有非法占有他人财物的目的，二者在逻辑上不能等同。[1]本书赞同本案改判无罪的意见。普天大有公司在签订合同时虽隐瞒了部分事实，但如上所述，据此并不能认定其主观上具有非法占有他人财物的目的。

非法占有目的承载着限制刑法介入财产关系范围的机能。只有客观上虚构事实，隐瞒真相的行为导致了被害人财产损失，且行为体现出对财产的排他性支配（非法占有目的）时，行为依法才可以成立诈骗罪。行为人主观上是否具有非法占有目的，是诈骗犯罪与民事欺诈区分的关键点之一。

还需要指出的是，诈骗犯罪与民事欺诈的区分是个很复杂的问题，法益侵害的性质、行为的构造以及欺诈程度等，都是两者区分中需要考虑的因素。以上主要立足于法益侵害来阐述两者的界限，关于行为构造和欺诈程度对两者区分的意义，这里不再展开。

（二）股东之间侵占股权的行为定性

公司成立后，股东并非都实际参与公司经营管理，因此可能存在某个或者部分股东利用公司经营、管理上的职务便利，在其他股东不知情的情况下，擅自将他人的股份转移、变更到自己名下的现象。比如甲、乙、丙、丁共同成立某公司，分别占公司25%股份。甲负责日常经营管理，并利用经营活动中的职务便利，将乙、丙、丁三人名下的股

---

〔1〕参见中华人民共和国最高人民法院刑事审判第一、二、三、四、五庭主办：《刑事审判参考》（总第97集），法律出版社2014年版，第29—31页。

份分别变更为10%,自己占公司70%股份。该类案件是否成立职务侵占罪,与办案人员如何理解职务侵占罪的实质即本罪的法益密切相关。对于此类案件的定性,目前办案机关意见并不一致。但大体主要有以下几种意见:

(1)成立职务侵占罪

案例8:刘俐职务侵占案

2010年12月16日,公主岭市众盛新型建筑材料有限公司执行董事长、经理被告人刘俐利用职务上的便利,在未经王茂成(丞)同意下,将股东王茂成(丞)24.5%股权变更到刘俐妻子常玉艳名下,王茂成(丞)应占股权数额为24.5万元。

一审法院审理认为,被告人刘俐作为公主岭市众盛新型建筑材料有限公司的股东,在未取得另一名股东王茂成(丞)的同意的情况下,将王茂成(丞)的股权转至刘俐之妻常玉艳名下,从其转让股权的一系列行为可推断其主观上具有非法占有他人财物的目的,故被告人刘俐的行为属于职务侵占的行为,构成职务侵占罪。辩护人提出,职务侵占罪的要求是将本单位财物非法占为己有,行为人侵占的财物是否属于本单位财物,系是否构成职务侵占罪的关键。因为股权属于股东的财物,不属于本单位财物,故侵占股权不构成职务侵占罪,被告人刘俐的行为应认定为无罪。二审维持一审判决。[1] 类似判决还有林惠荣职务侵占案[2]、时存良职务侵占案[3]等。

---

[1] 参见吉林省公主岭市人民法院(2019)吉0381刑初495号刑事判决书;吉林省四平市中级人民法院(2020)吉03刑终11号刑事裁定书。

[2] 参见福建省漳州市中级人民法院(2016)闽06刑终254号刑事裁定书。

[3] 参见新疆维吾尔自治区哈密市伊州区人民法院(2016)新2201刑初461号刑事判决书;新疆维吾尔自治区哈密市中级人民法院(2017)新22刑终53号刑事判决书。

(2)成立诈骗罪

案例9:曹晓军诈骗案

2003年10月,被告人曹晓军父亲曹某甲、母亲赵某甲在甘肃省工商行政管理局注册成立金呈公司,曹某甲任法定代表人,公司由被告人曹晓军实际经营。2006年3月29日,公司将曹某甲名下的30%股份转让给豆某甲。2007年7月20日,曹晓军在股东豆某甲不知情的情况下,伪造《甘肃金呈矿业有限公司股东会决议》和《股东出资转让协议》,骗取工商部门变更股权登记,将该公司股东豆某甲所持公司30%的股份以2 433 333.33元转让给蒲某甲、童某甲持有,股权转让金由被告人曹晓军非法占为己有。

一审法院认定,被告人曹晓军无视国法,在其不是甘肃金呈矿业有限公司股东并在实际经营该公司期间,虚构事实,在未征得股东豆某甲同意的情况下,没有经过法定程序召开股东会议,并假冒股东签名,将公司股东豆某甲的股份擅自转卖给他人,将转卖股权收益据为已有,且数额特别巨大,其行为构成诈骗罪。[1]

(3)成立盗窃罪

案例10:晋某、陈某盗窃案

陈某系被害人孔某经营的甲公司的法律顾问,受托为孔某保管甲公司公章等印鉴。2014年9月间,犯罪嫌疑人晋某与孔某协商购买其持有的甲公司股权。某日,在双方就股权转让未

[1] 参见甘肃省兰州市城关区人民法院(2016)甘0102刑初469号刑事判决书。需要说明的是,本案二审改判上诉人曹晓军的行为成立职务侵占罪。参见甘肃省兰州市中级人民法院(2017)甘01刑终5号刑事判决书。

达成一致的情况下,犯罪嫌疑人晋某伙同陈某骗取甲公司其他股东的信任共同到登记机关,利用陈某持有的甲公司公章及伪造的孔某签字,擅自将孔某持有的甲公司股权变更登记在晋某名下,并变更法定代表人为晋某。

司法机关认定本案行为成立盗窃罪,主要理由是:其一,我国刑法规定盗窃罪的犯罪对象为公私财物,并不限于一般动产,也包括股权等权利。其二,盗窃罪客观行为的核心在于违背他人意志窃取占有他人财物,也就是在被害人不知情的情况下,排除他人对财物的支配关系,建立新的支配关系。本案犯罪嫌疑人晋某、陈某二人在孔某不知情的情况下,相互串通,骗取过户登记的行为,排除了孔某对自己合法财产的控制,取得了甲公司股权,这完全符合盗窃罪的客观要件。陈某虽为甲公司的法律顾问,受孔某委托保管公司印鉴,但该印鉴的保管行为不能推导出对公司股权具有处分权,单纯使用公司印鉴并不能对公司股权进行过户登记,还需要股东的签章认可方能过户。本案中,孔某将公司印鉴交予陈某保管,并非将其股权交予陈某管理、处分,两者具有实质区别。[1]

(4)属于无罪

案例11:马某某无罪案

1996年,被告人马某某与辛某1、李某1、冯某1、冯某2等五人注册成立长江公司,辛某1以其父亲辛某3的名义入股,被告人马某某以其父亲马某和岳父杨某2的名义入股,后冯某1、冯某2退股,股权转让给其他三位股东。

---

〔1〕 参见刘文钊:《擅自过户股权的行为应当认定为盗窃罪》,载《中国检察官》2015年第4期。

被告人马某某作为公司实际负责人,负责公司的日常经营管理。2003年,在公司股东辛某1、李某1不知情的情况下,马某某利用保管长江公司公章之便,仿冒辛某3的签名、伪造系列文件向工商部门申请变更登记,将法定代表人由辛某3变更为自己的妻子杨某3,将股东辛某3原占有的40%的股权转移给杨某3,并明确杨某3持有的股权份额为44%。

2005年,被告人马某某与辛某1、李某1就长江公司的发展签订了一份《会议纪要》,重新确认每人的股份额,总股数为358万元,辛某1为170万元,杨某3为104万元,李某1为84万元。但被告人马某某并未按照约定向工商部门申请变更股权结构登记,公司股权结构登记仍为杨某3、杨某2(被告人马某某岳父)、马某。

2007年5月被告人马某某利用其经营管理长江公司的便利,在公司实际股东辛某1、李某1不知情的情况下,将长江公司56%的股权以990万元的价格转让给李某4,随后,被告人马某某欺骗李某1是以255万元的价格转让长江公司给李某4,辛某1在知道此事情后明确告知被告人马某某不同意以255万元转让长江公司。

同年6月,被告人马某某在公司股东辛某1、李某1不知情的情况下,向工商部门申请变更登记,将法定代表人由杨某3变更为李某4,股东由杨某3、杨某2、马某变更为李某4、杨某3,明确李某4出资额为560万元,占股56%;杨某3出资额为440万元,占股44%。

同年8月,被告人马某某在公司实际股东辛某1、李某1不知情的情况下,再次申请变更登记,将法定代表人由李某4变更为杨某3,股东由李某4、杨某3变更为杨某3、杨某2、马某,股权结构变更为杨某3出资额为440万元,占股44%;杨某2出资额为280万元,占股28%;马某出资额为280万元,占股28%。

同年9月,被告人马某某在公司实际股东辛某1、李某1不知情的情况下,又一次向工商部门申请变更登记,将法定代表人由杨某3变更为李某4,股东由杨某3、杨某2、马某变更为李某4,至此长江公司变更为李某4一人有限责任公司。辛某1得知该情况后向公安机关报案而案发。

一审判决认为,被告人马某某构成职务侵占罪。股东向公司出资后,全部股权所形成的整体财产权益归属公司所有,在侵占股东股权权益的同时,也就侵害了股东股权所对应的公司财产权益。被告人马某某利用职务上的便利,侵占股东股权,其行为已构成职务侵占罪。关于职务侵占数额的认定,根据《会议纪要》记载的内容,被害人辛某1占长江公司股权为47.486%(170万元÷358万元)。被告人马某某仅转让长江公司56%的股权,按有利于被告人的原则,认定余下44%的股权应为辛某1所有,辛某1损失股权为3.486%(47.486%-44%)。被告人马某某侵占数额认定为93.41万元(2679.616万元×3.486%)。

本案争议的焦点在于被告人马某某私自转让公司股权的行为是否可以认定为“将本单位财物非法占为己有”。

二审法院指出,因公司是企业法人,有独立的法人财产,享有法人财产权,公司以其全部财产对公司的债务承担责任,公司的财产与私人财产不能混同,两者各有其主,公司财产和股东股权是两个不同性质的财产权利,前者属于公司,而后者属于个人,尽管股权反映了股东参与公司决策和资产收益等权利,但股权变动或转让不会导致公司的整体财产发生变化。在本案中,尽管上诉人马某某在近十年中数次变更登记,更改法定代表人、股东构成、股东股权份额、企业类型并将公司股权转让于他人,但是长江公司的财产并未因此而发生变化。马某某违反约定擅自将公司股权卖给他人,隐瞒变卖款项的数额,虽侵犯了相关股东的权益,但未侵犯公司的财产权,据此不能认定马某某将本单位财物非法占为己有。二审改判马某某无罪。[1]类似的案例还如艾某某职务侵占案。[2]

以上案件的不同定性反映了办案人员对职务侵占罪法益的不同理解。换句话说,对职务侵占罪法益的理解不同,也会导致对此类行为定性的差异。简单地讲,如果认为职务侵占罪侵害的法益是"本单位的财产权",股东之间侵占股权的行为只是造成了股东权利的损害,本单位财产权没有受到侵害,那么,该行为自然就难以成立职务侵占罪。其中,有的认为构成盗窃罪,有的认为构成诈骗罪,有的认为无罪。

对于此类行为的定性,本书看法如下:

第一,将该类行为认定为职务侵占罪,不符合刑法的规定和职务侵占罪的侵害法益。

过去一个时期,办案机关将此类行为认定为职务侵占罪,有一定的普遍性。对于构成职务侵占罪的理由,如周光权教授所归纳,主要是四点:首先,职务侵占罪的对象是本单位财物,财物应当包括财产性利益,股权属于典型的财产性利益,依法属于财物,这既是我国司

[1] 参见湖北省宜昌市中级人民法院(2017)鄂05刑终305号刑事判决书。

[2] 参见宁夏回族自治区石嘴山市惠农区人民法院(2017)宁0205刑初121号刑事判决书;宁夏回族自治区石嘴山市中级人民法院(2018)宁02刑终54号刑事裁定书。

法解释的明确规定,也得到了实践的肯定。[1] 其次,我国刑法并没有将职务侵占罪的客体局限于物权法上的财产所有权。在我国民法中,可以依法转让的基金份额、股权等财产性权益也属无形财产;《刑法》第92条规定,公民私人所有的财产包括依法归个人所有的股份、股票、债券和其他财产。股权等无形财产依法属于公司、企业财产。再次,股权属于公司的合法财产。根据公司法的基本原理,股东个人将资产交给公司后,该财产与股东个人脱离,股东个人不再对该财产享有支配权,而公司作为具有虚拟人格的法人实体,对股东的财产享有独立支配权,因此,侵吞他人股权就是侵占公司财物。[2] 最后,肯定此类行为构成职务侵占罪,有一定的规范依据。2005年6月24日公安部经侦局《关于对非法占有他人股权是否构成职务侵占罪问题的工作意见》指出,“近年来,许多地方公安机关就公司股东之间或者被委托人采用非法手段侵占股权,是否涉嫌职务侵占罪问题请示我局……近日,最高人民法院刑事审判第二庭书面答复我局:对于公司股东之间或者被委托人利用职务便利,非法占有公司股东股权的行为,如果能够认定行为人主观上具有非法占有他人财物的目的,则可对其利用职务便利,非法占有公司管理中的股东股权的行为以职务侵占罪论处”。此后,2005年全国人大常委会法工委《关于公司人员利用职务上的便利采取欺骗等手段非法占有股东股权的行为如何定

[1] 比如2010年最高人民法院、最高人民检察院《关于办理国家出资企业中职务犯罪案件具体应用法律若干问题的意见》第1条规定,“国家工作人员或者受国家机关、国有公司、企业、事业单位、人民团体委托管理、经营国有财产的人员利用职务上的便利,在国家出资企业改制过程中故意通过低估资产、隐瞒债权、虚设债务、虚构产权交易等方式隐匿公司、企业财产,转为本人持有股份的改制后公司、企业所有,应当依法追究刑事责任的,以贪污罪定罪处罚”。

[2] 参见周光权:《擅自转移、变更股权不构成职务侵占罪》,载《法治日报》2021年7月21日,第9版。

性处理的批复的意见》也指出:“据刑法第九十二条的规定,股份属于财产。采用各种非法手段侵吞、占有他人依法享有的股份,构成犯罪的,适用刑法有关非法侵犯他人财产的犯罪规定。”

本书不否认股份属于财产,股权属于财产权。对股东之间侵占股权的行为科学定性的前提是:股权究竟属于公司法人的权利(财产权),还是股东个人的权利(财产权)?股东之间侵占股权的行为究竟导致的是股东个人财产权的损害,还是公司财产权的损害?认为此类行为成立职务侵占罪的观点一般都会认为,股权属于公司的合法财产,侵占股东股权最终侵害的是公司法人财产权。这种理解既不符合《公司法》,也不符合《刑法》,是难以成立的。

首先,股权和公司法人财产权是《公司法》明确规定的两种独立权利。《公司法》第 3 条规定:“公司是企业法人,有独立的法人财产,享有法人财产权。公司以其全部财产对公司的债务承担责任。有限责任公司的股东以其认缴的出资额为限对公司承担责任;股份有限公司的股东以其认购的股份为限对公司承担责任。”第 4 条规定:“公司股东依法享有资产收益、参与重大决策和选择管理者等权利。”根据《公司法》的规定可见,股权与公司法人财产权是公司成立后股东和公司各自享有的法定权利,股权的享有者只能是股东,公司法人财产权的享有者只能是公司,两者是独立的权利。股权和公司法人财产权在法律和公司章程规定的范围内各自拥有独立的内容和排他的性质。

其次,股东之间侵占股权的行为难以认为导致了公司财产的损害。虽然股权和公司法人财产权是各自独立的权利,但这并不能否认两者之间具有相伴而生的关系。股权和公司法人财产权因股东出资行为的完成和公司的正式成立而同时产生。没有股权的存在,公司的法人财产权也就无从谈起,股东拥有股权的同时,公司也拥有了法人财产权。[1] 相应地,股权的增减,也会带来公司法人财产权的增减。正是因为股权和公司法人财产权具有这种相伴而生的关系,才会有观点认为,行为侵占了股东股权,实质上就是侵占了公司财产权;股东的股权受到损失,就是公司法人财产权受到损失,从而成立职务侵占罪。但这种观点忽视了对股东之间侵占股权的行为应进行整体性评价。甲股东侵占了乙股东的股权,导致了乙股权的减少,但与此同时,带来的是甲自己的股权增加的事实。甲乙之间股权的"一减一增",这只是公司内部股权结构的变化,整体上公司的股权既没有增加,也没有减少,以股权为基础的法人财产权整体也没有增减。

根据刑法的规定,职务侵占罪侵犯的法益是公司、企业或者其他单位的财产权。只有行为侵占了本单位财物时,才依法成立职务侵占罪。在股东之间侵占股权的场合,行为只是造成了股东个人权利的损害,没有造成公司、企业或者其他单位的财产权的损害,行为不具有职务侵占罪的实质,将此类行为认定为职务侵占罪,不符合其规范保护目的。

第二,将此类行为认定为诈骗罪,也不符合诈骗罪的构造。

根据刑法规定,成立诈骗罪,客观上需要行为人实施了虚构事实、隐瞒真相的行为,行为导致被害人认识错误,而自愿交付或者处分财物。主张此类行为成立诈骗罪的主要理由是,股东擅自改变、转移其他股东的股份,导致工商部门被骗而变更股权登记。本书认为,工商部门在变动股权登记时,确实存在被骗的事实,但是,工商部门变更股权登记的行为只是一种行政行为,并不属于股权的"处分"

---

[1] 参见赵旭东主编:《公司法学》(第三版),高等教育出版社2012年版,第302页以下。

行为。之所以有观点认为此类行为成立诈骗罪,很重要的理由是认为该类行为属于刑法中的三角诈骗,但是,工商机关登记股权的行为并非股权的处分行为,而是股权的确认和公示行为,此类行为并不符合诈骗罪(包括三角诈骗)的行为构造。

本书倾向于认为此类行为可以依法认定为盗窃罪,主要理由有以下两点:

其一,股东擅自变更登记其他股东的股权,侵害了其他股东的股权,实践中有些股权的价值很大,在这种情况下,股东之间侵占股权的行为就具有了严重的社会危害性,不作为犯罪处理,有违犯罪的本质和刑法的目的。

其二,将行为认定为盗窃罪,符合刑法规定。一方面,如前文指出,股份依法属于公私财物;另一方面,从客观行为看,股东转移、变更其他股东的股权往往是在被害股东不知情的情况下进行的,将他人股权变更至自己名下,实现了对其他股东的股权的非法占有,行为符合秘密窃取他人财物的含义,依法可以成立盗窃罪。

(三)毒品代购的定性

毒品代购有广义、狭义和最狭义之分。[1] 理论和实务中毒品代购通常在最狭义上使用。根据我国刑法规定,单纯吸食毒品的行为不是犯罪,为吸毒者代购合理吸食量毒品的行为在性质上属于毒品吸食的帮助行为,在帮助对象不构成犯罪的情况下,处罚作为帮助行

---

〔1〕 广义的毒品代购系指一切接受委托从事毒品购买的情形。行为人为贩毒者代购毒品的,也不失为毒品代购。狭义的毒品代购仅限于受毒品吸食者委托代其购买仅用于吸食毒品的情形,该场合除要求托购者系毒品吸食者外,代购毒品数量还必须在合理吸食量范围内,代购者可能从代购中牟利,也可能不牟利。代购牟利的,实务一般认定为贩卖毒品罪。最狭义的毒品代购仅指狭义毒品代购中代购者没有从中牟利的情形。

为的代购缺乏必要性和正当性,正因为如此,最狭义的毒品代购不成立犯罪也为我国刑法理论和实务广泛接受。[1] 但是,理论上有一种观点认为,毒品代购属于毒品的贩卖行为,依法成立贩卖毒品罪。

毒品代购的性质,即究竟是无罪还是成立贩卖毒品罪,是个与毒品犯罪的法益理解有密切关系的问题。

在我国明确肯定毒品代购具有可罚性的是张明楷教授。他指出,不应将代购毒品塑造成为一个法律概念,进而认为凡是属于代购毒品的行为均不成立犯罪。张老师之所以认为毒品代购具有可罚性,并认为其依法属于毒品贩卖,主要原因有二:

一是关于毒品犯罪法益的认识。张明楷教授认为,国家不允许毒品泛滥,根本上是因为毒品危害公众健康。所以,毒品犯罪的侵害法益是公众健康,即作为社会法益的公众健康,而不是指特定个人的身体健康。毒品犯罪不是对个人法益的犯罪,而是对超个人法益的犯罪。毒品代购的行为使得毒品从上家转移到吸毒者手中,是一种扩散毒品的行为,具有损害公众健康的抽象危险,具有可罚性,成立犯罪。而且,因为毒品犯罪的侵害法益是公众健康,且系抽象危险犯,所以,不管行为人将毒品贩卖给吸毒者还是没有吸毒的人,行为性质并无差异。

二是关于贩卖含义的理解。张明楷教授认为,贩卖毒品是指有偿交付毒品,代购者不管是事先收取毒资还是事后收取毒资,也不问是否从中牟利,均符合贩卖毒品罪的构成要件,成立贩卖毒品罪的正犯。[2]

---

[1] 参见中华人民共和国最高人民法院刑事审判第一、二、三、四、五庭主办:《刑事审判参考》(总第 99 集),法律出版社 2015 年版,第 92—93 页。

[2] 参见张明楷:《代购毒品行为的刑法学分析》,载《华东政法大学学报》2020 年第 1 期。

关于毒品犯罪的法益,我国刑法理论主要有复杂法益和单一法益的不同认识。比如持复杂法益的观点中有的学者认为毒品犯罪既侵害国家的毒品管理制度,也侵害人民的身体(生命)健康,但何谓人民健康,有的没有进一步解释[1],有的认为指的是吸毒者的身体(生命)健康[2]。单一法益论认为毒品犯罪的侵害法益是国家对毒品的管理制度。[3]

我国刑法理论通说对毒品犯罪侵害法益的界定确实存在问题。而且,客观地讲,将毒品犯罪的侵害法益理解为社会不特定公众健康,可以在很大程度上避免无法解释走私、贩卖、运输、制造毒品罪处罚正当性的难题,因为如果将吸毒者的身心健康作为毒品犯罪的侵害法益,那么提供毒品的行为例如贩卖、运输、制造毒品等行为,本质上属于为吸毒行为提供条件的帮助行为,这样一来,作为吸毒加功者的毒品贩卖、运输、制造行为人具有减轻或者免除处罚的事由,但该见解在理论和实务中都是无法接受的。

但是,将毒品犯罪界定为超个人法益犯罪,侵害的法益是超个人的社会不特定或者多数人健康,是明显存在疑问的。

首先,在刑法上,超个人法益的存在空间是受到严格限制的,只有在行为侵害的法益超越了个人属性,具有公共性和不特定性时,往往才会承认超个人法益的存在,比如放火罪、爆炸罪以及危险驾驶罪等,这些犯罪侵害的法益之所以被认为侵害了社会公共安全,是因为此类行为具有针对社会不特定或者多数人的性质。毒品犯罪的社会危害具有间接性特点,主要体现在毒品滥用导致的对吸食者身心健

---

〔1〕 参见黎宏:《刑法学各论》(第二版),法律出版社 2016 年版,第 457—458 页。

〔2〕 参见张军主编:《刑法(分则)及配套规定新释新解(下)》(第九版),人民法院出版社 2016 年版,第 1764 页。

〔3〕 参见马克昌主编:《百罪通论》(下卷),北京大学出版社 2014 年版,第 1085 页。

康的危害。在现实社会中,毒品吸食都是具体的行为,遭受法益侵害的也是吸毒者本人身体健康,系具体、确定的,这一点与盗窃、诈骗等犯罪法益侵害的具体性、确定性并无不同。现实社会的确不能无视毒品对社会公众健康的危害,但这是作为整体社会现象的毒品滥用的危害性,是建立在一个个具体法益侵害基础之上的法益侵害。刑法规定的任何针对个人法益的犯罪,如果作为一种社会现象整体考察,其侵害的法益都具有社会性。

其次,现实社会吸毒人群具有明显的亚文化特征,对于普通社会民众而言,滥用毒品的可能性是非常之低的。将毒品犯罪的侵害法益理解为社会不特定公众的身体健康,也不符合毒品滥用的形成机理与特点。

其实,将毒品犯罪的侵害法益理解为社会不特定公众的健康更多是为了解决刑法严厉处罚毒品犯罪的理论自洽问题,但这种理解难以符合事物的本质,而且所谓的理论自洽也只是局部的,在整个刑法框架中存在体系性的矛盾。毒品犯罪行为违反了国家对毒品的管制,侵害了吸毒者的身心健康。严厉打击毒品犯罪是当今世界各国的共同立场,对于走私、贩卖、运输、制造等毒品犯罪,各国刑法不仅没有因为吸毒是行为人自我选择而减免处罚,反而较之于其他犯罪处罚得更为严厉,该问题在我国表现得尤为明显,这并非基于理论正当性的考虑,而是从严打击毒品犯罪刑事政策下刑法立场的例外体现,这种例外彰显的是刑法的家长主义立场。

对任何犯罪法益的理解,都不能脱离犯罪行为的构造与属性,毒品犯罪的性质和毒品犯罪的构造决定了毒品犯罪的侵害法益是复杂的而不是单一的,包括国家对毒品的管制和国民(毒品滥用者)的身心健康。首先,将国家对毒品的管制作为毒品犯罪的侵害法益是由毒品犯罪属于法定犯的性质决定的。只有当某种物质被纳入国家管制时才有可能成为毒品。其次,将公民(毒品滥用者)的身心健康作为毒品犯罪的侵害法益是由毒品的物理属性决定的。只有被管制的物质被国民滥用时,才依法属于毒品犯罪,否则充其量成立非法经营的行为。

基于对毒品犯罪法益的上述理解,在吸食者单纯吸食毒品不构成犯罪的情况下,刑法处罚代购者,缺乏正当性。所以,最狭义的毒品代购不能被认定为贩卖毒品罪,刑法理论与实践的传统做法,应当继续坚持。

(四)虚开增值税专用发票罪的处罚范围

根据《刑法》第 205 条的规定,虚开增值税专用发票罪是行为犯,只要行为人实施了虚开行为,即可以成立本罪。从行为类型看,虚开包括为他人虚开、为自己虚开、让他人为自己虚开、介绍他人虚开。司法认定中,虚开增值税专用发票罪争议最大的问题是,其成立是否需要虚开行为导致国家税款的损失?对其法益的理解不同,对上述问题的答案也不同。

一种观点认为,虚开增值税专用发票罪中行为人虚开的数额或虚开增值税专用发票致使国家税款被骗取的事实,都是其构成要件。2010 年最高人民检察院、公安部《关于公安机关管辖的刑事案件立案追诉标准的规定(二)》第 61 条规定,虚开增值税专用发票,虚开的税款数额在 1 万元以上或者致使国家税款被骗数额在 5000 元以上的,应予立案追诉。该规定显然没有将税款作为虚开增值税专用发票罪的唯一侵害法益,只是选择性的法益,更多强调的是对增值税专用发票的管理制度。

近些年的司法解释、规范性文件和最高司法机关发布的案例,整体上明显呈现出对虚开增值税专用发票罪处罚范围的节制，更多地倾向于将其法益确定为保护国家税款，只有在虚开行为造成税款损失的情况下，才能将其认定为虚开增值税专用发票罪。

比如，2004年最高人民检察院法律政策研究室《关于税务机关工作人员通过企业以“高开低征”的方法代开增值税专用发票的行为如何适用法律问题的答复》指出：“税务机关及其工作人员将不具备条件的小规模纳税人虚报为一般纳税人，并让其采用‘高开低征’的方法为他人代开增值税专用发票的行为，属于虚开增值税专用发票。对于造成国家税款损失，构成犯罪的，应当依照刑法第二百零五条的规定追究刑事责任。”

又如，2015年最高人民法院研究室《关于如何认定以“挂靠”有关公司名义实施经营活动并让有关公司为自己虚开增值税专用发票行为的性质》征求意见的复函指出：一、挂靠方以挂靠形式向受票方实际销售货物，被挂靠方向受票方开具增值税专用发票的，不属于刑法第二百零五条规定的“虚开增值税专用发票”。二、行为人利用他人的名义从事经营活动，并以他人名义开具增值税专用发票的，即便行为人与该他人之间不存在挂靠关系，但如行为人进行了实际的经营活动，主观上并无骗取抵扣税款的故意，客观上也未造成国家增值税款损失的，不宜认定为刑法第二百零五条规定的“虚开增值税专用发票”；符合逃税罪等其他犯罪构成条件的，可以其他犯罪论处。

近年在中央保护民营企业和“六稳”“六保”政策要求下，司法机关越来越强调将“行为人主观上具有骗取国家税款的目的，客观上导致国家税款损失”作为本罪的构成要件。

2018年最高人民法院发布的“人民法院充分发挥审判职能作用保护产权和企业家合法权益典型案例(第二批)”张某强虚开增值税

专用发票案更为清晰地展现了这一立场。

案例12:张某强虚开增值税专用发票案

本案的基本情况如下:2004年,被告人张某强与他人合伙成立个体企业某龙骨厂,张某强负责生产经营活动。因某龙骨厂系小规模纳税人,无法为购货单位开具增值税专用发票,张某强遂以他人开办的鑫源公司名义对外签订销售合同。2006年至2007年间,张某强先后与六家公司签订轻钢龙骨销售合同,购货单位均将货款汇入鑫源公司账户,鑫源公司为上述六家公司开具增值税专用发票共计53张,价税合计4 457 701.36元,税额647 700.18元。基于以上事实,某州市人民检察院指控被告人张某强犯虚开增值税专用发票罪。某州市人民法院一审认定被告人张某强构成虚开增值税专用发票罪,在法定刑以下判处张某强有期徒刑三年,缓刑五年,并处罚金人民币五万元。张某强在法定期限内没有上诉,检察院未抗诉。某州市人民法院依法逐级报请最高人民法院核准。

最高人民法院经复核认为,被告人张某强以其他单位名义对外签订销售合同,由该单位收取货款、开具增值税专用发票,不具有骗取国家税款的目的,未造成国家税款损失,其行为不构成虚开增值税专用发票罪,某州市人民法院认定张某强构成虚开增值税专用发票罪属适用法律错误。据此,最高人民法院裁定:不核准并撤销某州市人民法院一审刑事判决,将该案发回重审。该案经某州市人民法院重审后,依法宣告张某强无罪。

在该案的“典型意义”中,最高人民法院指出:“我国改革开放后的一段时期,社会主义市场经济制度不够完善,一些企业特别是民营企业发展有一些不规范行为。习近平总书记在11月1日民营企业座谈会上强调,对一些民营企业历史上曾经有过的一些不规范行为,要以发展的眼光看问题,按照罪刑法定、疑罪从无的原则处理,让企业家卸下思想包袱,轻装前进。中共中央、国务院《关于完善产权保护制度依法保护产权的意见》(以下简称《产权意见》)亦明确要求'严格遵循法不溯及既往、罪刑法定、在新旧法之间从旧兼从轻等原则,以发展眼光客观看待和依法妥善处理改革开放以来各类企业特别是民营企业经营过程中存在的不规范问题。'本案张某强借用其他企业名义为其自己企业开具增值税专用发票,虽不符合当时的税收法律规定,但张某强并不具有偷逃税收的目的,其行为未对国家造成税收损失,不具有社会危害性。一审法院在法定刑之下判决其承担刑事责任,并报最高人民法院核准。虽然对于本案判决结果,被告人并未上诉,但是最高人民法院基于刑法的谦抑性要求认为,本案不应定罪处罚,故未核准一审判决,并撤销一审判决,将本案发回重审。最终,本案一审法院宣告张某强无罪,切实保护了民营企业家的合法权益,将习近平总书记的指示和《产权意见》关于'以发展眼光客观看待和依法妥善处理改革开放以来各类企业特别是民营企业经营过程中存在的不规范问题'的要求落到实处。本典型案例对于指导全国法院在司法审判中按照罪刑法定、疑罪从无原则以发展的眼光看待民营企业发展中的不规范问题,具有重要的指导意义。"[1]

2020年最高人民检察院《关于充分发挥检察职能服务保障"六稳""六保"的意见》强调,"依法慎重处理企业涉税案件。注意把握一般涉税违法行为与以骗取国家税款为目的的涉税犯罪的界限,对于有实际生产经营活动的企业为虚增业绩、融资、贷款等非骗

---

〔1〕参见《人民法院充分发挥审判职能作用保护产权和企业家合法权益典型案例(第二批)》,载人民法院网(http://www.court.gov.cn/zixun-xiangqing-133721.html),访问日期:2021年10月2日。

税目的且没有造成税款损失的虚开增值税专用发票行为,不以虚开增值税专用发票罪定性处理,依法作出不起诉决定的,移送税务机关给予行政处罚”。

以上可见,法益的界定直接关系到本罪构成要件的解释方向以及罪与非罪的界限。对于虚开增值税专用发票,最高司法机关越来越强调将不具有骗税目的且没有造成税款损失的虚开增值税专用发票行为排除在本罪之外,实际上将虚开增值税专用发票罪的侵害法益确定为国家的税款。

单纯从刑法规定上看,虚开增值税专用发票罪的法益是个争议问题,当前实务的立场与中央强调保护民营企业和“六稳”“六保”有重要关系,从而使得本罪法益的确定具有了一定刑事政策基础。而从刑法处罚正当性看,将虚开增值税专用发票罪的法益界定为保护国家税款,也是有罪刑法定依据的。一方面,虚开增值税专用发票罪被规定在《刑法》分则第三章第六节危害税收征管罪一节中,将本罪的法益解释为保护国家税款,符合本罪在《刑法》分则中的体系位置;另一方面,从本罪的法定刑设置看,本罪的刑罚配置相当严厉。根据《刑法》第 205 条的规定,本罪的最低法定刑幅度为“三年以下有期徒刑或者拘役,并处二万元以上二十万元以下罚金”, 虚开的税款数额巨大或者有其他特别严重情节的,处十年以上有期徒刑或者无期徒刑。与之相比,《刑法》第 205 条之一虚开发票罪的最高法定刑幅度为“二年以上七年以下有期徒刑,并处罚金”。将虚开增值税专用发票罪的侵害法益理解为国家税款,可以更好地实现不同犯罪之间刑罚的相对均衡以及本罪处罚中的罪责刑的协调、适应。

(五)虚假诉讼罪的法益

虚假诉讼罪,是指行为人以捏造的事实提起民事诉讼,妨害司法机关的正常活动(司法秩序)或者严重侵害他人合法权益的行为。根据2018年最高人民法院、最高人民检察院《关于办理虚假诉讼刑事案件适用法律若干问题的解释》第1条第1款的规定,只有采取伪造证据、虚假陈述等手段,捏造民事法律关系,虚构民事纠纷,向人民法院提起民事诉讼的,才属于“以捏造的事实提起民事诉讼”。

实践中,行为人一方故意捏造民事法律关系,通过民事诉讼,侵害对方当事人权益的,当然成立本罪;一方当事人与第三人恶意串通,捏造债权债务关系,侵害对方当事人权益的,也成立虚假诉讼罪。但是,当事人双方串通捏造民事法律关系,提起诉讼的,能否认定为虚假诉讼罪?

案例13:甲、乙公司虚假诉讼案

甲公司与乙公司约定合作开发乙公司拍卖获得的土地,甲公司在2011年1月17日和18日转给乙公司的合作利润款共609万元,为了逃避缴纳过户税费,双方串通将甲公司支付乙公司的该合作利润款609万元,当作乙公司向甲公司借款,伪造609万元的《借款合同》和借据,并对两张汇款进账单的用途由“还款”涂改为“借款”,后由甲公司向法院起诉。本案中,双方串通虚假诉讼并非旨在侵害一方当事人权利,而是恶意串通伪造证据提起虚假诉讼,借此筹划逃税。

上述情形行为如何定性,也与办案人员对虚假诉讼罪侵害法益的理解密切相关。如果认为本罪侵害的是复合法益,行为既要侵害司法程序(司法机关的正常活动),又要侵害当事人合法权利,那么,本案中的行为只是侵害了司法秩序(司法机关的正常活动),没有侵害当事人权利,无法构成虚假诉讼罪;如果认为本罪的侵害法益是司法秩序(司法机关的正常活动),那么本案中甲、乙公司恶意串通伪造证据提起虚假诉讼，借此逃税的行为，毫无疑问地侵害了司法秩序，应当成立虚假诉讼罪。

根据《刑法》第307条之一的规定，虚假诉讼罪是指以捏造的事实提起民事诉讼，妨害司法秩序（司法机关的正常活动）或者严重侵害他人合法权益的行为。从刑法的规定看，本罪的法益似乎是选择性法益，即司法秩序（司法机关的正常活动）或者他人合法权益。捏造事实提起民事诉讼，如果双方当事人串通，那么，行为不一定侵害当事人合法权益，但不可避免地将导致对司法秩序（司法机关的正常活动）的侵害。所以，本罪的法益表面上看为选择性法益，实质上为单一法益，即国家司法秩序（司法机关的正常活动）。合同双方当事人合意串通提起虚假诉讼的，虽然没有任何一方利益受到侵害，但因为侵犯了国家司法秩序（司法机关的正常活动），仍然依法成立虚假诉讼罪。

三、慎重将秩序作为刑法保护的法益

（一）问题的提出

与其他部门法一样，刑法是社会的产物，对应着特定时期的政治经济生活。重视秩序法益，强调刑法对社会经济秩序的保护，是我国刑法立法与司法的重要特色。

在立法上，《刑法》第2条“刑法的任务”明确规定，“中华人民共和国刑法的任务，是用刑罚同一切犯罪行为作斗争……保护公民私人所有的财产，保护公民的人身权利、民主权利和其他权利，维护社会秩序、经济秩序，保障社会主义建设事业的顺利进行”。《刑法》分则第三章“破坏社会主义市场经济秩序罪”和第六章“妨害社会管理秩序罪”,均明确使用了“秩序”的字眼,更是鲜明地体现了刑法对秩序保护的重视。

由于《刑法》分则第三章和第六章明确显示了对市场经济秩序和社会管理秩序的保护,所以,在解释论上,刑法理论通说观点大都立足于刑法的规定,将有关犯罪的法益解释为相关秩序。比如,将经济犯罪的整体侵害法益解释为我国的社会主义市场经济秩序,认为刑事立法规定这类犯罪,目的在于用刑罚手段惩治对社会主义市场经济的破坏行为,保护社会主义市场经济的正常发展。〔1〕具体到各节,如第三章第一节生产、销售伪劣商品罪,被认为侵犯的是社会主义商品市场秩序和广大用户及消费者的合法权益;第三节妨害对公司、企业的管理秩序罪,侵犯的是国家对公司、企业的管理秩序;第四节破坏金融管理秩序罪,妨害的是国家的金融管理秩序等。〔2〕又如,对于第六章第一节规定的犯罪,被认为侵害了社会公共秩序,第二节犯罪被解释为妨害了司法秩序等。除《刑法》分则第三章和第六章规定的犯罪外,不少犯罪的侵害法益也被解释为特定秩序(制度)或者侵害法益中包含有特定秩序(制度)。

案件办理中,如本书第一章所示,王力军非法经营案、陆勇销售假药案、甲公司等高利转贷案、乙公司等骗取贷款案、某公司等非法吸收公众存款案等,办案人员之所以认定其行为依法构成犯罪,其中重要原因就是认为这些行为侵害了特定的经济秩序,具有实质的社会危害性,符合犯罪构成。那么,社会秩序、经济秩序能否成为刑法保护的法益,便成为认定此类犯罪是否成立无法回避的问题。

---

〔1〕参见高铭暄、马克昌主编:《刑法学》(第九版),北京大学出版社、高等教育出版社2019年版,第365页。

〔2〕参见马克昌主编:《经济犯罪新论:破坏社会主义经济秩序罪研究》,武汉大学出版社1998年版,第62页以下。

该问题涉及两个层面的具体问题:一是秩序(或制度)能否成为刑法保护的法益?二是对于经济犯罪而言,经济秩序能否成为经济犯罪的法益?两个问题中,第一个方面的问题具有基础性意义。

(二)秩序应否成为刑法保护的法益?

在语义上,秩序与制度、规则有类似的意义,强调的是"在自然和社会进程中所存在着的某种程度的一致性、连续性和确定性"[1]。社会意味着秩序。秩序的存在,一方面,满足了人们对行为选择及其事件发生的可预期性需求,使得社会生活具有一定的稳定性和有序性,在稳定、有序的社会环境中,人们对于自己在某种特定的场合应如何行动以及他人将会对自己的行为作何种反应可以有一定的预期。这种可预期性既可以满足人们对安全的心理需求,又可以实现人们对生活便利和活动效率的追求。[2] 另一方面,它可以有效避免人与人之间利益与意见冲突可能导致的对公共生活的阻碍与肢解。

秩序的重要性和刑法保障法的属性自然很容易导出刑法对秩序保护的必要性,甚至在国民的观念中,刑法应强化保护秩序,是天经地义和理所当然之事情。也许正是源于此,在刑法理论上,强调刑法保护秩序或制度的观念从来都是不容忽视的力量。本书亦不否认秩序可以作为刑法保护法益存在,如在非法经营罪等罪名中尤为明显。[3] 但是,秩序的内容与特点以及刑法的属性决定了刑法对秩序的保护是有选择、有条件的,不能简单地强调刑法保护秩序。

---

[1] [美]E. 博登海默:《法理学:法律哲学与法律方法》,邓正来译,中国政法大学出版社2017年版,第233页。

[2] 参见麻美英:《规范、秩序与自由》,载《浙江大学学报(人文社会科学版)》2000年第6期。

[3] 本书承认非法经营罪的侵害法益是社会主义市场经济的经营秩序,只是该经营秩序应符合市场经济的本质和宪法规定的公民经济自由,应限制在一定的范围内,不应被泛化。

第一,秩序的内容与特点决定了应慎言刑法保护秩序。

从性质上看,有的秩序对人类社会的存在具有底线意义,在任何时代和社会,都是不允许侵犯的。比如杀人越货的行为,因触及了人类生存的底线,属于侵犯怜悯和正直两种基本人类利他感情的自然犯,自古就有“王者之政,莫急于盗贼”之说,从来都是国家严格禁止的行为。但有的秩序则不然,违反该类秩序的,并不会危及社会共存的底线,甚至在有的场合,对特定秩序的违反还具有推进时代进步的意义。在秩序内容方面,有的秩序旨在促进和保护公共利益和社会大多数人的福利,也不乏存在有些秩序只是维护少数人利益、保护特定部门的垄断利益等。特别是我国正在建立和完善社会主义市场经济体制的当下,自由竞争的市场秩序和产权制度没有真正形成,特权思想、特权制度、保护特权的秩序和不平等法律制度并非只是个别现象。从秩序存在的目的看,不少秩序特别是有些行政管理秩序的存在多是基于国家管理便利的考量,并非意在提升和促进人类福利。而在秩序存续的时空方面,大量秩序则具有暂时性特点,多是为维护人类眼前利益而存在。

法益是人类和平、自由地共同生活所必不可少的前提条件,所以,包括刑法在内的一切法律,根本任务皆在于法益保护。[1] 以上可见,在现实社会,无论是秩序的类型、内容还是目的,都是多样的,秩序并非当然可以成为刑法的法益。如果不区分秩序的价值、类型和内涵,只是简单地、笼统地强调刑法要保护秩序,那么,可能导致刑法任务和方向的偏差。

第二,刑法的属性也决定了秩序不具有刑法保护的“天然”正当性。

---

〔1〕 参见〔德〕克劳斯·罗克辛:《刑事政策与刑法体系》(第二版),蔡桂生译,中国人民大学出版社2011年版,中文版序言,第1页。

在现代法治国家,法律都是一个有机整体,相互促进配合,共同维护社会秩序,刑法作为法律体系中的一个环节,当然与行政法、经济法、民商法具有"共同的法目的"。但问题在于:在承认刑法与其他部门法的"共同的法目的"的同时,必须注意刑法与其他部门法在法律属性和法目的上的重要差异,而且,部门法具体性质的差异才是决定部门法属性的根本所在。

以同属于公法范畴的行政法与刑法为例,在理论上,对于行政法的本质,虽然存在"公共权力论""平衡论"和"控权论"之争,但越来越明显的事实是,现代各国行政法日益重视对社会公共利益的保护,在个人利益与公共利益发生冲突的场合,国家基于管理效率的需要,总不免强调社会公共责任,将公共利益置于优先考量的地位,要求共同体成员在维护和增进共同利益中发挥作用,并在发生冲突时让社会利益优先于私人的和局部的利益,强调共同体成员对政府的服从义务。[1] 政府总是希望通过建立公共利益优先原则以最终促进个人利益的完善和发展,实现社会福利的最大化。简言之,政府所追求的合目的性具有偏重功利、效率的明显倾向,即强调在每一个人努力最大化他们自己的欲望之时,国家通过平衡这些相互竞争的利益,实现最大的全体的善。[2]

与行政法性质明显不同,刑法既不属于社会福利法,也不属于单纯的社会管理法。近代以来,刑法被普遍认为属于司法法,针对的对象被严格限定为对法益的侵害行为。在行为没有对法益造成损害的场合,无论出于何种公共利益考量,都不能将行为纳为刑法调整的对

[1] 参见沈宗灵、黄枬森主编:《西方人权学说》(下册),四川人民出版社1994年版,第354页。

[2] 参见[英]马丁·洛克林:《剑与天平——法律与政治关系的省察》,高秦伟译,北京大学出版社2011年版,第104页。

象。此外,从立法规定某种犯罪的正当性而言,刑法规定犯罪亦从来不是调和与平衡公共利益与个人利益矛盾的结果。对于那些没有具体法益侵害而只是单纯违反基于行政管理便利所建立的行政秩序或制度的行为,或者没有法益侵害只是单纯违反公民政治义务的行为,国家不具有将其纳入刑法调整的当然正当化事由。所以,刑法对秩序的保护,也只是通过对法益侵害行为的规制实现的。刑法对秩序的保护,是有选择性的。笼统地将秩序作为刑法法益,存在将刑法推向行政法和单纯社会管理法的危险。

第三,在方法论上,将秩序作为法益,是不彻底思考问题的方法。

如前所述,本书毫不否认秩序可以作为刑法保护法益,但在任何时代,秩序都不具有终极目的,不论是经济秩序,还是其他社会秩序,最终都是为了保护公民的权利与自由。比如,刑法规定生产、销售、提供假药罪,目的在于强化保护药品管理秩序,但药品管理秩序并非终极目的,其还是为了公民的身体健康。又如,刑法规定生产、销售伪劣产品罪旨在进一步保护产品的生产、销售市场秩序,但该秩序的目的还是在于保护消费者的人身财产安全。将秩序作为刑法的保护法益,是不彻底思考问题的方法。

第四,秩序是分层的,笼统地将秩序作为法益,难以准确区分犯罪与行政违法行为以及犯罪与民事经济纠纷。

无论是民事经济法律,还是行政法与刑法,都在宪法的框架下共同维护法秩序。具体到经济领域而言,刑法与民事、经济和行政法都保护经济秩序,但刑法作为保障法,即便保护经济秩序,也只能保护其中最重要的经济秩序。比如经济生活中,单纯违反诚实信用、公序良俗的行为同样侵害经济秩序,但该行为不应由刑法调整。有些行为如单纯的非法集资,虽然违反行政法律法规,侵害了金融管理秩序,但并不具有刑事处罚的必要性。现实社会秩序是一个有机整体,秩序具有层次结构性,内部是分层的,不同部门法对应保护相应部分的秩序。认为经济犯罪的法益是经济秩序,是笼统的、一般性的思考问题的方法,并没有解决经济犯罪与民事经济纠纷侵害秩序的差异,实践中自然无法准确区分经济犯罪与民事经济纠纷。

第五,将秩序作为刑法保护法益,可能导致刑法的不确定性和滥用。

秩序、制度或体制都是抽象的概念,其内涵和外延是不确定的。何谓一种制度,何谓一种体制,都是很难界定的概念。不同阶层、不同利益代表的主体,有着其自认为的制度和体制。所以,对某行为是否侵害了特定制度与秩序,不同社会主体的看法往往会存在明显差异。以不确定的概念作为刑法保护的对象并指导刑法适用,可能推动刑法迈向不确定性。所谓对制度或秩序的破坏,实践中有可能成为滥用惩罚的借口。从过去实践看,但凡以强调刑法保护经济社会秩序功能的罪名,实践中往往都会出现过度扩张甚至滥用的现象,该问题在非法经营罪和寻衅滋事罪中表现得最为突出。

(三)秩序作为刑法保护法益的限度:以经济刑法为中心

相对于其他社会基本生活秩序,经济秩序更具有流变性、暂时性、滞后性,这一问题在晚近我国表现得淋漓尽致。

中华人民共和国成立后,在经济领域,中国照搬苏联做法采取计划经济体制,其后很长一段时间,市场经济和计划经济被认为是资本主义与社会主义区分的重要标志。改革开放后逐步确立了社会主义市场经济体制,但何谓社会主义市场经济体制,国家采取的是“摸着石头过河”的态度,至今尚处于探索和完善过程中。1992 年,在邓小平南方谈话的推动下,中国确立了“计划经济不等于社会主义,资本主义也有计划;市场经济不等于资本主义,社会主义也有市场”的基础理念。1992 年的“十四大”确立了我国建立“社会主义市场经济”的目标。此后,虽然建立和完善社会主义市场经济的目标从未动摇,但社会主义市场经济体制的内涵一直处在发展和完善之中。如 1993 年 11 月党的十四届三中全会通过的《关于建立社会主义市场经济体制若干问题的决定》强调:“社会主义市场经济体制是同社会主义基本制度结合在一起的。建立社会主义市场经济体制,就是要使市场在国家宏观调控下对资源配置起基础性作用。”党的十八届三中全会指出,经济体制改革的“核心问题是处理好政府和市场的关系,使市场在资源配置中起决定性作用和更好发挥政府作用”。2020 年中共中央、国务院《关于新时代加快完善社会主义市场经济体制的意见》指出,要坚定不移深化市场化改革,扩大高水平开放,不断在经济体制关键性基础性重大改革上突破创新。而随着经济体制改革而来的是国家行政审批制度改革的大范围启动。

可见,经济体制或制度是个不确定的范畴,尤其是对于处在社会急遽转型期的中国而言,既有的经济体制在大范围内成为改革对象。如果不仔细考察现有经济体制的具体内容,简单地、笼统地强调经济刑法保护的法益是社会主义市场经济体制,有可能导致刑法处罚范围的极其不确定性和保护法益的滞后性。在这个推崇改革和创新的时代,经济体制最需要改革和创新,因为它是社会进步和发展的原动力。无论是经济的发展,还是企业的成长,更需要的是国家制度宽容、规范、引导和鼓励,而不是动辄以破坏既有制度或体制为由施以惩罚和限制。改革意味着对既有体制的突破,将既有体制视为经济犯罪的侵害法益并动用刑法保护,本身就存在自相矛盾之嫌。

罪刑法定是刑法的基本原则,也是刑法解释的起点,既然刑法分则第三章明确将社会主义市场经济秩序作为经济刑法的保护法益,那么,无视或者超越刑法的明确规定自然难以认为是妥当的。所以,问题的关键在于,如何科学理解作为经济刑法保护法益的社会主义市场经济秩序,以维护罪刑法定与刑法处罚实质合理性的统一。

在有些犯罪中,行为没有具体侵害对象,比如货币类犯罪、走私犯罪以及前文提到的虚假诉讼罪,这些犯罪侵害的是国家货币管理秩序和贸易管制制度与国家司法秩序(司法机关的正常活动)。但在绝大部分犯罪的场合,行为都有具体侵害对象,国家建立和维护经济秩序的目的在于保护具体对象的权益。比如国家颁布《产品质量法》,建立产品生产、销售秩序,刑法打击伪劣产品的生产、销售行为,根本目的在于维护公民的身体健康;又如国家建立信贷秩序,禁止骗取金融机构贷款和高利转贷,重要目的在于保护银行和其他金融机构资金的安全。行为人客观上实施了骗取银行贷款或者资金转贷的行为,当银行或其他金融机构的资金没有遭受损害或者不存在风险时,若将行为认定为犯罪,并不完全契合立法设置这些犯罪的初衷。而且,由于银行或其他金融机构没有遭受资金损失或者存在损失风险,银行等金融机构和行为人之间并不存在民事纠纷,在这种情况下认定行为构成犯罪,与刑法保障法的属性和法体系地位也不尽符合。该问题在第一章有详细论述,这里不再展开。

综上,关于经济刑法的保护法益,可以作如下归结:

第一,保护经济秩序或制度是刑法和其他部门法的共同目的,但刑法作为和平时期国家最激烈的谴责机制,与对财产关系、人身关系的保护一样,只应针对国家和社会最不能容忍的行为。换句话说,在经济秩序的整体框架中,刑法保护的只应是其中最重要、最核心的部分。行为严重侵害了经济秩序的或者侵害了重要经济秩序的,才有必要动用刑法干预。

第二,应特别注意经济秩序的分层,因为民商法、经济法,以及行政法都保护经济秩序,实践中,办案人员有必要注意经济秩序或制度的构造以及不同部门法保护秩序的层次性,避免笼统地认为刑法保护经济秩序,而使刑法不适当地侵入民事经济领域。

第三,经济秩序根本目的在于保护市场主体的权利和自由,在行为存在具体对象的场合,不应超越具体法益是否受到侵害这一事实去认定犯罪。在具体对象没有遭受侵害或者不存在风险时,要慎重地以行为侵害了经济秩序为由将其认定为犯罪。

四、总　结

对于本章内容,简要总结如下:

第一,犯罪是指刑法规定的具有严重社会危害性(法益侵害性)的行为。犯罪的认定要坚持形式与实质的统一。行为是否符合刑法规定,要重视实质判断。行为没有实质地侵害法益或者具有法益侵害的危险,将其认定为犯罪,既无必要性,也无正当性。

第二,为了准确地认定犯罪,需要办案人员正确地把握具体犯罪侵害的法益是什么。(1)既然诈骗罪侵害的法益是财产所有权及其他本权(也不排除占有),那么,单纯违反诚实信用原则的行为,就不属于诈骗罪的调整对象;即便行为人实施了虚构事实、隐瞒真相的行为,客观上存在财产法益的重大损失,也不一定成立诈骗罪。(2)既然职务侵占罪侵害的法益是本单位的财产权,那么股东之间侵占股权的行为就难以认为成立职务侵占罪。(3)既然虚假诉讼罪侵害的法益是司法秩序(司法机关的正常活动),那么,双方合意串通伪造证据提起虚假诉讼,同样可以成立虚假诉讼罪。(4)毒品犯罪侵害的法益并非超个人法益的社会不特定或者多数人健康,而是国家对毒品的管制和国民(毒品滥用者)的身心健康,以此为前提,最狭义的毒品代购不属于贩卖毒品罪这一理论和实践传统做法,应继续坚持。

第三,秩序是人类生存和发展的重要条件与保障,法律当然要保障和维护社会秩序,但是,秩序具有流变性、滞后性、层次性,刑法的特点决定了应谨慎地提倡刑法保护秩序,而且,刑法只应保护秩序中的一部分,即"秩序中的秩序"。特别是在经济犯罪中,如果行为有具体对象,在行为对象没有受到侵害的情况下,在行为和对象之间连民事纠纷都不存在的情况下,尽量避免单纯地以行为侵害秩序为由将其认定为犯罪。

第四章
行为与被害

一、问题的提出

夫妻吵架,妻子跳楼自杀的,丈夫是否成立过失致人死亡罪?行为人使用轻微暴力导致被害人伤亡的,行为人是成立故意伤害罪,还是过失致人死亡罪,抑或无罪?上述场合,都存在法益遭受损害或者重大损失的事实,行为人是否成立犯罪,离不开对构成要件行为的理解。

无行为则无犯罪是近代刑法的基本原则。但是,人具有结果归责的天然倾向,在发生法益侵害特别是重大法益侵害结果的情况下,出于对结果的愤怒和对被害者的同情,抑或是为了平息事端,社会往往具有惩罚的强烈诉求,本不该被认定为犯罪的行为面临被拔高为犯罪的风险,本不该受到重罚的行为面临重罚的风险。这就导致无行为则无犯罪的刑法原则以及刑法中的因果关系判断规则面临被挑战甚至被突破的危险。该情形下坚持行为对犯罪成立的意义,就显得尤为重要。

本章将结合系列案例,特别是围绕对于是否存在行为容易出现争议的情形展开分析,阐述构成要件行为的含义及其对犯罪成立的意义,避免结果责任的出现。

二、理论前提

近代刑法不再单纯地处罚人的意思或思想,将刑法关注的对象集中于人的侵害法益的行为,即所谓“无行为则无犯罪”。由于行为是犯罪的基石,在缺乏行为的场合,犯罪当然无法成立。现代刑法中,无行为则无犯罪的意义至少应包括两个方面:一是强调行为刑法,反对意思刑法,意在表明刑法应关注人的行为,不应单纯地处罚人的思想或意思;二是行为的有无应在构成要件意义上理解,而非自然意义或者一般社会意义上的行为。比如过失教唆或者过失帮助,都不能否认行为的存在,这些行为也不乏具有一定的社会危害性,但原则上不在我国刑法关注的视野内,不属于我国刑法规定的构成要件行为。比如,行为人对他人的故意杀人行为存在过失教唆或者帮助的,对于故意杀人罪的成立而言,该情形仍然属于刑法构成要件中的“无行为”。

作为刑法的基本原则,无行为则无犯罪旨在强调行为对犯罪成立的限制意义,而不是突出行为对犯罪成立的积极贡献。换句话说,有构成要件行为的,不一定成立犯罪;没有构成要件行为的,则犯罪不成立。这样一来,哪些属于无行为的情形,便成为重要的问题。

行为是否充分符合犯罪构成,是行为成立犯罪的法律标准。在刑法上,犯罪构成被分为基本犯罪构成和修正犯罪构成,与此对应,构成要件行为被区分为符合基本犯罪构成的行为和符合修正犯罪构成的行为。前者即实行行为,后者在我国刑法中,包括组织行为、教唆行为、帮助行为以及预备行为。为了充分保护法益，尽管各国刑法处罚的行为都不限于实行行为，而是延长至实行行为的周边和关联行为，但实行行为作为整个行为基石和主脉的地位并没有改变，缺乏了实行行为的，法益侵害将无法最终实现。所以，无行为则无犯罪的刑法原则，也不可避免地要围绕实行行为展开。

实行行为，作为刑法中危害行为的支柱和脊梁，首先必须具备危害行为的一般特征，即有体性、有意性、有害性。作为一种与非实行行为相区别的重要概念，实行行为具有以下重要特征：

第一，实行行为是我国《刑法》分则规定的行为。这是实行行为的法律特征。

与世界各国一样，在我国刑法中，作为犯罪处罚的行为也不限于实行行为。根据我国刑法的规定，刑法上的行为在横的类型上可以分为犯罪的预备行为和犯罪的实行行为；在纵的类型上除实行行为之外，还包括共同犯罪中的组织行为、帮助行为和教唆行为。不论是犯罪预备行为，还是组织行为、帮助行为和教唆行为，原则上都为我国《刑法》总则所规定。这些行为因为符合了《刑法》总则规定的修正犯罪构成，从而获得了处罚的罪刑法定根据。所以，是否为《刑法》分则具体犯罪构成所规定，既是实行行为的法律特征，也是实行行为与非实行行为区分的依据。正因为如此，在刑法理论上，实行行为被认为根本上是个刑法各论研究的问题。

第二，实行行为是对法益的侵害具有“现实”“定型”危险性的行为。这是实行行为的实质特征。

某一行为之所以会受到刑法规范的评价而被规定为犯罪，根本原因在于该行为侵害了法益或具有侵害法益的危险性。其中，组织行为是因为其对实行行为具有支配性而受到处罚，教唆行为是因为制造了犯罪人,创造原不存在的法益风险而受到刑罚;帮助犯的帮助行为和犯罪的预备行为之所以受到处罚,原因在于帮助行为使法益侵害的危险升高,而预备行为则蕴含着法益侵害的危险性,只是与犯罪的实行行为相比,法益侵害的危险性较低而已。因此,实行行为与非实行行为的区别并不在于法益侵害危险性的有无,而在于法益侵害危险性的程度和类型不同。立法者之所以将某一行为规定为犯罪的实行行为,根本原因在于该行为对法益的侵害具有现实的、定型性的危险。

所谓对法益的侵害具有现实的、定型性的危险,具体包括三层含义:

一是该场合下法益侵害的危险是现实客观的,不是虚构、主观臆造的,即行为对法益侵害危险是个事实性的存在。所以,行为人明知是玩具枪而持“枪”抢劫的,即便行为人劫取到财物,依法也不属于《刑法》第263条规定的持枪抢劫,只是成立抢劫罪的基本形态。

二是从法益侵害的时间看,现实的危险意味着法益侵害的危险是紧迫的、逼近的,而不是遥远的。在有犯罪对象的场合,这种行为已直接指向犯罪对象,如果不出现行为人意志以外原因的阻碍或者行为人自动中止犯罪,这种行为将会继续下去,直到完成犯罪达到既遂。在结果犯的场合,将会发生法益侵害的结果。比如,在持枪故意杀人的案件中,行为人瞄准被害人扣动扳机的行为,是对人的生命具有现实的危险性的行为,属于故意杀人罪的实行行为;盗窃罪中,行为人进入被害人房间寻找财物的行为,对他人财物所有权具有现实的危险性,属于盗窃罪的实行行为;在强奸案件中,行为人对被害人实施暴力,排除其反抗的行为,对妇女的性权利侵害具有现实的危险性,属于强奸罪的实行行为。该问题与实行行为的着手密切联系,关系到实行行为与预备行为的界限。

三是该场合下的危险是“定型性”的危险。[1] 危险的“定型性”强调的是行为和法益侵害危险以及结果之间具有基本的关联性和对应性,而非不确定的。换句话说,行为人实施该行为通常会发生特定法益侵害的危险及其结果。比如,如果认为某种行为属于杀人的实行行为,那么,一般情况下,该行为具有致人死亡的危险性;如果认为某种行为系故意伤害的实行行为,那么,一般情况下,该行为具有致人死亡、重伤或者轻伤的危险性。在某种行为与特定法益侵害的危险和结果之间缺乏基本的对应关系和关联性,即没有定型性时,就不能将该行为认定或评价为具体犯罪的实行行为。

三、方法论的展开

实行行为的上述特征都有重要的实践意义,本部分主要围绕实行行为的“定型性”特征展开,这主要是考虑到该问题在实践中较容易被忽视,理论上的深入探讨相对较少,有必要进一步研究。

(一)避免将日常生活行为认定为犯罪的实行行为

案例1:情侣吵架跳楼致死案

甲(男)和乙(女)系情侣关系,共同居住于甲租住的房屋,该房屋位于某小区18楼。近段时间因为感情不和,甲、乙经常吵架。甲认为双方已没有感情,提出要分手,乙强烈反对。其

[1] 需要说明的是,近些年为了强化刑法参与社会治理,特别是基于对犯罪打击便利的考量,刑法处罚范围出现了扩张的趋势,组织行为、预备行为等非实行行为的实行行为化就是其中表现之一。这在一定程度上动摇了实行行为的定型性特征,但定型性作为实行行为主要特征的地位,并没有根本改变。

间，乙多次表示如果甲执意要与其分手，她将跳楼自杀。某日，甲、乙又发生激烈争吵，乙走到客厅阳台以跳楼威胁，甲急忙向前阻止并对乙吼道："你死了没关系，不要害人！"甲将乙拉入客厅，等待乙情绪稍微平息后，起身去卧室睡觉。乙在客厅沙发静坐10分钟后走到客厅阳台，跳楼自杀。案发后，乙的家人情绪激动，要求追究甲的刑事责任。

对于甲的行为定性，办案人员有两种意见：一种意见认为，甲成立过失致人死亡罪。乙的跳楼自杀行为源于两人关系不和，甲在知道乙多次说要跳楼自杀的情况下，没有尽到注意义务，导致乙自杀死亡，依法属于过失致人死亡罪。另外一种意见认为，本案中乙的死亡是自己跳楼导致，并非甲的行为造成的。乙作为正常的成年人，应对自己的行为负责。甲的行为与犯罪无关。

甲的行为是否依法成立过失致人死亡罪，关键要看其行为是否符合过失致人死亡罪的构成要件，即客观上有无致人死亡的行为（实行行为），主观上对乙的死亡是否存在过失，以及行为和死亡结果之间有无因果关系。如果没有构成要件行为，也就无进一步探讨行为和结果之间因果关系的必要。

本案中，乙的死亡是其跳楼自杀的结果，甲对此既没有实施实行行为，也没有实施教唆行为、帮助行为以及不作为的行为。甲在本案中的行为主要是因与乙感情不和，经常吵架，提出分手，但这些行为只属于日常生活行为，并不具有刑法意义，更谈不上具有致人死亡的危险性或者类型化的危险性。甲在欠缺过失致人死亡罪基本构成要件行为（实行行为）的情况下，当然无法成立过失致人死亡罪。此案中，即便甲对乙的死亡存在过失，由于欠缺行为基础，该过失并不具有刑法意义。

(二)避免将与法益侵害结果有关联(条件)的行为认定为犯罪的实行行为

实行行为对法益侵害结果具有定型化的危险,一般情况下,是法益侵害结果的直接原因。所以,除非存在特殊情况,不能将与法益侵害结果只是有关联或者有条件关系的行为理解为实行行为。

案例2:夫妻吵架自杀案

甲(丈夫)乙(妻子)婚后生育一男一女,经常因为家庭琐事吵闹。一日丈夫对妻子说:"天天吵架,还不如死了算了。"妻子听了丈夫上述话后更加生气,感觉丈夫毫无男子气概,于是走进厨房拿起菜刀,回到丈夫甲面前生气地说:"有本事,你死给我看看!"丈夫甲在气急之下,接过菜刀朝自己的腹部连刺数刀。乙见状立即拨打120求救。甲因伤情过重,抢救无效死亡。

案例3:危险的打赌案

本案为第二届全国公诉人电视论辩赛题目。基本案情如下:村民赵金兰于2011年10月20日中午设40岁生日宴席,许多亲友和村民到场。好吃懒做的村民易无成平日与赵金兰不睦,当日不请自到,引起赵金兰的不满,遂言语相讥。赵金兰对易无成说:"你怎么随随便便到处吃?"易无成一副无赖不满嘴脸说:"我这个人不挑食,走到哪吃到哪,什么都敢吃,什么都敢喝,就算是农药我也敢喝"。赵金兰更心生厌恶地说:"你真敢喝农药?不要吹牛了。我要是拿来农药你不喝,就从老娘的裤裆下钻过去,敢不敢?"在场的众人也不满易无成的嘴脸,遂一道起哄。赵金兰心想,反正易无成也不敢真的喝农药,正好可以借此机会整整他,就倒了一杯农药端到易无成面前,对易无成说:"这是农药,你敢喝吗?"易无成见真的端来类似农药的液体,心生怯意，但眼见赵金兰已做出叉开双腿的姿势，周围的人也跟着起哄，喊着“不喝就钻裤裆”，易无成不愿意服输，端起杯子一口气喝完了。赵金兰的表情立即变得惊愕，旁边有人问：“真的是农药吗？”赵金兰下意识地点点头，众人这才意识到大事不好，连忙和赵金兰一起将易无成送往医院，易无成在被送往医院途中死亡。本案的争议主要集中在赵金兰的行为构成过失致人死亡罪，还是不构成犯罪。

与案例1不同，案例2中，妻子乙对丈夫甲的死亡并非完全没有行为：一方面，妻子乙从厨房取菜刀的行为为甲的自杀身亡提供了条件和帮助，客观上甲也是用乙提供的菜刀自杀身亡的；另一方面，妻子乙对丈夫甲说“有本事，你死给我看看”，对于丈夫甲的自杀也有一定刺激帮助作用。正因为如此，对于乙行为的定性，一种有力的观点认为，乙的行为依法应成立过失致人死亡罪。另外一种观点认为，对于丈夫甲的自杀，妻子乙确实有过失行为，但是，甲的死亡是自杀行为导致的，不能认定乙成立过失致人死亡罪。案发后，妻子乙将甲及时送往医院抢救，也没有不作为的行为。本案中乙的行为同样与犯罪无关。

不可否认，案例2中，乙从厨房拿菜刀的行为对甲的自杀事实上起到了帮助作用，其行为依法应评价为帮助行为。但是，帮助行为毕竟属于由刑法规定的与实行行为存在本质区别的行为类型。帮助行为对于法益侵害往往只能起到一定的促进作用，提升法益侵害的风险，并不是导致法益侵害的直接原因。所以，刑法上对帮助行为的处罚是有严格限制的，我国刑法并不处罚过失的帮助行为。过失致人死亡罪属于过失犯，刑法只处罚过失的实行犯（过失正犯），不处罚过失的帮助犯。案例2中，妻子乙对丈夫甲的自杀身亡显然在主观上系过失,其行为在性质上依法属于丈夫甲自杀行为的过失帮助行为,因欠缺实行行为,依法不成立过失致人死亡罪。

对于案例3,有的认为涉及的是刑法中的因果关系和不作为犯问题。因果关系的问题就是被害人的死亡与赵金兰的激将及拿农药行为之间是否存在因果关系;不作为犯的问题就是赵金兰言语激将并将农药放到被害人面前,在被害人将要喝下之时,是否具有阻止义务。[1]

本书认为,首先,刑法上因果关系认定的前提是存在构成要件的行为,在没有构成要件行为(包括刑法不处罚的构成要件行为)的情况下,没有进一步探讨刑法因果关系的必要。其次,案例3中赵金兰确实没有阻止被害人喝农药,但在被害人喝完农药后赵金兰和围观的众人立即将被害人送往医院抢救,在这种情况下,很难认为赵金兰等没有履行救助义务,从而构成不作为犯。其实,与案例2一样,案例3同样涉及的是有无过失致人死亡罪的实行行为问题。没有争议的是,易无成是自己喝下农药导致死亡结果的发生,直接导致死亡结果的行为系由被害人易无成本人实施的,既不是赵金兰实施的,也不是围观的众人实施的。客观上,赵金兰等人的激将行为充其量是其喝农药自杀的帮助或者教唆行为;主观上,赵金兰对被害人的死亡系过失,因为我国刑法不处罚过失教唆犯和过失帮助犯,所以,赵金兰同样不构成过失致人死亡罪,易无成的行为系自陷风险的行为。

司法实践中,有一种现象值得注意:过失致人死亡罪呈现出兜底条款的倾向。在出现被害人死亡的情况下,如果行为人有过失,往往会被认定为构成过失致人死亡罪。案例1和案例2就是这种思维方

---

[1] 参见李勇:《全国公诉人辩论赛辩题解析》,载正义网(http://www.jcrb.com/prosecutor/important/201304/t20130413_1088229.html),访问日期:2021年10月2日。

式的体现。之所以出现这种刑法适用偏差,原因是多方面的,其中与有的办案人员没有正确理解过失致人死亡罪的成立条件有关。包括过失致人死亡罪在内,过失犯的成立客观上也需要实行行为,这一点与故意犯罪并无二致,在欠缺实行行为的情况下,即便行为人对法益侵害结果的发生存在过失教唆或者过失帮助行为,过失犯也不应被肯定。

(三)慎重将有契约基础的行为认定为犯罪的实行行为

市场经济是契约型经济,合同无处不在,无时不有。当事人订立合同的重要目的在于维护交易安全,但在有些场合,合同条款对于交易双方权利的保障存在漏洞和考虑不周全的问题,引起一方恶意使用条款导致另一方遭受重大财产损失。如果不重视构成要件行为对犯罪成立的意义,只是立足于法益侵害的结果,那么,很容易将此情形不当地评价或认定为犯罪。

案例4:购买航空延误险涉嫌保险诈骗案

曾有过航空服务类工作经历的李某,有提前获取航班取消或延误信息的途径,为此,李某以理财为名从亲友处借来20多个身份证号(护照号)和银行卡,再从网上综合评论挑选一些延误率非常高的航班,然后利用其中部分亲友的名义,同时为每个亲友"乘客"投保多份该航班的延误险。此后,她时刻关注航班信息,伺机进行退票索赔。由于李某根本不会去乘坐这些航班,因此李某时刻关注航班动态,如果了解到航班可能不会延误,她就会在飞机起飞之前把票退掉,尽量减少损失。一旦航班出现延误,李某便开始着手向保险公司索赔。南京警方侦查发现,李某等20余人自2015年至2019年,在各大保险公司频繁申请航空延误险。初步统计,从2015年至2019年,李某共实施诈骗近900次,获得理赔金近300万元。

这是曾经引起网络热议的案例,对于本案定性,存在较大意见分歧:

一种观点认为,李某在本案中实施了虚构事实、隐瞒真相的行为,涉嫌成立保险诈骗罪,主要理由是:(1)航空旅程延误保险合同明确规定本合同的保险标的是因航空延误对被保险人造成的损失。李某没有乘坐飞机的行为,飞机延误不会对她造成损失。李某并没有保险标的,签订保险合同完全是虚构了保险标的。[1] (2)是否实际搭乘航班属于合同的重要事项,而在重要事项上进行欺骗的,会影响对方作出处分的决定,处分财产的行为和欺骗的行为之间具有因果关系。[2] (3)即便不认可李某有虚构保险标的的行为,在发生航班延误,出现保险事故后,李某将无损失说成有损失的理赔行为,属于对发生的保险事故夸大损失程度,仍然成立保险诈骗罪。[3] 主张李某构成犯罪的观点中,有的指出,李某的行为并不符合保险诈骗罪的五种行为模式,不构成保险诈骗罪,但李某的行为涉嫌成立诈骗罪。[4]

另外一种观点认为,李某的行为依法不应构成保险诈骗罪。主要理由是:(1)航空延误险作为财产险,保险人承保的对象是本次航班行程准时性或者准时性承诺。不管乘机与否,只要购买行为一旦

---

[1] 参见董晓华:《航班延误险诈骗,这次我挺控方》,载微信公众号“中国政法大学刑事辩护研究中心”2020年6月11日,https://mp. weixin. qq. com/s/o9ISwuMNRfBHW9lTRW8Ryg。

[2] 参见张召怀:《300万航延险诈骗案:愿赌服输没有错,但关键是“糊牌”了没有?》,载微信公众号“刑法学加”2020年6月11日,https://mp. weixin. qq. com/s/JxigNR3gBg0lsHfiId0yjA。

[3] 参见石亚淙:《利用航班延误骗保事件分析》,载微信公众号“静水流深syc”2020年6月12日,https://mp. weixin. qq. com/s/QejqXDL QbZWBg8NkEpY9hQ。

[4] 参见郑飞:《恶意利用规则漏洞骗取航班延误险理赔,应构成犯罪》,载微信公众号“刑苑杂谈”2020年6月11日,https://mp. wei xin. qq. com/s/qou9OykMFJljQSeKMdRnvw。

完成,保险合同成立,财产险之被保险对象的利益便客观存在,行为人不存在捏造“保险对象”的行为。[1] (2)保险诈骗罪构成要件行为的核心是:虚构保险标的或者编造、制造保险事故,骗取保险金。在本案中,保险标的是航班是否延误,保险事故是航班延误。而李某并不能控制和左右航班是否延误,因此不可能虚构保险标的、制造保险事故。[2] (3)李某确实购买了机票和延误险,航班也确实延误了,保险公司的理赔也是依据其合同约定而进行的,因而也没有基于刑法意义上的错误认识而处分财物。[3] (4)李某不具有“非法占有目的”,其的确想占有保险公司的保险金,但渠道是通过国家立法确认的保险制度、保险合同、保险事故(本案中指航班延误的事实)等一系列合法手段获取财产。[4] (5)只是根据自己的经验,推算出航班延误的概率,这种“意外要素”正是保险合同的本质特征所在。李某购买保险意图获赔的行为,是一个博弈的过程,如果博错了的话,她自己投进去的保费全部打水漂。这也是不同于诈骗的本质所在。[5]

根据法律的规定,航班延误险,是指投保人(乘客)根据航班延误保险合同约定,向保险人(保险公司)支付保险费,当合同约定的航班延误情况发生时,保险人(保险公司)依约给付保险金的商业保险行

[1] 参见吴伟召:《女子利用航空延误险规则理赔入罪难》,载微信公众号“法律逻辑”2020年6月11日,https://mp. weixin. qq. com/s/N2sC1VUDg—Zl2XkmqrjtrA。

[2] 参见郑严凯:《航班延误险骗保案的控辩风险点提示》,载微信公众号“法律读库”2020年6月12日,https://mp. weixin. qq. com/s/R1Wi_ZsOz1wgf5yMZLyIgg。

[3] 参见肖文彬:《利用航班延误获取300万理赔金,构成诈骗犯罪吗?》,载微信公众号“刑侦案审”2020年6月11日,https://mp. weixin. qq. com/s/bJSQVgelFtre0N190Hkcsw。

[4] 参见顾元森:《女子利用航班延误险漏洞获利近300万元,到底算不算犯罪?》,载微信公众号“现代快报”2020年6月11日,https://mp. weixin. qq. com/s/RZ8fc-G3GrZvVZjjkzx2gw。

[5] 参见金泽刚:《买飞机延误险被抓:“虚假”未必是诈骗犯罪》,载微信公众号“澎湃新闻”2020年6月11日,https://mp. weixin. qq. com/s/iFAPveNo884ORn0_VTHcDg。

为。本案能否认定为保险诈骗罪,核心的问题在于:李某的行为是否依法属于保险诈骗罪的实行行为?

根据《刑法》第 198 条的规定,保险诈骗罪的实行行为包括:(1)投保人故意虚构保险标的,骗取保险金;(2)投保人、被保险人或者受益人对发生的保险事故编造虚假的原因或者夸大损失的程度,骗取保险金;(3)投保人、被保险人或者受益人编造未曾发生的保险事故,骗取保险金;(4)投保人、被保险人故意造成财产损失的保险事故,骗取保险金;(5)投保人、受益人故意造成被保险人死亡、伤残或者疾病,骗取保险金。

本案中,李某并不存在刑法规定的保险诈骗的实行行为。第一,李某与保险公司签订了航班延误险保险合同,按照规定支付了保险费用,保险标的是客观存在的,并不存在虚构;第二,航班确实发生延误,保险事故真实存在,李某既没有虚构,也没有进行任何夸大;第三,造成保险事故的航班延误及其时间,都系天气或管制状况而定,不受李某左右。

概言之,李某对航空公司的索赔都是基于保险合同条款的约定,是有明确的契约基础的,并非无中生有。无行为则无犯罪,在李某欠缺成立保险诈骗罪必备的实行行为的情况下,自然不能认定保险诈骗罪的成立。

值得注意的是,本案中,李某以理财为名从亲友处借来 20 多个身份证号(护照号)和银行卡,以亲友"乘客"投保延误险,这些行为属于虚构事实、隐瞒真相的行为,但其并非保险诈骗罪的实行行为,不具有决定本案中李某行为性质的意义。

不可否认,本案航空公司遭受了重大财产损失,但这种损失与李某利用航空保险制度空隙有关。李某通过合法签订的航班延误险合同,获取巨额理赔金,李某的行为并不符合保险合同的初衷,由此获得的巨额利益本身也难以认为是正当的,但因为李某获取理赔金有契约基础和合同依据,将其评价为犯罪行为,既欠缺实质处罚的正当性,也不符合法秩序统一性。本案的行为应由民法调整。

(四)避免将不具有定型性的危害行为认定为犯罪的实行行为

该问题在实践中争议最大,需要深入讨论。这里以轻微暴力引起被害人伤亡的类案为例,展开分析。

1. 问题与案例

轻微暴力引起被害人伤亡,理论和实践中多称“轻微暴力致人伤亡”[1],指的是行为人实施了轻微的殴打行为,由于被害人的特殊体质或者其他原因,引起被害人死亡的情形。严格意义上讲,“轻微暴力致人伤亡”的概念并不恰当,因为在某些场合,被害人伤亡并非(或者并不主要是)行为人的轻微暴力所致,只是由轻微暴力引起,故而本书改称“轻微暴力引起被害人伤亡”。此类行为如何定性,一直是个争议问题,围绕轻微暴力引起具有特殊体质的被害人死亡的情形,《刑事审判参考》《最高人民法院公报》曾刊载了数个案例,但前后意见并不完全一致。

案例5:洪志宁故意伤害案

本案是《刑事审判参考》第389号指导案例。基本案情如下:被告人洪志宁与曾银好均在福建省厦门市轮渡海滨公园内经营茶摊,二人曾因争地界发生过矛盾。2004年7月18日17时许,与洪志宁同居的女友刘海霞酒后故意将曾银好茶摊上的茶壶摔

[1] 中华人民共和国最高人民法院刑事审判第一、二、三、四、五庭主办:《刑事审判参考》(总第103集),法律出版社2016年版,第235页。

破,并为此与曾银好同居女友方凤萍发生争执。正在曾银好茶摊上喝茶的陈碰狮(男,48岁)上前劝阻,刘海霞认为陈碰狮有意偏袒方凤萍,遂辱骂陈碰狮,并与其扭打起来。洪志宁闻讯赶到现场,挥拳连击陈碰狮的胸部和头部,陈碰狮被打后追撵洪志宁,追出二三步后倒地死亡。经鉴定,陈碰狮系在原有冠心病的基础上因受吵架时情绪激动、胸部被打、剧烈运动及饮酒等多种因素影响,诱发冠心病,冠状动脉痉挛致心脏骤停而猝死。

对于本案定性,有三种意见:

第一种意见认为,被告人洪志宁的行为不构成犯罪。理由是:导致被害人死亡的原因是多方面的,法医鉴定认为,胸部二拳是被害人死亡的诱因之一,诱因与直接原因不同;被害人自身的冠心病、情绪激动、饮酒等因素被告人不可能预见到,死亡结果与这些自身因素都分不开。由于不能确认被告人的拳击行为与被害人死亡结果之间具有刑法上的因果关系,故应宣告被告人洪志宁无罪。

第二种意见认为,被告人洪志宁的行为构成过失致人死亡罪。理由是:被告人洪志宁既没有伤害的故意,也没有杀人的故意,只是由于应该预见而没有预见,才造成被害人死亡结果的发生。因此,应定过失致人死亡罪。

第三种意见认为,被告人洪志宁的行为构成故意伤害罪。理由是:被告人洪志宁对被害人头部、胸部分别连击数拳的行为,其主观上能够认识到可能会伤害被害人的身体健康,虽然死亡后果超出其本人主观意愿,但符合故意伤害致人死亡的构成要件。

厦门市中级人民法院经审理认为,被告人洪志宁故意伤害他人身体,致被害人死亡,其行为已构成故意伤害罪。判决被告人洪志宁犯故意伤害罪,判处有期徒刑十年六个月。被告人洪志宁不服一审判决,上诉提出其只是一般的殴打行为,原判定罪不准;被害人死亡与其只打二三拳没有关系,不应负刑事责任。

福建省高级人民法院经审理认为,被告人洪志宁故意伤害他人身体致人死亡的行为,已构成故意伤害罪。首先,被告人拳击行为发生在被害人与其女友刘海霞争执扭打中,洪志宁对被害人头部、胸部分别连击数拳,其主观上能够认识到其行为可能会伤害被害人的身体健康,客观上连击数拳,是被害人死亡的因素之一,因此,对被告人应当按照其所实施的行为性质以故意伤害罪定罪。虽然死亡后果超出其本人主观意愿,但这恰好符合故意伤害致人死亡的构成要件。故原判定罪准确,洪志宁关于定罪不准确的上诉理由不能成立。其次,被告人拳击行为与被害人死亡结果之间具有刑法上的因果关系。被告人对被害人胸部拳击数下的行为一般情况下不会产生被害人死亡的结果,但其拳击的危害行为,与被害人情绪激动、剧烈运动及饮酒等多种因素共同“诱发冠心病发作”,导致了死亡结果的发生。被害人身患冠心病被告人事先并不知情,是一偶然因素,其先前拳击行为与被害人死亡结果之间属偶然因果关系,这是被告人应负刑事责任的必要条件。因此,被告人的行为与被害人死亡的结果具有刑法上的因果关系,洪志宁关于对被害人死亡不负刑事责任的上诉理由不能成立。鉴于本案的特殊情况,原判对洪志宁的量刑过重,与其罪责明显不相适应,可在法定刑以下予以减轻处罚。撤销厦门市中级人民法院刑事判决中对被告人洪志宁的量刑部分,以洪志宁犯故意伤害罪,在法定刑以下判处有期徒刑五年,并依法报送最高人民法院核准。

最高人民法院经复核后认为,根据本案的特殊情况,对被告人洪志宁可以在法定刑以下判处刑罚。裁定核准福建省高级人民法院以故意伤害罪,在法定刑以下判处被告人洪志宁有期徒刑五年的刑事判决。[1]

案例6:杨逸章故意伤害案

2005年1月20日9时许,被告人杨逸章在其堂叔杨旺进的房屋旁边,发现拾荒者田学山的编织袋内有杨旺进家的一张旧渔网,遂持木棍殴打田学山,致田学山手臂、右肩等部位多处存在软组织挫伤,挫伤面积217平方厘米。田学山受伤后被送往医院经抢救无效于次日8时死亡。经法医鉴定,被害人田学山生前患晚期门脉性肝硬化、巨脾症、冠心病等严重疾病,在遭受外伤等诱因的作用下引起与肝脏连结的腹膜撕裂出血休克死亡。

福建省龙海市人民法院审理认定杨逸章犯故意伤害罪,判处有期徒刑六年;宣判后,杨逸章和附带民事诉讼原告人在法定期限内均没有提出上诉,检察院也没有提出抗诉。龙海市人民法院依法逐级报请最高人民法院核准。最高人民法院认为,被告人杨逸章用木棍殴打他人,并致人死亡的行为已构成故意伤害罪。但鉴于被害人死亡的主要原因是其生前患有严重疾病,杨逸章的伤害行为只是被害人死亡的诱因。杨逸章不应对被害人的死亡结果负全部责任。杨逸章虽不具有法定减轻处罚情节,但根据本案的特殊情况,可以在法定刑以下判处刑罚。最高人民法院裁定核准福建省龙海市人民法院(2005)龙刑初字第278号以故意伤害罪在法定刑以下判处被告人杨逸章有期徒刑六年的刑事判决。

《最高人民法院公报》在本案的裁判摘要中写道:"行为人殴打他人并致人死亡,已构成故意伤害罪,但被害人死亡的主要原因是其生前患有严重疾病,行为人的殴打行为不是被害人死亡的主要原

[1] 参见中华人民共和国最高人民法院刑事审判第一、二、三、四、五庭主办:《刑事审判参考》(总第49集),法律出版社2006年版,第26—31页。

因,仅是被害人死亡诱因的,行为人不应对被害人的死亡结果承担全部责任。在这种特殊情况下,如果行为人不具备法定减轻处罚情节,可以适用刑法第六十三条第二款的规定,在法定刑以下判处刑罚。"[1]

案例7:都某过失致人死亡案

本案是《刑事审判参考》第1079号指导案例。基本案情如下:2011年9月30日19时许,被告人都某及其子都某乙在某市一高校宿舍区亲属家中吃过晚饭后,都某准备驾驶轿车回家。其间,适逢住在该宿舍区另一幢楼房的该高校教授陈某(被害人,殁年48岁)驾车回家取物。陈某将其驾驶的车辆停在宿舍区两幢楼房前方路口,堵住了车辆行进通道,致都某所驾车辆无法驶出。双方遂发生口角,继而打斗在一起。在打斗过程中,都某拳击、脚踹陈某头部、腹部,致其鼻腔出血。后陈某报警。在此过程中,都某乙与陈某的妻子邵某发生拉扯,并将邵某推倒在地。民警赶到现场后将都某父子带上警车,由陈某驾车与其妻跟随警车一起到派出所接受处理。双方在派出所大厅等候处理期间,陈某突然倒地,后经送医院抢救无效于当日死亡。经鉴定,陈某有高血压并冠状动脉粥样硬化性心脏病,因纠纷后情绪激动、头面部(鼻根部)受外力作用等导致机体应激反应,促发有病变的心脏骤停而死亡。

对于本案定性,同样存在被告人都某行为无罪、成立过失致人死亡罪和故意伤害罪的争议。

某市某区人民法院认为,被告人都某过失致人死亡,其行为构成

[1] 参见福建省龙海市人民检察院诉杨逸章故意伤害案,载《最高人民法院公报》2007年第1期。

过失致人死亡罪,同时,都某依法应当承担民事赔偿责任。因被害人在案发起因上有一定责任,故都某仅应当承担主要民事赔偿责任。一审法院判决以过失致人死亡罪判处被告人都某有期徒刑三年,并判处都某赔偿附带民事诉讼原告人医药费、丧葬费、交通费、住宿费等各项经济损失共计人民币 23 425. 19 元。

一审宣判后,被告人都某不服提起上诉,要求依法改判都某无罪。某市中级人民法院经审理认为,被告人都某应当预见击打他人头部、腹部可能导致他人死亡的危害后果,因为疏忽大意而没有预见,仍拳击、脚踹被害人头部、腹部,以致发生被害人死亡的危害后果,行为和结果之间存在因果关系,其行为符合过失致人死亡罪的构成要件。裁定驳回上诉,维持原判。[1]

2. 问题的小结

以上三个案例都是行为人实施轻微暴力引起被害人死亡的类案,归纳起来,此类案例中行为、法益侵害及其两者关系,具有如下特点:

第一,行为强度和法益侵害结果之间的比例关系严重不均衡。被告人实施的行为只是属于一般的暴力殴打行为,行为本身并不具有直接致人伤亡的危险性,但却出现了被害人死亡的重大损害后果。

第二,被害人具有基础疾病和特殊体质,死亡结果系多因一果。比如在洪志宁故意伤害案中,被害人陈碰狮系在原有冠心病的基础上因受吵架时情绪激动、胸部被打、剧烈运动及饮酒等多种因素影响,诱发冠心病,冠状动脉痉挛致心脏骤停而猝死。在杨逸章故意伤害案中,被害人田学山生前患晚期门脉性肝硬化、巨脾症、冠心病等严重疾病,在遭受外伤等诱因的作用下引起与肝脏连结的腹膜撕裂

---

〔1〕 参见中华人民共和国最高人民法院刑事审判第一、二、三、四、五庭主办:《刑事审判参考》(总第 103 集),法律出版社 2016 年版,第 43—48 页。

出血休克死亡。再如,都某过失致人死亡案中,陈某有高血压并冠状动脉粥样硬化性心脏病,因纠纷后情绪激动、头面部(鼻根部)受外力作用等导致机体应激反应,促发有病变的心脏骤停而死亡。

第三,死亡的多因中,法院只是认可被告人的行为系“条件行为”或者“诱因”,基于条件关系或者诱因从而肯定案件中存在刑法中的因果关系。比如在洪志宁案中,福建省高级人民法院指出:“被害人身患冠心病被告人事先并不知情,是一偶然因素,其先前拳击行为与被害人死亡结果之间属偶然因果关系,这是被告人应负刑事责任的必要条件。”对于杨逸章案,最高人民法院在刑事裁定书中指出:“鉴于被害人死亡的主要原因是其生前患有严重疾病,杨逸章的伤害行为只是被害人死亡的诱因。”在都某过失致人死亡案中,人民法院判决也肯定了被告人的行为是被害人死亡结果发生的必要条件。

第四,行为人对被害人具有的特殊体质和基础疾病,并不知情。如果行为人对此是明知的,那么,行为的性质就另当别论。

值得注意的变化是,最高人民法院对此类案件的态度前后并不尽相同。《刑事审判参考》《最高人民法院公报》在洪志宁案和杨逸章案中都将此类行为认定为构成故意伤害(致人死亡)罪,考虑到罪责刑的适应,都没有判处十年以上刑罚,经最高人民法院核准,依据减轻处罚的刑法规定,都在法定刑以下处罚。在都某过失致人死亡案中,最高人民法院改变了此前认定行为构成永恒故意伤害罪的态度,认定行为构成过失致人死亡罪。

轻微暴力引起被害人伤亡案件的定性,实际涉及三个方面的问题:第一,是否存在犯罪的实行行为?如果存在,那么属于何种犯罪的实行行为;第二,实行行为和被害人死亡结果之间有无刑法上的因果关系;第三,行为人对被害人死亡主观方面是故意,还是过失,抑或无罪过。

首先,本书注意到在此类案件中,办案人员都很重视行为和结果之间因果关系的认定,比如在洪志宁故意伤害案中,福建省高级人民法院积极阐述了被告人洪志宁行为与被害人陈碰狮死亡之间的因果关系。该案判决书指出,被告人先前拳击行为与被害人死亡结果之间属偶然因果关系,这是被告人应负刑事责任的必要条件。被告人的行为与被害人死亡的结果具有刑法上的因果关系。又如在都某过失致人死亡案中,《刑事审判参考》在"裁判理由"中写道:"本案的尸体鉴定意见表明,被害人陈某死亡的原因是有高血压并冠状动脉粥样硬化性心脏病,因纠纷后情绪激动、头面部(鼻根部)受外力作用等导致机体应激反应,促发有病变的心脏骤停而死亡。由该鉴定意见可知,本案被害人的死亡属于多因一果情形。死亡的直接原因是心脏病,而引发心脏病的原因是纠纷后情绪激动,以及头面部(鼻根部)受外力作用等导致机体应激反应。因此,虽然被害人的特异体质是其死亡的内在原因,但不可否认的是,正是因为被告人的暴力行为导致被害人的身体产生应激反应,促发病变心脏骤停而死亡,并非被害人自身原因促发死亡。因此,被告人的行为是被害人死亡结果发生的必要条件,两者具有刑法上的因果关系。"[1]

本书并不赞同司法机关在该两案中对于刑法因果关系的阐述,洪志宁案中司法机关以偶然因果关系肯定该案行为和结果之间存在刑法中的因果关系,都某过失致人死亡案中司法机关明显采取条件说肯定刑法中的因果关系,这些阐述都难以被认为是妥当的。这里本书并不对刑法中因果关系的理论及其判断规则展开分析,因

---

〔1〕 参见中华人民共和国最高人民法院刑事审判第一、二、三、四、五庭主办:《刑事审判参考》(总第103集),法律出版社2016年版,第45页。

为刑法中的因果关系指的是实行行为和构成要件结果之间的关系,肯定刑法中因果关系的前提是实行行为的存在。如果具体案件中并不存在犯罪的实行行为,没有进一步探讨因果关系的基础和必要性。所以,轻微暴力致人死亡案件的定性,首先需要确定此类案件中轻微暴力行为的刑法性质。

其次,对于此类案件的定性,办案人员也都很重视主观罪过的认定。犯罪是主客观要件的有机统一,此类案件中,行为人主观罪过不仅决定着行为的罪与非罪,还决定着此罪与彼罪,毫无疑问应当重视对行为人主观罪过的判断。而且,本书也积极赞同从主客观两个方面全面地分析行为的性质。但是,不管是故意还是过失,主观罪过及其内容是以客观上的构成要件行为及其结果为基础的,缺乏行为的场合,主观罪过的判断就成为无源之水。所以,此类案件中,行为人究竟在主观上有无犯罪故意或过失以及故意的具体内容,同样离不开对行为的认定。

综上,此类案件中,行为人客观上实施的轻微暴力行为的刑法性质,就成为问题的基础和关键。

3. 轻微暴力行为的刑法定性

第一,轻微暴力行为不具有故意伤害罪客观行为的定型性,依法不能认定为故意伤害行为。

众所周知,我国采取的是违法和犯罪相区分的二元违法体系。行为轻微违法的,属于行政违法,由《治安管理处罚法》等行政法调整;行为严重违法的,才由刑法调整。正因为如此,我国刑法理论和司法实践都重视区分一般的殴打行为和故意伤害行为。故意伤害行为,指的是非法损害他人身体健康的行为,由于刑法中的伤害只限于轻伤害、重伤害和伤害致死,所以,刑法中的故意伤害行为应采取限制解释,并非指的是一切伤害他人身体健康的行为,而是指具有造成他人轻伤害、重伤害和伤害致死危险性的行为。也就是说,行为人一旦实施刑法中的故意伤害行为,那么,被害人将面临轻伤害、重伤害和伤害致死的危险性,行为和法益侵害结果之间应具有一定的对应关系,此即前文所强调的实行行为的定型性。

故意伤害致人死亡是故意伤害罪的结果加重犯,成立故意伤害致人死亡,那么,不仅需要行为人客观上实施了刑法中的故意伤害行为,而且,该故意伤害行为还应当具有致人死亡的危险性。当行为不是刑法中的故意伤害行为,因为欠缺故意伤害罪的实行行为,没有成立故意伤害罪的余地。

轻微暴力引起被害人伤亡的场合,轻微暴力本身连致人轻伤的危险性都没有,更谈不上存在致人重伤或者死亡的危险性。在法律性质上,轻微暴力属于一般的殴打行为,并非刑法中的故意伤害行为(故意伤害罪的实行行为)。在此类案件欠缺故意伤害行为(故意伤害罪的实行行为)的情况下,自然无法认定为故意伤害罪。

第二,轻微暴力引起被害人伤亡的场合,欠缺过失致人死亡罪的实行行为,依法不能认定为过失致人死亡罪。

从刑法条文的规定看,有的过失犯,立法者在设置构成要件时,明确规定了犯罪的实行行为,比如交通肇事罪;但有些过失犯,立法者在设定构成要件时没有规定犯罪的实行行为,比如过失致人死亡罪。在后者场合中,因为立法没有规定犯罪的实行行为,只是规定了主观上的过失和构成要件结果,这很容易导致司法者在犯罪中忽视对此类犯罪实行行为的判断。

根据刑法规定,成立过失致人死亡罪,客观上,必须要求存在本罪的实行行为以及该实行行为导致了被害人死亡结果的发生;主观上,行为人对实行行为导致被害人死亡具有的是过失的心理态度。轻微暴力引起被害人伤亡的案件中,如前分析,连故意伤害的实行行为都没有,如何可能存在致人死亡的实行行为呢?

对于上述分析,可能面临没有结合被害人特殊体质等具体情况展开的疑问。本书不否认被害人特殊体质对于案件结果的重要意义,但是,特殊体质毕竟属于被害人一方的因素,并非实行行为构造的要素,在行为人不知道被害人系特殊体质的场合,将其纳入实行行为构造之内判断,偏离了犯罪行为构造及其认定的基本逻辑,不符合刑法规定。

以上分析了轻微暴力引起具有特殊体质被害人伤亡案件的定性问题,为了使该问题更为明确,下文再以张润博过失致人死亡案作进一步探讨。

案例 8:张润博过失致人死亡案

本案系《刑事审判参考》第 1080 号指导案例。基本案情如下:2013 年 5 月 13 日 14 时许,被告人张润博在北京市西城区白纸坊东街十字路口东北角,因骑电动自行车自南向北险些与自西向东骑自行车的被害人甘永龙(男,殁年 53 岁)相撞,两人为此发生口角。其间,甘永龙先动手击打张润博,张润博使用拳头还击,打到甘永龙面部致其倒地摔伤头部。甘永龙于同月 27 日在医院经抢救无效死亡。经鉴定,甘永龙系重度颅脑损伤死亡。

北京市第二中级人民法院认为,被告人张润博在因琐事与被害人发生争执并相互殴打时,应当预见自己的行为可能造成被害人伤亡的后果,由于疏忽大意未能预见,致被害人倒地后因颅脑损伤死亡,其行为已构成过失致人死亡罪。鉴于张润博具有到案后如实供述犯罪事实,且积极赔偿被害方经济损失,取得被害方谅解等情节,对其从轻处罚。公诉机关指控张润博犯罪的事实清楚,证据确实、充分,但指控其犯故意伤害罪的证据不足,应根据在案证据依法认定张润博犯罪行为的性质。据此,以过失致人死亡罪判处被告人张润博有期徒刑六年。

宣判后,被告人张润博未上诉,原公诉机关提出抗诉,北京市人民检察院支持抗诉。检察机关抗诉认为一审法院定性错误,应认定为故意伤害罪。主要理由:一是被告人张润博具有预见自身行为可能造成他人身体受到伤害的认识因素,且具有预见的能力;二是张润博基于该认识因素实施了击打被害人头面部的行为,体现了故意伤害他人身体的意志因素,其对伤害行为造成的后果持放任心态;三是张润博的行为客观上造成被害人受到伤害的后果,被害人被打后头部触地,其死亡的后果系被告人拳打后触地直接造成,故被害人的死亡结果与张润博的拳击行为存在因果关系;四是在案证据能够充分证明被告人的故意伤害行为,被告人亦有伤害他人的故意,不符合过失致人死亡罪的构成要件,依法应认定为故意伤害罪。

北京市高级人民法院经审理认为,被告人张润博在因琐事与被害人发生争执中,使用拳头击打被害人面部时,应当预见其行为可能产生被害人伤亡的后果,由于疏忽大意未能预见,造成被害人倒地致颅脑损伤死亡,其行为符合过失致人死亡罪的构成要件,原判依法认定过失致人死亡罪并无不当。依法裁定驳回抗诉,维持原判。[1]

司法实践中类似的情形并不乏见,反映的问题是,行为人轻微殴

---

〔1〕 参见中华人民共和国最高人民法院刑事审判第一、二、三、四、五庭主办:《刑事审判参考》(总第103集),法律出版社2016年版,第48—54页。

打被害人导致被害人倒地磕碰死亡的情形,应当如何定性。办案机关更多是在故意伤害(致死)罪和过失致人死亡罪之间犹豫和选择。

对于张润博行为的定性,《刑事审判参考》在“裁判理由”中表达了肯定成立过失致人死亡罪的立场。主要理由是:

首先,在主观方面,被告人确实具有故意实施打击的行为,但难以肯定被告人对被害人死亡的危害结果具有故意。“本案属于典型的激情犯罪,双方均为年过五旬的人,无冤无仇,虽因琐事引发矛盾,但双方之间没有激烈的矛盾或利益冲突。在起因上,因缺乏监控录像无法确定两者谁违规行车,但可以确定的是被害人先停车骂人并动手,对被告人来说,事发突然,本身又患有肝脏血管瘤,在遭受对方推打时实施回击行为,实施行为时没有使用任何工具,且打中被害人一下,见被害人倒地后即停止侵害,行为较为克制,没有进一步伤害行为,这与一般的积极追求、连续攻击、直接造成危害后果的具有一定严重伤害性的故意伤害行为明显不同。目击证人均证实被告人走时并不慌张,归案后一直供称其对死亡后果‘根本没有想到’,连证人也以为被害人倒地不起‘是装的’。所以,认定本案被告人对被害人死亡后果有明知或预见,进而认为被告人故意放任危害后果发生,过于勉强;认定其犯罪属于过失致人死亡,更符合实际”。

其次,客观上不具有故意伤害罪的行为。“构成故意伤害(致人死亡)罪的行为,应当在客观上具有高度的致害危险性。从法理上讲,故意伤害致人死亡是故意伤害罪的结果加重犯。结果加重犯是刑法规定的一种特殊犯罪类型,一般以行为人对加重结果的发生‘有客观的预见可能性’而‘主观上却没有预见’作为构成要件。既然加重结果发生有着‘客观的预见可能性’,则意味着基本行为应当具有引发严重伤害甚至可能导致死亡结果发生的高度危险性。从立法上看,刑法对故意伤害致死行为规定了'有期徒刑十年以上、无期徒刑或者死刑'这样严厉的法定刑,其处罚的对象也理应是在客观上具有高度危险性的暴力行为,而不可能是轻微的暴力行为。就本案而言,被告人确实用拳头打到了被害人,也应有一定力度,但是没有证据显示直接打击部位有伤害后果。特别是被告人打击的是被害人头面部,此部位较为脆弱,从以往的案件来看,稍微严重的击打就可能造成骨折等伤害后果。但从本案的尸检鉴定来看,不仅此处没有任何受伤骨折的情况,连面部皮肤上亦未发现损伤痕迹,由此可见,被告人实施的拳打行为,应不具有高度致害(即致人死亡)的危险性,有别于刑法上较为严重的'故意伤害(致人死亡)行为'。并且,尸检鉴定也显示死因系摔倒造成,而非被告人直接打击形成。打击是摔倒的主要原因,但也不能排除被害人饮酒影响身体平衡、情绪激动等方面的因素影响"。

最后,过失行为和死亡结果之间具有刑法上因果关系。"在刑法理论中,因果关系是指危害行为与危害结果之间是否有'引起与被引起'的关系。一般来说,只要涉案行为对危害结果的发生具有原因作用力,就可以认定二者存在刑法上的因果关系。就本案而言,被告人张润博在与被害人发生争执中击打被害人致其倒地,造成被害人重度颅脑损伤,就诊治疗两周后死亡。从在案证据来看,被害人在案发后的入院治疗过程正常,也不存在其他明显的介入因素(辩护人所提死因中的肺部感染等并发症,亦主要由颅脑损伤所致),所以,应当认定被告人的行为与被害人的死亡结果之间存在'引起与被引起'的关系"。〔1〕

如后文总结,本书理解此类案件认定为过失致人死亡罪的原因

〔1〕 参见中华人民共和国最高人民法院刑事审判第一、二、三、四、五庭主办:《刑事审判参考》(总第103集),法律出版社2016年版,第51—53页。

和合理性，但是，单纯就行为性质而言，将张润博案等此类案件定性为过失致人死亡案，同样难以成立。因为此类案件不仅欠缺故意伤害罪的实行行为，也同样欠缺过失致人死亡罪的实行行为。其实，《刑事审判参考》“裁判理由”对本案定性的分析是难以自圆、自洽的。“裁判理由”的分析，一方面充分注意到了犯罪实行行为应当具有的定型性，认为本案中张润博的行为缺乏故意伤害（致人死亡）罪实行行为，依法不应成立故意伤害（致人死亡）罪；另一方面肯定被告人的行为依法成立过失致人死亡罪。在欠缺故意伤害行为的情况下，自然也难以具有成立过失致人死亡罪必需的客观上的实行行为。

综上，轻微暴力引起被害人伤亡的案件类型多样，不管是轻微暴力引起了具有特殊体质的被害人伤亡，还是如张润博过失致人死亡案中的情形，都不可否认轻微暴力行为系违法行为，但此类案件中，行为人的行为既不具有故意伤害罪客观行为的定型性，也不具有过失致人死亡罪实行行为的定型性，将此类行为认定为构成故意伤害罪或者过失致人死亡罪，在逻辑上都无法成立。

4. 补充思考

刑法适用离不开逻辑，但不可能在纯粹的逻辑中运行。实践中，办案人员对行为的定性，需要综合考虑刑法规定、刑事政策、被害人诉求及其社会效果等。轻微暴力引起被害人伤亡案件属于传统的侵犯人身权利的案件类型，与刑事政策和案件政治效果基本不具有牵连性，办案人员往往要更多关注法益侵害的事实、被害人的诉求以及社会民众朴素的法感情。我国有“人死为大”的社会文化情感，面对来自被害人一方的诉求甚至压力，办案人员往往会在积极动员被告人一方在民事上给被害人尽可能多赔偿的情况下，在行为定性上也会采取一定退让或者妥协的做法。具体来说，办案人员一般既不会采取明显对被告人不利的做法,将行为拔高认定为故意伤害(致人死亡)罪,也很难严格地按照刑法解释的逻辑将行为认定为无罪,而是采取中庸之道,折中地将行为认定为过失致人死亡罪。亦如《刑事审判参考》在都某过失致人死亡案和张润博过失致人死亡案的"裁判理由"中所言,运用刑法裁判案件要考虑社会公众的接受程度,对于介于罪与非罪、重罪与轻罪之间的行为,应当立足于社会一般认知心理作出合理判断。对轻微暴力致人死亡行为以过失致人死亡罪定罪处罚,有助于贯彻罪刑相当原则,更符合公众的一般判断和公众的一般心理预期,容易为社会民众接受。[1]

(五)谨慎地将权利滥用行为认定为犯罪的实行行为

虽然理论上对权利滥用概念的合理性和必要性仍有争议,但权利滥用的现象在现实社会是不乏见的。权利滥用,是指行为人实施某种行为有一定的权利基础,但却超越合理限度的情形。

从刑法规定看,与一般行为相比,权利滥用行为构成犯罪的条件往往更为严格。比如《刑法》第20条规定了正当防卫制度,防卫过当构成犯罪的,需要防卫行为明显超过必要限度造成重大损害。在行为造成重大损害的情况下,如果防卫行为没有明显超过必要限度,或者在行为明显超过必要限度,但没有造成重大损害的情况下,都依法不属于防卫过当,从而不构成犯罪。

实践中,有的办案机关对案件的定性并没有妥当地处理好权利滥用与犯罪的界限问题。比如,在曾引起网络热议的谭秦东损害商品声誉案中,办案机关就没有妥当处理言论自由与犯罪的界限问题。医生谭秦东在其于网络上发表的一篇文章中称"鸿茅药酒"是"毒

[1] 参见中华人民共和国最高人民法院刑事审判第一、二、三、四、五庭主办:《刑事审判参考》(总第103集),法律出版社2016年版,第52—53页。

药”，对于该酒的宣传夸大了其功效。该文章在网络上被广泛传播和转载。内蒙古鸿茅国药有限公司一员工受公司委托报案，称谭秦东文章中对“鸿茅药酒”恶意抹黑，甚至宣称鸿茅药酒是“毒药”，大肆散播不实言论，传播虚假信息，误导广大读者和患者，致多家经销商退货退款，公司遭受严重损失。内蒙古凉城警方以损害商品声誉罪跨省抓捕了谭秦东医生，后被凉城县公安局决定依法撤销。[1]

言论自由是我国宪法赋予公民的基本权利。《宪法》第35条明确规定：“中华人民共和国公民有言论、出版、集会、结社、游行、示威的自由。”对于公民行使言论自由的行为，即便在客观上可能会造成一定的社会危害或者不良影响，但其毕竟是在行使宪法所赋予公民的言论自由权，此类行为是否构成犯罪，办案机关要特别慎重。谭秦东损害商品声誉案中，谭秦东作为一位具有医学背景的专业人士，从自身所学的专业知识角度对鸿茅药酒发表意见，即使其自身的专业知识可能存在一定错误和偏差，但基于专业知识发表意见并不属于刑法中捏造并散布虚伪事实的类型化的犯罪行为，不能简单地因为谭医生文章评论导致了鸿茅药酒生产、经营者的经济损失，就认定谭医生行为涉嫌损害商品声誉罪。即便谭医生的意见与客观事实不符导致鸿茅药酒生产、经营者的经济损失，该行为充其量也只是属于民事侵权。

又如，拆迁户与村委会、拆迁公司达成房屋拆迁协议后又反悔，执意不服从统一拆迁进度，甚至采取暴力手段阻碍拆迁工作。对于该情形，实践中一种观点认为拆迁户依法构成寻衅滋事罪。本书并不赞同这种观点，因为根据《刑法》和2013年最高人民法院、最高

---

[1] 参见《鸿茅药酒事件始末：遭跨省拘捕的当事医生不后悔发文披露》，载中国网(http://news.china.com.cn/txt/2018-04/18/content_50905344.htm)，访问日期：2021年10月3日。

人民检察院《关于办理寻衅滋事刑事案件适用法律若干问题的解释》的规定,寻衅滋事的本质是行为人无事生非或者借故生非。此类案件中,拆迁户执意反对拆迁工作,往往事出有因,有权利基础,拆迁户与拆迁公司之间存在明显的纠纷,此类案件既不属于无事生非,也不属于借故生非,将其认定为寻衅滋事罪,并不契合寻衅滋事罪的本质。

再如,上访是公民的权利,实践中对于上访行为要慎重认定为构成寻衅滋事罪。比如,被告人杜某某乘坐火车进京到国家信访局上访,当地信访局驻京联络处工作人员刘某某对其劝返,被告人杜某某不听劝说,与刘某某大吵大闹,并扬言到天安门上访。当地信访局局长黄某某等人闻讯赶到后对其进行了劝说,被告人杜某某不听劝阻,跑到桥上后爬上栏杆,称"你们再往前走,我就要跳河"。一审法院认为,被告人杜某某在其信访问题相关部门已明确答复后,仍意图通过敏感时期上访,制造影响,向相关部门施加压力。在信访接待人员欲将其接回解决问题时,其不听劝告,与信访接访人员大吵大闹、扬言到天安门信访,并以跳河相威胁,造成公共场所秩序严重混乱,其行为已构成寻衅滋事罪。二审法院则认为,杜某某到国家信访局上访,并与接访人员发生争执,不具有寻衅滋事的主观故意,客观上未造成社会秩序的严重混乱。主、客观方面均不符合寻衅滋事罪的构成要件。[1] 本书认为,二审的裁判是更为妥当的做法。在法治社会,行为必须依法实施,上访也不例外。行为的依法实施,不仅要求行为要遵守民法等实体法,还要求行为必须遵守程序法。事实上有权利的行为,如果不按照程序实施,仍然是不合法的行为。但是,如果行为具有权利基础,只是行为的方式和程序不合法,要特别慎重地认定为犯罪,避免刑法对公民权利行使的不正当限制。此案

[1] 参见河北省邯郸市中级人民法院(2012)邯市刑终字第68号刑事判决书。

中，杜某某所反映的问题均已依法查处答复，其上访行为难以认为具有正当性，但上访毕竟是公民的权利，将其认定为刑法中“无事生非”“借故生非”的寻衅滋事行为，应特别慎重。

四、总　结

对于本章内容，简要总结如下：

第一，犯罪的本质是行为的法益侵害性，对于犯罪的认定，在重视法益侵害的同时，需要考察是否存在构成要件的行为，正所谓无行为则无犯罪。实践中，对于犯罪的认定，办案人员还要坚持行为和被害的统一。在欠缺构成要件行为的场合，不能因为法益侵害结果的严重性，而将行为认定为构成犯罪。

第二，对于办案人员而言，应特别重视实行行为定型性的含义与认定，避免不适当扩大实行行为的范围，导致案件定性的偏差。具体来说，避免将日常生活行为不当地认定为犯罪的实行行为；避免将只是与法益侵害结果有关联（条件）行为认定为犯罪的实行行为；慎重将有契约基础的行为认定为犯罪的实行行为；避免将有权利基础的行为简单地认定为犯罪的实行行为。

第三，轻微暴力引起被害人伤亡的场合，表面上看系行为和伤亡结果有无刑法因果关系的问题，实质上是此类案件有无犯罪（故意伤害罪和过失致人死亡罪）的实行行为问题。此类案件中，由于欠缺故意伤害罪和过失致人死亡罪的实行行为，难以认为构成故意伤害罪和过失致人死亡罪。《刑事审判参考》指导案例的立场也经历了变迁，现在提倡认定为过失致人死亡罪。认定为过失致人死亡罪系综合考虑刑法规定、被害人诉求和社会效果的折中做法。

第五章
统一与差异

一、问题的提出

“概念乃是解决法律问题所必需和必不可少的工具。没有限定严格的专门概念,我们便不能清楚地和理性地思考法律问题。”[1]在法治框架下,不同部门法面向共同的法规范保护目的,同心一体,形成并维护着统一的法秩序。法律概念是法律规范目的表达的载体,同一概念只有在法律规范体系中具有一致的含义,才能避免部门法的冲突,维护法秩序的统一性。事实上,绝大部分概念或者用语在不同部门法中的含义是同一的,此即为概念含义的统一性。比如,无论是在民法、行政法,还是在刑法中,生命权与财产权、动产与不动产、企业与公司、自然人与法人的含义都是相同的。

但是,不同部门法毕竟调整对象和方法不同,具有不同的法属性、具体规范保护目的以及各自的归责原则,这就使得同一概念在不同部门法中含义可能不尽一致,本书称之为同一概念含义的差异性。比如,民法和刑法中都使用“欺诈”的概念,但两者的含义是不一致

[1] [美]E. 博登海默:《法理学:法律哲学与法律方法》,邓正来译,中国政法大学出版社2017年版,第504—505页。

的;又如,“占有”的民法含义与刑法含义并不相同;再如,“伪劣产品”在民法与刑法中含义也存在重大差别(后文详述)。[1] 不同部门法中同一概念含义的差异不是为了否定法秩序统一性,恰恰是为了更好地维护法秩序的统一性。

事物存在于共性之中,更是存在于个性之中。实践中,办案人员如果忽视法律概念在不同部门法中含义的差异,很可能导致案件定性的不当,将本属于民事、行政的行为不当地认定为刑事犯罪,反之亦然。本章主要结合案例,阐述同一概念的刑法与行政法含义的差异(以下简称“刑行差异”)以及刑法与民法含义的不同(以下简称“刑民差异”),以准确认定犯罪。

二、同一概念含义的刑行界分

行政法与刑法虽然同属于公法,但是,仔细探究,两者在法律属性上存在很大的差异。在域外的法学理论上,关于法律的类型,一直存在着立法法、司法法和行政法的划分。刑法作为国家的裁判规范,以法的安定性为最高指导原理,被划分在司法法之中,这与以法的合目的性为指导原理的行政法迥然有别。[2] 我国的权力运行同样存在立法权、行政权和司法权的分工行使,所以,理论上立法法、行政法和司法法的分类对我们仍然有一定参考和借鉴意义。刑法针对

---

〔1〕 其实,不仅同一概念或用语在不同部门法中的含义可能有别,在同一部门法内部的不同条文中,含义也可能存在明显差异。比如“暴力”在抢劫罪、敲诈勒索罪、抢夺罪中含义就是不同的。又如,“猥亵”在猥亵儿童罪与强制猥亵、侮辱罪中的含义也是不一致的。

〔2〕 参见〔日〕大塚仁:《刑法概说(总论)》(第三版),冯军译,中国人民大学出版社 2003 年版,第 20 页。

的是法益侵害的行为,在性质上更多属于司法法。

从调整对象和归责原则看,并非只有侵害法益的行为,行政法才介入,为了强化或者便利对特定行为的管理,行政法有可能对违反某种命令和规则的行为进行规制甚至处罚。在性质上,行政法具有更多的社会管理法属性。与此不同,行为的严重社会危害性是犯罪的本质特征,只有行为严重侵害了法益或者侵害了严重法益,刑法才有必要介入,此即为犯罪化的第一原则即法益侵害原则。在行为没有法益侵害的情况下,单纯地为了强化社会管理而将某种行为入罪,被认为是违反刑法基本原则的例外做法。随着风险信息社会的来临,为了预防风险,刑法的社会管理法特征越来越明显,但整体而言,刑法作为回应(处罚)具有法益侵害及其危险行为的部门法属性没有根本改变。

此外,根据我国刑法规定,犯罪与行政违法的关系呈现二元结构,犯罪必须具有严重的法益侵害性,也就是说,只有严重违法才有可能成立犯罪。此时,在违法行为的量方面,犯罪与行政违法存在差异,我国大量犯罪成立有门槛和立案追诉标准,就反映的是该问题。但有些行政违法行为其本身并不具有实质的法益侵害性,法律将其规定为行政违法行为,主要是基于社会管理的需要。

刑法与行政法在法律属性和归责原则上的差异,根本上决定了同一概念或者用语在刑法与行政法上的含义不尽一致,是正常的现象。归纳起来,至少有以下情形:

(一)规范保护目的、归责原则与概念含义的刑行差异

该问题在交通肇事的认定中表现得比较突出,下文以交通肇事案展开分析。

根据刑法规定,交通肇事罪,指的是行为人违反交通运输管理法

规,因而发生重大伤亡事故,致人重伤、死亡或者使公私财产遭受重大损失的行为。交通肇事罪属于法定犯,其成立首先要求行为人的行为违反交通运输管理法规。行为是否违反交通运输管理法规,须结合《道路交通安全法》等法律法规认定。此外,根据2000年最高人民法院《关于审理交通肇事刑事案件具体应用法律若干问题的解释》第2条的规定,成立交通肇事罪,除行为造成人员、财产的重大伤亡损失外,还需要行为人对事故负全部责任、主要责任、同等责任。[1]办案人员如果不注意“违反交通运输管理法规”“事故责任”的刑法与行政法意义可能存在的差异,可能导致案件定性的不当。

案例1:张某交通肇事案

甲、乙系一对年轻的恋人,某年深冬清晨5点半左右,两人驾驶摩托车在道路上逆行,在闯红灯过马路时被张某驾驶的货车撞倒并碾压当场死亡。本案中,张某并没有任何违章行为,事故完全系甲、乙违章所致。事故发生后张某下车查看,误认为清晨路上没人发现,也没有监控器,于是逃逸。张某很快被查获,因事故发生后其逃逸,被交警部门认定为对事故负全责。因为本案造成甲、乙两人死亡,公安机关以交通肇事罪将张某移送检察机关。本案审查起诉过程中,对于张某行为的定性出现了罪与非罪的争议。

[1] 2000年最高人民法院《关于审理交通肇事刑事案件具体应用法律若干问题的解释》第2条规定:“交通肇事具有下列情形之一的,处三年以下有期徒刑或者拘役:(一)死亡一人或者重伤三人以上,负事故全部或者主要责任的;(二)死亡三人以上,负事故同等责任的;(三)造成公共财产或者他人财产直接损失,负事故全部或者主要责任,无能力赔偿数额在三十万元以上的。交通肇事致一人以上重伤,负事故全部或者主要责任,并具有下列情形之一的,以交通肇事罪定罪处罚:(一)酒后、吸食毒品后驾驶机动车辆的;(二)无驾驶资格驾驶机动车辆的;(三)明知是安全装置不全或者安全机件失灵的机动车辆而驾驶的;(四)明知是无牌证或者已报废的机动车辆而驾驶的;(五)严重超载驾驶的;(六)为逃避法律追究逃离事故现场的。”

本案中,张某驾车导致甲、乙死亡,即张某的行为和甲乙的死亡之间具有事实上的因果关系,并没有疑问。张某的行为是否依法成立交通肇事罪,需要重点考察以下两个方面的问题:

第一,关于张某是否实施违反交通运输管理法规的行为。

主张张某行为构成交通肇事罪的观点提出,《道路交通安全法》第70条第1款规定:"在道路上发生交通事故,车辆驾驶人应当立即停车,保护现场;造成人身伤亡的,车辆驾驶人应当立即抢救受伤人员,并迅速报告执勤的交通警察或者公安机关交通管理部门。因抢救受伤人员变动现场的,应当标明位置。乘车人、过往车辆驾驶人、过往行人应当予以协助。"本案交通事故发生后,张某停车查看后并没有履行《道路交通安全法》规定的对被害人的救助义务和向有关部门报告的义务,行为显然违反了交通运输管理法规。本案存在成立交通肇事罪需要的前提行为,即违反交通运输管理法规的行为。

但这种理解明显存在问题:首先,根据刑法规定,交通肇事罪中的违反交通运输管理法规应该是发生交通事故的原因,即行为人违反交通运输管理法规的行为导致了人员伤亡和财产重大损失结果的发生。对于人员伤亡和财产重大损失结果的发生没有因果关系的违反交通运输管理法规的行为,不属于交通肇事罪构成要件的行为。其次,在时间上,违反交通运输管理法规的行为限于交通事故发生之前或者之时,这是"行为和责任同时存在"的刑法归责原则的基本要求,不应将事后的行为认定为《刑法》第133条中规定的"违反交通运输管理法规"的行为。

具体到本案,按照《道路交通安全法》的规定,交通事故发生后,张某应当履行《道路交通安全法》规定的停车救助义务以及报警义务,张某没有依法实施上述行为,违反了《道路交通安全法》的规定,当然属于行政法上的违法行为,但依法并不属于《刑法》第 133 条规定的作为成立交通肇事罪前提的“违反交通运输管理法规”的行为。可见,作为交通肇事罪构成要件的违反交通运输管理法规的行为,具有特定含义,较之于《道路交通安全法》的规定,含义要狭窄得多。

既然本案中张某不存在构成交通肇事罪前提的违反交通运输管理法规行为,那么,没有进一步讨论交通肇事罪行为和事故伤亡结果之间的因果关系的必要。前述张某行为和甲、乙死亡之间的因果关系并非交通肇事罪构成要件行为和构成要件结果之间的因果关系。

第二,关于张某的事故责任问题。

《道路交通安全法实施条例》第 91 条规定:“公安机关交通管理部门应当根据交通事故当事人的行为对发生交通事故所起的作用以及过错的严重程度,确定当事人的责任。”第 92 条第 1 款规定,“发生交通事故后当事人逃逸的,逃逸的当事人承担全部责任”。本案交通事故发生后,张某没有依法履行救助义务而是逃逸,交警部门根据《道路交通安全法实施条例》在事故责任认定书中认定张某对事故承担全部责任,是合法妥当的。但是,交警对事故责任的认定属于行政行为,该情形中事故责任认定中的全部责任,在性质上属于行政责任认定,不能简单地移植并运用到交通肇事罪的判断中。犯罪的认定属于司法行为,刑法根本上是一种谴责机制,不是一种单纯的社会管理机制,正因为如此,行为成立犯罪,必须要求行为人实施了违反交通运输管理法规的行为以及对行为和法益侵害结果存在过错,行为人具备刑事责任能力。行为人对于法益侵害结果发生有过错的,才可能承担责任,实施了违法行为以及过错的大小决定着责任大小,没有违法行为和过错的,对事故不应当承担责任。所以,对于交通肇事罪的成立,2000年最高人民法院《关于审理交通肇事刑事案件具体应用法律若干问题的解释》规定肇事者对事故负全部责任、主要责任或者同等责任,系指行为人(肇事者)的违法行为对事故发生应承担的责任,不包括事故发生后在事故处理中行为人实施行为应承担的责任。本案中,对于甲、乙死亡这一重大伤亡事故的发生,张某并没有过错,系甲、乙自己的过错行为导致的。在刑法上,甲、乙的死亡结果并不能归责于张某。

可见,交通事故发生后,交警部门根据《道路交通安全法》《道路交通安全法实施条例》的规定对事故责任(包括全部责任、主要责任、同等责任、次要责任和无责任)的认定,在性质上属于行政责任的认定。该责任认定对于司法机关而言,只具有参考意义。行为是否符合2000年最高人民法院《关于审理交通肇事刑事案件具体应用法律若干问题的解释》第2条的规定(包括责任类型的规定),司法机关应按照刑法规定与归责原则,独立判断。在交通肇事的场合,行政法上的责任类型与刑法上的责任类型在概念用语上是相同的,都包括全部责任、主要责任、同等责任,但这些概念的实质意义和归责原则、方法并不完全相同。

具体到本案,交警部门因张某逃逸而认定其对事故承担全部责任,并无问题,但在刑法上张某不存在违反交通运输管理法规的行为,对伤亡事故发生没有刑事责任,依法不成立交通肇事罪。

案例2:王某某等交通肇事案

某日18时02分许,曾某某驾驶小型A轿车沿某国道由北向南行驶至某路段时,与同向前方快车道内吴某某驾驶的无号牌手扶拖拉机右侧尾部发生碰撞后,致吴某某被抛掷在对向快车道内受伤(颅脑损伤,处于无意识状态)和两车受损的交通事故。18时06分许,李某某驾驶小型B轿车沿该国道由北向南行驶至该事故地点时再次与手扶拖拉机尾部相撞,致B轿车受损和无号牌手扶拖拉机再次受损的交通事故。18时08分许,王某某驾驶小型轿车沿该国道由南向北行驶至该事故地点时,与躺在快车道内的吴某某发生碰撞并碾压后将车辆移至路边,致吴某某当场即时死亡以及车辆受损的交通事故。事故发生后,王某某弃车逃离现场,其妻田某某冒名顶替。次日上午,王某某到某市交警支队投案自首。

本案道路交通事故认定书认定:第一次事故中,曾某某负事故全部责任,吴某某无责任。第二次事故中,李某某负事故全部责任,吴某某无责任。第三次事故中,王某某负事故主要责任,曾某某负事故次要责任。起诉意见书指控犯罪嫌疑人王某某的行为涉嫌交通肇事罪。

较之于前述张某某交通肇事案(案例1),本案事实较为复杂,被害人死亡涉及多次事故与再次碾压。但本案中王某某是否依法成立交通肇事罪涉及的核心问题与前述案例1并无太大差异。

王某某碰撞并碾压被害人吴某某后逃逸,明显违反了《道路交通安全法》第70条的规定。正因为如此,道路交通事故认定书认定犯罪嫌疑人王某某对事故负主要责任。本案中交警部门关于王某某对事故负主要责任的认定是依法作出的。王某某肇事后逃逸并让妻子顶替责任的行为,也依法属于违反交通运输管理法规的行为。但是,亦如前文指出,在交通肇事场合,全部责任、主要责任、同等责任在刑法和行政法中的表述虽然相同,但含义和归责方法不同,上述认定属于交警部门依照《道路交通安全法》等作出的行政责任认定,不能简单地直接移植到本案王某某行为是否构成交通肇事罪的判断中。本案中,王某某碰撞并碾压被害人吴某某行为之时,既没有超速,也没有酒驾、毒驾等违反交通运输管理法规的行为。被害人吴某某躺于路中间并非王某某先前行为造成的。在王某某客观上不存在违反交通运输管理法规的前提行为和主观上不存在任何过错的情况下,无从谈起构成交通肇事罪的问题。

对于王某某行为能否认定为违反交通运输管理法规,实践中有一种观点认为,《道路交通安全法》第 22 条第 1 款规定:“机动车驾驶人应当遵守道路交通安全法律、法规的规定,按照操作规范安全驾驶、文明驾驶。”根据该条款规定,此类行为依法属于违反《道路交通安全法》的行为,可以依法认定为构成交通肇事罪。

本书认为,罪刑法定是刑法的基本原则,作为罪刑法定原则重要内容之一的明确性原则,就是要求刑法要明确规定行为是否成立犯罪以及承担何种责任,不能以不明确的规范认定行为成立犯罪。作为交通肇事罪成立前提的行为违反“交通运输管理法规”,也应该是具体明确的,比如行为人超速、酒驾等。认定行为人不安全驾驶和不文明驾驶,都需要具体事实支撑,办案人员不能将其作为认定行为违反交通运输管理法规的兜底条款,也不可以采取恣意的推定方式。

综上,交通事故的行政责任和交通肇事罪的认定中,办案机关都需要对行为是否违反交通运输管理法规和事故责任类型及其大小进行判断。关于责任程度,行政法和刑法中都使用全部责任、主要责任以及同等责任的概念。而且,一般情况下,交警部门的事故责任认定都会被司法机关采纳作为交通肇事罪认定的基础。但是,交警部门的事故责任认定在性质上毕竟属于行政责任认定,司法机关对事故责任以及交通肇事罪成立与否的认定系司法判断,两者的法律依据和归责原则不尽相同。在交通肇事罪的判断中,交警部门出具的事故责任认定(全部责任、主要责任或者同等责任)只具有参考意义,办案人员不能完全照搬、移植,以避免行为定性的错误。

(二)法益保护范围与概念含义的刑行差异

众所周知,行政行为合法要件包括:行政行为的主体合法;行政行为应当符合行政主体的权限范围;行政行为的内容应当合法、适当;行政行为的行使应当符合法定程序。不管是依职权的行政行为还是依申请的行政行为,在行政行为没有履行法定程序的情况下,行为不具有合法性。但是,作为最严厉的谴责措施,为了体现刑法的谦抑性和限制刑法处罚范围,一方面,刑法只是针对严重的违法行为;另一方面,只是程序违法的行政行为,或者履行程序不到位的行政行为,一般不会被纳入刑法的调整范围。所以,对于行政主体而言,依法具有职权实施特定行为只是没有依照程序实施的,一般不会被立法规定为犯罪和被司法认定为犯罪。比如,国家机关工作人员依法有权实施特定行为,只是没有按照法定程序实施,并不会成立刑法中的渎职犯罪。对于行政相对人而言,依法有权实施某种行为,只是程序存在问题的,同样也不应当作为犯罪处理。简单地说,一般情况下,行政程序并非刑法保护的法益。

案例3:某公司涉嫌非法占用农用地案

某国有水泥有限公司的涉案项目系A县招商引资的重点工业项目,2008年3月以A县政府文件的形式成立某国有水泥有限责任公司Q生产线项目建设领导小组,领导小组下设工作专班,负责项目建设中的用地征地、土地平整、建筑施工、公路建设、码头建设、治安秩序等方面协调工作。为了项目顺利地推进,2008年7月当地党委和政府还组织召开了水泥项目协调会,明确要求县林业局负责征用林地有关手续。此外,在该国有有限公司实施矿山基建之前,依法主动向省政府有关部门申报审批,先后取得省安全生产监督管理局、省环境保护局、省水利厅、省建材行业投资促进中心、省发改委、省国土资源厅等部门各项批复、许可。同时在2009年、2012年、2015年三次实施征地过程中,某国有水泥有限公司都依法主动、足额向有关职能部门缴纳了征地费用。但因为工作疏忽等原因,某国有水泥有限公司一直没有按照《土地管理法》《森林法》规定,就涉案开发项目办理林地征用、审批手续,擅自进行项目建设并对林地进行开发。后该行为在专项检查过程中被发现,林业公安机关以涉嫌非法占用农用地罪立案侦查。办案机关对于该国有水泥有限公司是否构成非法占用农用地罪,争议很大。

非法占用农用地罪,是指违反土地管理法规,非法占用耕地、林地等农用地,改变被占用土地用途,数量较大,造成耕地、林地等农用地被大量毁坏的行为。根据《土地管理法》《森林法》等法律法规的规定,农用地(林地)的开发建设不仅要取得开发权,而且还要首先依法办理林地征用、审批手续。比如《森林法》第37条第1款规定:“矿藏勘查、开采以及其他各类工程建设,应当不占或者少占林地;确需占用林地的,应当经县级以上人民政府林业主管部门审核同意,依法办理建设用地审批手续。”本案中,某国有水泥有限公司在涉案项目林地没有办理林地征用、审批手续的情况下进行项目建设并对林地进行开发,该行为违反了《土地管理法》《森林法》等法律法规的规定。所以,当地林业公安以行为涉嫌非法占用农用地罪立案侦查,不是完全没有法律依据的。但是,如果立足于非法占用农用地罪的侵害法益,本案的行为属于程序履行不到位,在性质上充其量属于行政违法行为,依法不应构成非法占用农用地罪。

第一,本案中,某国有水泥有限公司涉案项目是政府引入和支持的重点项目,其合法性不仅得到当地党委和政府的明确肯定,也得到上级主管部门的肯定,某国有水泥有限公司依照协议和政府文件有权对涉案农用地进行开发建设,实质上是行使权利的行为,将事实上有开发建设农用地权利的行为认定为犯罪,并不妥当。

第二,本案没有侵犯非法占用农用地罪的法益,实质上不符合非法占用农用地罪的刑法规定。犯罪是刑法规定的具有严重法益侵害的行为,行为具有严重的社会危害性是犯罪的本质特征。在行为没有实质侵害法益的情况下,不能认定行为构成犯罪。具体到非法占用农用地罪而言,该罪旨在惩罚破坏农用地的行为,国家希望通过刑法强化对农用地资源的保护。在农用地(林地)没有实质遭受破坏的情况下,行为欠缺刑事处罚的正当性与必要性,当然不能认定为构成非法占用农用地罪。涉案项目是当地政府推进的项目,某国有水泥有限公司按照协议和政府文件有权开发涉案农用地(林地),该事实很清楚地说明涉案农用地(林地)的开发利用在当地党委和政府的计划之中,也是项目开发的重要内容,涉案农用地(林地)事实上是要被开发利用的,涉案行为在实质上不仅没有破坏农用地(林地),相反对当地经济社会发展有积极意义。在这种情况下如果认定涉案行为成立非法占用农用地罪,不仅违反刑法规定,也不符合涉案项目的性质。

第三,如果将本案行为认定为非法占用农用地罪,将导致案件处理上的矛盾与尴尬,也有违社会常理。本案项目是A县招商引资的重点工业项目,对于项目建设,某县的县委、县人大、县政府、县政协召开了联席会议,这充分说明了某国有水泥有限公司涉案项目的合法性,而且政府的决定对企业和老百姓而言,是最直接和看得见的“法律”。在项目建设数年后如果认定涉案行为成立非法占用农用地罪,这将导致对涉案行为性质自相矛盾的评价,不仅有违社会常理,还将损害当地党委和政府的公信力。

对于本案行为性质之所以出现意见分歧,主要原因是办案人员没有注意到非法占用农用地行为在刑法和行政法上具有不完全相同的含义,简单地将行政法中的非法占用农用地与刑法中的非法占用农用地等同。本案中水泥公司的行为属于行政程序履行不到位,可以依法通过补办程序予以救济,不应被认定为非法占用农用地罪。

此类问题还时常出现在滥伐林木罪、非法采矿罪等案件认定中。

案例4:某公司涉嫌滥伐林木案

某地政府基于城市建设规划急需修建一条公路,当地政府为此专门召开专题会议研究并形成决议,该项目由当地某国有公司负责。因公路穿越一片森林,需要某公司按照《土地管理法》《森林法》办理相关手续。因时间紧、任务急,某公司来不及等待全部履行完申报、审批的程序后再开工。于是,在当地政府的同意下,某公司采取边建设开发边办理手续的方式。某公司在未取得林木采伐许可证,未办理建设用地使用手续、林地使用手续等情况下,将公路穿越地区的森林中的树木移栽或砍伐。后被当地森林公安发现,以涉嫌滥伐林木罪侦查移送起诉。

案例5:张某涉嫌滥伐林木案

农户张某与某村委会签订种树协议,双方的合同约定所栽树木所有权归张某所有。几年后,树木已生长成林。后政府要求农村开展美丽乡村建设,协议中的树木对电线铺设与稻田规划有影响,村委会与张某商议后由张某来负责砍伐树木。但村委会与张某都误认为对方已办理了林木采伐许可证,而实际情况是双方都没有办理林木采伐许可证。当地森林公安机关认为，张某违反了《森林法》及相关森林保护法规，未经林业行政主管部门及法律规定的其他主管部门批准并核发采伐许可证，任意砍伐林木，数量较大，涉嫌滥伐林木罪，对其立案侦查。

根据刑法规定，滥伐林木罪，是指违反森林法的规定，滥伐森林或者其他林木，数量较大的行为。《森林法》第56条第1款规定，“采伐林地上的林木应当申请采伐许可证，并按照采伐许可证的规定进行采伐”。上述两个案例中，某公司和张某都是在没有依法办理林木采伐许可证的情况下砍伐林木，违反《森林法》的规定，依法属于滥伐森林或者其他林木的行为。但是，根据刑法规定，滥伐林木罪同样属于行政犯，滥伐林木在刑法与行政法上的含义是不完全相同的。案例4中，某公司砍伐林木是城市建设需要，经过当地政府同意，涉案行为也是基于当地政府的安排。案例5中，根据张某与村委会的合同约定，林木系自己所有，张某对自己的财物（林木）依合同约定有权处分，只是需要依法办理砍伐手续，履行砍伐程序。两起案例中，行为人事实上对于涉案林木都有砍伐的权利，行为人行使权利的行为，实质上没有法益侵害性，不应与犯罪相关。而从滥伐林木罪的侵害法益看，刑法设置滥伐林木罪，目的在于保护林木资源不被砍伐，砍伐林木的法定程序不是该罪的侵害法益。在欠缺滥伐林木罪的侵害法益情况下，上述两案中的行为被认定为滥伐林木罪，不符合犯罪的本质。

可见，行政法和刑法上都有滥伐林木的概念，但两者含义并不一致，与刑法相比，滥伐林木的行政法含义要广泛得多。办案人员只有充分注意两者含义的差异性，才能有效避免将滥伐林木中的行政违法行为不当地认定为刑事犯罪。

非法采矿罪的认定中也会面临该问题，如果行为人依法取得某地块的采矿权,在没有办理相关手续的情况下擅自采矿,这同样属于行政程序履行不到位的问题。虽然行为具有违法性,但只是违反程序性法律、法规,此类案件依法同样不能被认定为非法采矿罪。

(三)违法性程度的考量与概念含义的刑行差异

我国采取的是违法和犯罪相区分的二元违法体系,在很多场合,行政违法与刑事犯罪的界限在于违法行为的量,这就使得同一法律概念的行政法与刑法含义不同,是比较常见的现象。下面以卖淫和传销的概念为例予以说明。

1. 关于卖淫的刑法含义

《刑法》分则第六章第八节专门规定了组织、强迫、引诱、容留、介绍卖淫罪,但对于卖淫的概念,刑法并没有明确规定。刑法理论与实务对以下问题基本没有争议:对传统意义上的提供性交服务并收取财物的行为应当认定为卖淫;卖淫的主体并不限于女性,男性也可以提供卖淫服务;肛交、口交也属于卖淫的方式。争议主要是:提供手淫等非进入式而是接触式的色情服务,能否认定为刑法意义上的卖淫?

在行政法上,"卖淫"一词的含义呈现扩张的特点,是一个含义相对宽泛的概念。1995 年公安部《关于对以营利为目的的手淫、口淫等行为定性处理问题的批复》(已失效)规定,"卖淫嫖娼是指不特定的男女之间以金钱、财物为媒介发生不正当性关系的行为。卖淫嫖娼行为指的是一个过程,在这一过程中卖淫妇女与嫖客之间的相互勾引、结识、讲价、支付、发生手淫、口淫、性交行为及与此有关的行为都是卖淫嫖娼行为的组成部分"。2000 年最高人民法院《关于如何适用〈治安管理处罚条例〉第三十条规定的答复》指出,卖淫嫖娼,"一般是指异性之间通过金钱交易,一方向另一方提供性服务以满足对方性欲的行为。至于具体性行为采用什么方式,不影响对卖淫嫖娼行为的认定”。2001 年公安部《关于对同性之间以钱财为媒介的性行为定性处理问题的批复》指出:“根据《中华人民共和国治安管理处罚条例》和全国人大常委会《关于严禁卖淫嫖娼的决定》的规定,不特定的异性之间或者同性之间以金钱、财物为媒介发生不正当性关系的行为,包括口淫、手淫、鸡奸等行为,都属于卖淫嫖娼行为,对行为人应当依法处理。”[1]可见,在行政法上,手淫属于卖淫具体形式,是没有争议的。

但在刑法上,卖淫是否包括手淫,没有明确规定。2017 年最高人民法院、最高人民检察院在制定《关于办理组织、强迫、引诱、容留、介绍卖淫刑事案件适用法律若干问题的解释》时,曾考虑明确卖淫的概念,因争议大,没有规定。该司法解释的起草者在《〈关于审理组织、强迫、引诱、容留、介绍卖淫刑事案件适用法律若干问题的解释〉的理解与适用》一文中表达了否定性意见,该文写道:“行政违法不等同于刑事犯罪,违法概念也不等同于犯罪概念。违反行政法律、法规的行为不等同于构成犯罪。前述公安部的批复,依然可以作为行政处罚和相关行政诉讼案件的依据,但不能作为定罪依据。行政法规扩大解释可以把所有的性行为方式都纳入卖淫行为方式并进行行政处罚,但刑法罪名的设立、犯罪行为的界定及解释应遵循谦抑性原则,司法解释对刑法不应进行扩张解释。因此,司法实践中对于如何

〔1〕 2003 年国务院法制办公室对浙江省人民政府法制办公室《关于转送审查处理公安部公复字〔2001〕4 号批复的请示》的复函(国法函〔2003〕155 号)写道:“浙江省人民政府法制办公室:你办《关于转送审查处理公安部公复字〔2001〕4 号批复的请示》(浙府法〔2003〕5 号)收悉。我们征求了全国人大常委会法工委意见,他们认为,公安部对卖淫嫖娼的含义进行解释符合法律规定的权限,公安部公复字〔2001〕4 号批复的内容与法律的规定是一致的,卖淫嫖娼是指通过金钱交易一方向另一方提供性服务,以满足对方性欲的行为,至于具体性行为采用什么方式,不影响对卖淫嫖娼行为的认定。据此,公安部公复字〔2001〕4 号批复的规定是合法的。”

认定刑法意义上的卖淫,应当依照刑法的基本含义,结合大众的普遍理解及公民的犯罪心理预期等进行认定,并严格遵循罪刑法定原则。据此,不宜对刑法上的卖淫概念作扩大解释,刑法没有明确规定手淫行为属于刑法意义上的'卖淫',因而对相关行为就不宜入罪。""在目前情况下,也不能将刑法意义上的卖淫局限于性交行为,对于性交之外的肛交、口交等进入式的性行为,应当依法认定为刑法意义上的卖淫。"〔1〕

可见,《关于审理组织、强迫、引诱、容留、介绍卖淫刑事案件适用法律若干问题的解释》对卖淫的含义采取了限制解释,否定了手淫属于刑法中的卖淫,将刑法中的卖淫限定于提供进入式的色情服务。《〈关于办理组织、强迫、引诱、容留、介绍卖淫刑事案件适用法律若干问题的解释〉的理解与适用》虽然不是司法解释,但该文意见对实践中此类案件办理具有重要的指导意义,从中明显看出卖淫的刑法与行政法含义存在一定的差异。

2. 关于传销的刑法含义

传销概念的行政法与刑法含义也是不同的,前者的含义更为广泛。

2005年国务院《禁止传销条例》第7条规定了三种行为类型,分别是:(1)"拉人头"型,即组织者或者经营者通过发展人员,要求被发展人员发展其他人员加入,对发展的人员以其直接或者间接滚动发展的人员数量为依据计算和给付报酬(包括物质奖励和其他经济利益,下同),牟取非法利益的;(2)"入门费"型,即组织者或者经营者通过发展人员,要求被发展人员交纳费用或者以认购商品等方式

---

〔1〕 周峰等:《〈关于审理组织、强迫、引诱、容留、介绍卖淫刑事案件适用法律若干问题的解释〉的理解与适用》,载《人民司法(应用)》2017年第25期。

变相交纳费用,取得加入或者发展其他人员加入的资格,牟取非法利益的;(3)"团队计酬"型,即组织者或者经营者通过发展人员,要求被发展人员发展其他人员加入,形成上下线关系,并以下线的销售业绩为依据计算和给付上线报酬,牟取非法利益的。

根据《刑法》第224条之一的规定,刑法中的"传销",是指组织、领导以推销商品、提供服务等经营活动为名,要求参加者以缴纳费用或者购买商品、服务等方式获得加入资格,并按照一定顺序组成层级,直接或者间接以发展人员的数量作为计酬或者返利依据,引诱、胁迫参加者继续发展他人参加,骗取财物,扰乱经济社会秩序的传销活动的行为。可见,刑法中的"传销"只包括上述《禁止传销条例》规定的"拉人头"型和"入门费"型。2013年最高人民法院、最高人民检察院、公安部《关于办理组织领导传销活动刑事案件适用法律若干问题的意见》对此进一步规定:"以销售商品为目的、以销售业绩为计酬依据的单纯的'团队计酬'式传销活动(也即《禁止传销条例》第7条第(三)项的内容),不作为犯罪处理。形式上采取'团队计酬'方式,但实质上属于'以发展人员的数量作为计酬或者返利依据'的传销活动,应当依照刑法第二百二十四条之一的规定,以组织、领导传销活动罪定罪处罚。"对以销售商品为目的、以销售业绩为计酬依据的单纯的"团队计酬"式传销活动,可由工商行政管理部门予以行政处罚。[1]

---

[1] 参见陈国庆、韩耀元、吴峤滨:《关于办理组织领导传销活动刑事案件适用法律若干问题的意见七条规定明确了六方面问题》,载《检察日报》2014年1月20日,第003版。

三、同一概念含义的刑民差异[1]

刑法针对的是具有严重法益侵害性的行为，民法调整的是平等主体之间的人身关系和财产关系。由于两者在任务、调整对象和调整方法上存在明显差异，所以，同一概念、用语在刑法与民法中含义不同，是比较常见的现象。

比如上文提到的占有。民法上之所以要规定占有制度，主要是因为占有制度作为物权制度中的一项重要内容，具有所有权和他物权所不可替代的社会作用，它有助于维护现实占有关系，切实保护占有人的利益，并且可以通过发挥表彰本权和取得本权的独特机能，维护交易安全。[2] 正因为如此，民法上的占有通常在事实上理解，指的是占有人对不动产或者动产的实际管理和控制。在刑法中，占有的含义因罪名不同，意义是有一定差别的。诈骗犯罪中，行为人主观上必须具有非法占有目的。非法占有目的，指的是排除权利人，将他人的财物作为自己的财物进行支配，并遵从财物的用途进行利用、处分的意思。[3]其中的"占有"即所有之意。

又如欺诈。民事欺诈与刑事欺诈的含义是不同的。诚实信用是民法的基本原则，《民法典》第 7 条明确规定："民事主体从事民事活动，应当遵循诚信原则，秉持诚实，恪守承诺。"由于民法保护诚实信用，所以，民事活动中，行为人仅仅违反诚实信用而没有侵害他人财

---

[1] 同一概念含义的刑民差异，指的是同一概念、用语的刑法含义与民法含义的差异。这里的"民法"是广义的，包括民商法、经济法。

[2] 参见余能斌主编：《民法学》，中国人民公安大学出版社、人民法院出版社 2003 年版，第 394 页。

[3] 参见张明楷：《刑法学（下）》（第六版），法律出版社 2021 年版，第 1248 页。

产权的场合，行为仍然可以依法成立民事欺诈。但刑事欺诈通常指的是诈骗犯罪。诚实信用属于较高的社会价值，刑法并不介入单纯地违反诚实信用的行为，欺骗内容、欺骗程度和非法占有目的有无对于确定行为是否属于刑事欺诈（诈骗）都有重要意义。[1]

再如事实婚姻。事实婚姻是相对于法律婚姻而言的，其概念有广义与狭义之分。广义的事实婚姻，是指男女双方未办理结婚登记，便以夫妻名义同居生活，群众也认为是夫妻关系的两性结合。狭义的事实婚姻，是指没有配偶的男女未办理结婚登记，便以夫妻名义同居生活，群众也认为是夫妻关系，并且双方符合我国结婚法定条件的两性结合。[2] 该概念一般在狭义上使用。

我国《婚姻法》没有使用“事实婚姻”的概念，但司法解释对其有明确规定。历史上某一个时期，我国司法机关是肯定事实婚姻的。1979年最高人民法院《关于贯彻执行民事政策法律的意见》（已失效）中指出：“事实婚姻是指男女未进行结婚登记，以夫妻关系同居生活，群众也认为是夫妻关系的”，“对双方已满婚姻法结婚年龄的事实婚姻纠纷，应按一般的婚姻案件处理。”1994年民政部《婚姻登记管理条例》（已失效）第24条指出：“未到法定结婚年龄的公民以夫妻名义同居的，或者符合结婚条件的当事人未经结婚登记以夫妻名义同居的，其婚姻关系无效，不受法律保护。”至此，民法不再保护事实婚姻，2020年《最高人民法院关于适用〈中华人民共和国民法典〉婚姻家庭编的解释（一）》第7条规定：“未依据民法典第一千零四十九条规定办理结婚登记而以夫妻名义共同生活的男女，提起诉讼要求离婚的，应当区别对待：（一）1994年2月1日民政部《婚姻登记

---

〔1〕 参见陈兴良：《民事欺诈和刑事欺诈的界分》，载《法治现代化研究》2019年第5期。
〔2〕 参见陈苇主编：《婚姻家庭继承法学》（第三版），群众出版社2017年版，第79页。

管理条例》公布实施以前,男女双方已经符合结婚实质要件的,按事实婚姻处理。(二)1994 年 2 月 1 日民政部《婚姻登记管理条例》公布实施以后,男女双方符合结婚实质要件的,人民法院应当告知其补办结婚登记。未补办结婚登记的,依据本解释第三条规定处理。”

刑法是否承认事实婚姻,直接影响到重婚罪的成立范围。根据刑法的规定,重婚罪是指有配偶而重婚的,或者明知他人有配偶而与之结婚的行为。理论上虽不乏彻底否定事实婚姻可以成立重婚罪的观点[1],但多数学者还是认为事实婚姻可以构成重婚罪,只是对于两个事实婚姻能否成立重婚罪,存在不同认识。一种观点认为,即便两个事实婚姻,也可以成立重婚罪。[2] 另一种观点认为,事实婚姻可以构成重婚罪,但是根据刑法的规定,在前婚和后婚均为事实婚的场合,不构成重婚罪。因为刑法规定的“有配偶的人”,应当是指已经依法登记结婚的人,不包括未经依法登记结婚仅与他人具有事实婚姻关系的人。[3] 上述观点的差异与各自对重婚罪法益的理解有关,但肯定刑法应当承认事实婚姻的立场是一致的。本书认为,重婚罪保护的是一夫一妻制的婚姻关系,两个事实婚姻,同样侵犯了一夫一妻制的婚姻关系;《刑法》第 258 条规定的“有配偶”,既包括法定有配偶,也包括事实上有配偶。所以,两个事实婚姻,同样依法成立重婚罪,只是司法实践中,对事实婚姻的认定有一定难度。

综上,在民法上,事实婚姻不受法律保护,而刑法理论和实务肯定事实婚姻可以成立重婚罪,表面上看差异很大,实质并不矛盾,即

---

〔1〕 参见林山田:《刑法各罪论》(下),北京大学出版社 2012 年版,第 323 页。
〔2〕 参见高铭暄、马克昌主编:《刑法学》(第九版),北京大学出版社、高等教育出版社 2019 年版,第 484 页。
〔3〕 参见黎宏:《刑法学各论》(第二版),法律出版社 2016 年版,第 274 页。

民法和刑法对事实婚姻都是持否定的态度。[1]

众所周知,民事经济纠纷与刑事犯罪的界限,一直是司法实践中的难题。如果不注意同一概念含义在刑法与民法上可能存在的差异,可能导致将民事经济纠纷不当地认定为刑事犯罪。下面以生产、销售伪劣产品罪和串通投标罪为例展开分析。

案例 6:张某销售伪劣产品案

张某系甲公司总经理,甲公司与某药业公司签订《办公家具采购合同书》。甲公司按照合同约定将家具成品交付某药业公司。某药业公司迟迟不向甲公司付款,双方发生争执,某药业公司遂以甲公司交付的产品系伪劣产品为由,向公安机关举报。经鉴定甲公司提供的办公用品不合格:文件柜钢板厚度合同约定本为 0.8mm,但甲公司实际提供的文件柜钢板厚度为 0.7mm。另外,办公家具还存在甲醛超标、抽屉滑道强度试验实测值不符合合同要求等问题。公安机关以销售伪劣产品罪立案。

案例 7:赵某销售伪劣产品案

赵某为 A 公司技术员工,负责 A 公司混凝土配合比通知单技术资料的出具,A 公司生产部门按照该通知单混凝土配合比生产混凝土。A 公司与 B 公司签订混凝土买卖合同,约定了混凝土的实际配合比,但赵某对销售给 B 公司的混凝土出具了两份不同配合比通知单,用于单位实际生产混凝土的配合比通知单中的单位水泥用量少于合同约定。一审法院认定赵某违反合同约定制售的混凝土是伪劣产品,构成生产、销售伪劣产品罪。

[1] 参见周光权:《刑法各论》(第四版),中国人民大学出版社 2021 年版,第 91 页。

二审法院认为本案并无证据证明混凝土中水泥使用比例和数量违背了国家标准或者行业标准，属于民事纠纷，改判赵某无罪。[1]

根据《刑法》第140条的规定，生产、销售伪劣产品罪，指的是生产者、销售者在产品中掺杂、掺假，以假充真，以次充好或者以不合格产品冒充合格产品，销售金额在5万元以上的行为。生产、销售伪劣产品罪属于叙明罪状，该罪状直接移植于1993年《产品质量法》第38条的规定。[2] 2001年最高人民法院、最高人民检察院《关于办理生产、销售伪劣商品刑事案件具体应用法律若干问题的解释》进一步解释了伪劣产品的含义。其中，"不合格产品"，指的是不符合《产品质量法》第26条第2款规定的质量要求的产品，具体包括：(1)产品存在危及人身、财产安全的不合理的危险，有保障人体健康和人身、财产安全的国家标准、行业标准的，不符合该标准；(2)不具备产品应当具备的使用性能；(3)不符合在产品或者其包装上注明采用的产品标准，不符合以产品说明、实物样品等方式表明的质量状况。

可见，关于伪劣产品的概念与含义，《刑法》与《产品质量法》的规定是一致的。如果产品质量不存在危及人身、财产安全的不合理的危险，达到了国家标准、行业标准，只是不符合当事人约定的标准(当事人对产品质量标准的约定，即为民法上产品合格与否的标准)，或者符合了国家标准、行业标准，但不符合地方标准(因为地方标准高于国家标准、行业标准)，都不应当认定为刑法中的伪劣产品。

---

[1] 参见辽宁省葫芦岛市中级人民法院(2017)辽14刑终164号刑事判决书。

[2] 《产品质量法》1993年颁布施行，2018年修正。其第38条规定："生产者、销售者在产品中掺杂、掺假，以假充真，以次充好，或者以不合格产品冒充合格产品的，责令停止生产、销售，没收违法所得，并处违法所得一倍以上五倍以下的罚款，可以吊销营业执照；构成犯罪的，依法追究刑事责任。"

张某销售伪劣产品案（案例6）和赵某销售伪劣产品案（案例7）中，产品都不符合双方合同的约定，在民法上将其理解为“不合格产品”并无问题，但是甲公司交付给某药业公司的办公家具具有办公家具的基本使用性能，既没有危及人身、财产安全的不合理的危险，也不存在不符合产品的国家标准、行业标准的问题，只是未达到双方合同约定的标准。甲公司的行为依法只是属于单纯的违约行为，将涉案产品认定为刑法中的伪劣产品，错误地将民事纠纷认定为刑事犯罪。

赵某销售伪劣产品案（案例7）也存在同样的问题。A公司提供的混凝土中水泥使用比例和数量并没有违背国家标准或者行业标准，并不会导致使用中的不合理危险，同样只属于违约行为，二审法院的改判是正确的。上述两案之所以公安机关和一审法院的认定不正确，主要源于办案人员没有注意到伪劣产品的刑法与民法含义的差异。

作为生产、销售伪劣产品罪犯罪对象的伪劣产品，除上述不合格产品外，还包括掺杂、掺假、以假充真、以次充好的产品。《关于办理生产、销售伪劣商品刑事案件具体应用法律若干问题的解释》规定，“在产品中掺杂、掺假”，是指在产品中掺入杂质或者异物，致使产品质量不符合国家法律、法规或者产品明示质量标准规定的质量要求，降低、失去应有使用性能的行为；“以假充真”，是指以不具有某种使用性能的产品冒充具有该种使用性能的产品的行为；“以次充好”，是指以低等级、低档次产品冒充高等级、高档次产品，或者以残次、废旧零配件组合、拼装后冒充正品或者新产品的行为。

实践中，对于某种产品是否属于刑法规定的上述伪劣产品，要重视实质地考察产品质量的“伪劣程度”，避免将消费者权益等民法保护意义上的伪劣产品纳入刑法范围。以“以次充好”产品的认定为例,办案人员应重视限制解释,不能将具有产品基本使用性能,符合国家或者行业标准,只是单纯地以低等级、低档次产品冒充高等级、高档次的产品认定为生产、销售伪劣产品罪中的伪劣产品。

比如,某知名酒业公司在市场销售10年、15年和20年陈酿某品牌白酒。行为人为谋取非法利益,以15年陈酿酒冒充20年陈酿酒销售,从中赚取差价。该案中,15年陈酿的某品牌白酒也是深受社会欢迎的知名白酒品牌,质量合格,该案中行为人的行为就不能被认定为“以次充好”,从而成立销售伪劣产品罪。

又如,甲公司和乙公司签订羽绒服代加工合同。甲公司提供羽绒、衣服布料等,乙公司代为加工制作。乙公司负责人张某为了谋取非法利益,将甲公司提供的质量优等的鹅毛私自变卖后再购买鸭毛代替,而乙公司购买的鸭毛也是质量优等的产品。事后甲公司发现并报案。公安机关以生产伪劣产品罪立案。该案中,以鸭毛冒充鹅毛生产羽绒服,确实存在欺诈问题,但因为实际用于羽绒服生产的鸭毛也是质量优等的合格品,并非存在质量问题的伪劣产品。所以,该案同样不能以“以假充真”将行为认定为生产伪劣产品罪。

忽视有些概念刑民含义的差异将导致案件定性的不当,也反映在串通投标罪的认定中。

案例8:刘某某串通投标案

某村实施精准灭荒工程项目,该项目是由国家(政府)出资建设的灭荒造林项目。因为此前该村欠刘某某建设工程款数十万元,项目负责人某村支书李某意图让刘某某所控制的A生态农业有限公司承接该项目,以此对刘某某进行补偿。为此刘某某和村委会签订造林项目合同。该工程项目造价由某村村集体讨论决定并与刘某某协商一致确定。因资金无法到位,项目完全由刘某某垫资承接建设。由于该项目按照国家有关招标投标的法律规定需要进行招投标,村委会不得不发布项目招标公告,李某遂向负责招标的人员打招呼,安排项目工作人员为刘某某的公司招标资质提供证明,以取得承接该项目的基本资格。后李某又联系B、C、D公司参与围标,最终刘某某的A生态农业有限公司中标,获得该村精准灭荒工程400余万元的项目。案发前,项目已验收合格,并无任何质量问题。公安机关认为刘某某、李某等在投标过程中,串通招标人及其他投标人,损害国家合法利益,依法构成串通投标罪,对此立案侦查。

公安机关之所以认为本案成立串通投标罪,主要是因为灭荒工程项目招标公开发布后,村支书李某和刘某某实施了包括联系B、C、D公司参与围标等串通投标的行为。本书认为,该指控没有充分注意到串通投标罪的处罚范围以及串通投标的刑法含义。

《刑法》第223条规定:"投标人相互串通投标报价,损害招标人或者其他投标人利益,情节严重的,处三年以下有期徒刑或者拘役,并处或者单处罚金。投标人与招标人串通投标,损害国家、集体、公民的合法利益的,依照前款的规定处罚。"可见,串通投标罪处罚范围系严格限定的,即限于投标人之间或者投标人与招标人相互串通投标报价,损害了招标人或其他投标人利益以及国家、集体、公民合法利益的行为。换句话说,在现实社会中,串通投标的情形很多,原因也是各种各样的,刑法并不处罚所有的串通投标行为,只是处罚其中串通报价的行为。

本案中,该工程项目造价由某村村集体讨论决定并与刘某某协商一致确定,并非双方串通的结果;本案项目已验收合格,并无任何质量问题,难以认为对国家、公共利益造成损害。此外,刘某某和村委会签订工程项目协议后、项目招投标开始之前,刘某某所控制的 A 生态农业有限公司早已开工建设并接近完成项目工程,在这个意义上,本案招标手续以及其后的招投标行为,只是个形式,是在项目已成为既定事实的情况下的一种补救措施,涉案招投标行为不再具有独立地位。而且,刘某某及其所控制的 A 生态农业有限公司垫资建设本案项目的事实,更是使得本案不能被评价为具有严重法益侵害的犯罪行为。将刘某某的行为认定为串通投标罪,是一种片面的、局部思考问题的方法,既没有看到问题的实质,也没有对案件定性进行整体性评价。

实务中,有的办案人员注意到了串通投标的刑法与经济法含义的不同,将依法不属于串通报价的行为排除在外。比如胡某甲涉嫌串通投标案中,检察机关作出不起诉的理由是:被不起诉人胡某甲身为黄石某某工程有限公司原法定代表人,在某甲、某乙排洪渠建设工程招投标过程中虽组织实施了邀约其他公司串通投标的行为,但是其不具有通过串通投标报价,损害招标人或其他投标人以及国家、集体、公民合法利益的主观故意,客观上也没有造成社会危害后果,其行为不构成串通投标罪,根据《刑事诉讼法》第 177 条第 1 款的规定,决定不起诉。[1]

四、总　结

对于本章内容,简要总结如下:

第一,国家的良好法秩序是由宪法、民商法、经济法、行政法、刑

---

〔1〕 参见湖北省黄石市西塞山区人民检察院鄂黄西检一部刑不诉〔2021〕18 号不起诉决定书。

法等共同奠基的,其中民事、经济、行政法律制度和秩序是整个国家和社会秩序有效运转的基础,刑法作为法律体系中的一个环节,当然与民法、经济法、行政法具有“共同的法目的”,从而形成法秩序统一性。同一概念在不同的部门法中尽可能保持含义的一致,这既是法秩序统一性的必然要求,也有利于维持法律体系内部逻辑的统一以及法律的正确适用。

第二,由于不同部门法的具体任务不同,保护法益和归责原则存在差异,同一概念在不同部门法中的含义不尽一致,这种不一致并非意在否定法秩序统一性,相反,是为了更好地维护法秩序统一性。

第三,在交通肇事罪的场合,交警部门出具的事故责任认定书对于该罪的认定只具有参考意义。非法占用农用地、滥伐林木、卖淫、传销、伪劣产品、串通投标等概念的刑法与行政法、民法含义也不尽一致。办案人员若能充分注意同一概念含义的部门法差异,既可以有效地避免将民事经济行为和行政违法行为不当地认定为刑事犯罪,也可以避免将本属于刑事犯罪的行为不当地作为民事经济行为和行政违法行为处理。

第六章
扩张与限制

一、问题的提出

法律不经解释即可直接适用的观点,是以存在一部明确而完备的刑法典为前提的,即一切事宜均已在刑法典中明白无误地加以规定;但是这一前提是根本不存在的。[1] 在制定法国家,法律以条文的形式写在文本上,但法律的真实含义却存在于适用者的解释与理解之中。法律条文的含义最终是由司法者和解释者决定的,刑法也不例外。可以认为,刑法适用的过程就是刑法解释的过程。

面对同一案件事实和刑法条文,办案人员对犯罪构成要件采取不同解释方法,对行为性质及其刑事责任的认定可能存在明显差异。刑法作为社会规范的一种,内容主要是“不得为……”这类禁止规范与“应为……”这类命令规范[2],所以,一般而言,办案人员对刑法条文或者概念用语一旦采取扩大解释,犯罪成立范围就会变大;反

---

〔1〕 参见陈兴良:《判例刑法学(教学版)》(第二版),中国人民大学出版社 2018 年版,第 6 页。

〔2〕 参见〔日〕西田典之:《日本刑法总论》,刘明祥、王昭武译,中国人民大学出版社 2007 年版,第 1 页。

之,刑法处罚范围就会限缩。[1] 作为论理解释的重要方法,对刑法条文或者用语究竟是采取扩张解释还是限制解释,直接关系到行为人刑事责任的有无及其轻重。

法律的正当性不仅在于被正当地规定,还在于被适当地理解和适用。实践中,时常出现的情形是,本该对刑法条文或者概念采取限制解释,有的办案人员却采取了扩张解释;或者本该采取扩张解释,有的办案人员却采取了限制解释,这些都影响到刑法的准确适用。本章主要围绕扩张解释与限制解释的司法适用展开分析。

二、扩张解释:事例、根据及其限制

(一)概念与事例

在刑法理论上,扩张解释一般被界定为超越法条用语的字面意思所进行的解释。[2] 但是,如果对刑法概念的解释超出了其字面含义的范畴,就已经属于违反罪刑法定原则的类推解释,而非扩张解释。任何概念用语的含义都存在一个范围,核心部分的语义是明确的,到边缘部分语义逐渐变得模糊。本书认为,所谓扩张解释,应当是指超出刑法概念用语的核心、通常含义,但并没有超出其字面可能含义的刑法解释方法。

扩张解释包括立法扩张解释和司法扩张解释。前者如2002年全国人民代表大会常务委员会《关于〈中华人民共和国刑法〉第三百

[1] 刑法规范中也不排除存在一些消极的构成要件,对这些要件的扩张解释的结果是限缩刑法的处罚范围。

[2] 参见黎宏:《刑法学总论》(第二版),法律出版社2016年版,第14页;[日]西田典之:《日本刑法总论》,刘明祥、王昭武译,中国人民大学出版社2007年版,第39页。

八十四条第一款的解释》对挪用公款"归个人使用"含义的解释。该解释规定:"有下列情形之一的,属于挪用公款'归个人使用':(一)将公款供本人、亲友或者其他自然人使用的;(二)以个人名义将公款供其他单位使用的;(三)个人决定以单位名义将公款供其他单位使用,谋取个人利益的。"

又如2002年全国人民代表大会常务委员会《关于〈中华人民共和国刑法〉第九章渎职罪主体适用问题的解释》针对渎职罪主体的解释。该解释规定:"在依照法律、法规规定行使国家行政管理职权的组织中从事公务的人员,或者在受国家机关委托代表国家机关行使职权的组织中从事公务的人员,或者虽未列入国家机关人员编制但在国家机关中从事公务的人员,在代表国家机关行使职权时,有渎职行为,构成犯罪的,依照刑法关于渎职罪的规定追究刑事责任。"

相对于立法扩张解释,刑法司法扩张解释更具普遍性。比如单位犯罪中的"单位"。根据《刑法》第30条的规定,单位是指公司、企业、事业单位、机关、团体。2001年最高人民法院《全国法院审理金融犯罪案件工作座谈会纪要》规定,"以单位的分支机构或者内设机构、部门的名义实施犯罪,违法所得亦归分支机构或者内设机构、部门所有的,应认定为单位犯罪"。将单位的分支机构、内设机构和部门解释为单位犯罪中的"单位",属于扩张解释。

又如,根据《刑法》第271条的规定,"公司、企业或者其他单位的工作人员,利用职务上的便利,将本单位财物非法占为己有,数额较大的",构成职务侵占罪。实践中,"非法占为己有"并不限于本单位财物由行为人自己非法占有,还包括财物由第三人非法占有。

(二)扩张的根据和事由

归纳刑法扩张解释的根据和事由,主要有以下情形:

1. 保护法益，避免刑法处罚漏洞

刑法的根本目的是保护法益，当行为严重侵害了法益，如果对构成要件不进行扩张理解，就会出现处罚漏洞，此时就有必要对构成要件采取扩张解释，将法益保护置于规范含义的射程内。比如，职务侵占罪中，如果将“非法占为己有”仅仅界定为行为人自己（本人）非法占有，那么，当本单位财物由第三人非法占有时，将无法通过刑法给予保护，导致法益保护出现漏洞。刑法中属于该情形的扩张解释比较普遍和常见。

（1）贿赂犯罪中的“财物”

根据刑法的规定，贿赂犯罪的对象是财物。财物，传统意义上包括钱财与物品。现实社会，若将贿赂的范围仍局限于传统财物的理解，将难以适应当前打击各类贿赂犯罪的现实需要，有必要扩大其范围。[1] 2008 年最高人民法院、最高人民检察院《关于办理商业贿赂刑事案件适用法律若干问题的意见》第 7 条规定：“商业贿赂中的财物，既包括金钱和实物，也包括可以用金钱计算数额的财产性利益，如提供房屋装修、含有金额的会员卡、代币卡（券）、旅游费用等。具体数额以实际支付的资费为准。”2016 年最高人民法院、最高人民检察院《关于办理贪污贿赂刑事案件适用法律若干问题的解释》第 12 条进一步指出：“贿赂犯罪中的‘财物’，包括货币、物品和财产性利益。财产性利益包括可以折算为货币的物质利益如房屋装修、债务免除等，以及需要支付货币的其他利益如会员服务、旅游等。后者的犯罪数额，以实际支付或者应当支付的数额计算。”司法解释都明确地将财物的含义扩张至财产性利益。这样，股权、土地使用权、房

[1] 参见逄锦温：《〈关于办理商业贿赂刑事案件适用法律若干问题的意见〉的理解与适用》，载《人民司法》2008 年第 23 期。

屋租赁权都可以成为贿赂犯罪的对象。不仅贿赂犯罪对象的财物包括财产性利益,为了充分保护法益,作为财产犯罪对象的财物也可以包括财产性利益。

(2)刑法中的“公共场所”

现行《刑法》制定之时,网络犯罪尚不是个突出的社会问题。其后,随着网络技术快速发展,网络犯罪出现了换代升级,刑法中的问题随之而来。

比如《刑法》第 303 条第 2 款规定了开设赌场罪,赌场的基本含义是专供赌博的场所,在传统理解中此种场所一般被认为是具有物理空间的线下场所。但随着信息网络技术的发展,网络赌博变得日渐普遍和严重。2005 年最高人民法院、最高人民检察院《关于办理赌博刑事案件具体应用法律若干问题的解释》第 2 条规定:“以营利为目的,在计算机网络上建立赌博网站,或者为赌博网站担任代理,接受投注的,属于刑法第三百零三条规定的‘开设赌场’。”2010 年最高人民法院、最高人民检察院、公安部《关于办理网络赌博犯罪案件适用法律若干问题的意见》指出:“利用互联网、移动通讯终端等传输赌博视频、数据,组织赌博活动,具有下列情形之一的,属于刑法第三百零三条第二款规定的‘开设赌场’行为:(一)建立赌博网站并接受投注的;(二)建立赌博网站并提供给他人组织赌博的;(三)为赌博网站担任代理并接受投注的;(四)参与赌博网站利润分成的。”可见,基于打击网络赌博违法犯罪活动的需要,司法解释将信息网络空间中的建立赌博网站行为解释为开设赌场罪,赌场的含义被扩大化理解。

又如寻衅滋事罪,《刑法》第 293 条规定,寻衅滋事罪的客观行为包括“在公共场所起哄闹事,造成公共场所秩序严重混乱”的情形。

在传统意义上,“公共场所”一般是指车站、码头、商场、公园、影剧院等社会公众聚集在一起进行公众性活动的场所[1],2013 年最高人民法院、最高人民检察院《关于办理寻衅滋事刑事案件适用法律若干问题的解释》对公共场所的界定就采用了其传统含义。该解释第 5 条规定:“在车站、码头、机场、医院、商场、公园、影剧院、展览会、运动场或者其他公共场所起哄闹事,应当根据公共场所的性质、公共活动的重要程度、公共场所的人数、起哄闹事的时间、公共场所受影响的范围与程度等因素,综合判断是否‘造成公共场所秩序严重混乱’。”2013 年最高人民法院、最高人民检察院《关于办理利用信息网络实施诽谤等刑事案件适用法律若干问题的解释》明确将公共场所的概念扩张至网络空间。该解释第 5 条第 2 款规定:“编造虚假信息,或者明知是编造的虚假信息,在信息网络上散布,或者组织、指使人员在信息网络上散布,起哄闹事,造成公共秩序严重混乱的,依照刑法第二百九十三条第一款第(四)项的规定,以寻衅滋事罪定罪处罚。”司法解释之所以将公共场所扩张解释至网络空间,主要是因为信息网络具有明显的公共属性和社会属性,网络已融入现实社会,成为人们现实生活的重要组成部分。利用信息网络编造、故意传播虚假信息并造成公共秩序严重混乱的行为具有现实的社会危害性,而且,将信息网络空间认定为公共空间,不违反罪刑法定原则。[2]

(3)破坏交通工具罪中的“汽车”

根据《刑法》第 116 条的规定,破坏交通工具罪的犯罪对象仅限于火车、汽车、电车、船只和航空器。大型拖拉机作为大型运载交通工具是否可以解释为“汽车”一直存在争议。根据《汽车和挂车类型

---

〔1〕 参见马克昌主编:《百罪通论》(下卷),北京大学出版社 2014 年版,第 943 页。

〔2〕 参见最高人民检察院法律政策研究室:《〈关于办理利用信息网络实施诽谤等刑事案件适用法律若干问题的解释〉解读》,载《人民检察》2013 年第 23 期。

的术语和定义》的规定,汽车指的是由动力驱动,具有4个或4个以上车轮的非轨道承载的车辆,与人力驱动车相对。而大型拖拉机既由动力驱动,同时其在城乡之间作为交通工具使用的情形较为常见,不仅承担运输货物的作用,还可能承担运输乘客的作用。[1] 刑法设立本罪的一个重要原因在于,破坏交通工具的行为,会直接危及不特定或者多数人的人身或财产安全,甚至造成重大的人员伤亡和财产损失,从而危害交通运输的安全。从法益侵害的实质与特点看,大型拖拉机与汽车并无区别。对“汽车”含义作扩张解释,将大型拖拉机解释为破坏交通工具罪的对象,可以避免刑法处罚漏洞。

(4)侵占罪中的“遗忘物”

根据《刑法》第270条第2款的规定,将他人的遗忘物或者埋藏物非法占为己有,数额较大,拒不交出的,构成侵占罪。该条款中的“遗忘物”是否包括“遗失物”,是个值得研究的问题。一种观点认为,所谓遗忘物,是由于权利人一时不慎使财物在一定时间内脱离控制、管理,它与遗失物是不同的概念,两者的区别主要在于,权利人对财物脱离控制、管理的场所、地点、时间等各种因素是否具有比较准确的记忆,是否具备能够较快恢复对该财物控制的可能性,具备则为遗忘物,反之则为遗失物。对拾得遗失物的,依法则不能认定为侵占行为。[2] 另一种观点认为,不应区分遗忘物与遗失物,对侵占罪中遗忘物概念不能完全作字面意义的理解,宜作规范意义的解释,意指非基于他人本意而脱离他人占有,偶然由他人占有或者占有人不明的财物。第一种观点实际上将犯罪的成立取决于被害人记忆力的强弱,是不合理的,也会导致适用中的问题。[3]

---

[1] 参见马克昌主编:《百罪通论》(上卷),北京大学出版社2014年版,第55页。
[2] 参见马克昌主编:《刑法》(第四版),高等教育出版社2017年版,第461页。
[3] 参见张明楷:《刑法学(下)》(第六版),法律出版社2021年版,第1265页。

从法益保护的角度看,财物权利人不慎将财物丢失,脱离对财物的控制和管理,即使权利人对财物脱离控制、管理的场所、地点、时间等基本没有记忆,但事后发现或者找到的,权利人有权追回,行为人应当返还。《民法典》第312条规定,"所有权人或者其他权利人有权追回遗失物"。第314条规定:"拾得遗失物,应当返还权利人。拾得人应当及时通知权利人领取,或者送交公安等有关部门。"在行为人拒不返还的情况下,权利人的权利遭受侵害达到严重程度的,应当得到刑法保护。所以,在刑法上,没有必要严格区分遗忘物和遗失物,换句话说,将遗忘物的范围扩张解释为包括遗失物,是刑法保护法益的需要。

2. 减轻国家的证明责任

法谚曰,举证之所在,败诉之所在。证明责任是诉讼的脊梁,只是刑事诉讼对证明标准要求更高。在现代刑事诉讼中,公诉机关负有举证责任,为了有效打击犯罪,减轻举证难度,司法解释和办案人员有时会对构成要件采取扩张解释。

(1)刑法中的"明知"

犯罪故意属于犯罪的主观方面,存在于行为人的内心深处,在行为人实施了刑法禁止的行为或者行为导致重大法益侵害的场合,立足于保护法益,需要动用刑法加以处罚,但要证明行为人主观上的"明知"以及故意,常常面临困难。如果对这些犯罪不作处理,有违刑法目的,为此,考虑到刑法处理结论的合理性,以及公众对刑法的认同感和接受程度,对某些犯罪降低证明要求,使用推定方法确定行为人具有"明知",就是理所当然的。[1]

近年来,司法解释或文件越来越倾向于将"明知"界定为知道或

[1] 参见周光权:《明知与刑事推定》,载《现代法学》2009年第2期。

者应当知道。比如,2004 年最高人民法院、最高人民检察院《关于办理侵犯知识产权刑事案件具体应用法律若干问题的解释》第 9 条第 2 款明确指出,《刑法》第 214 条规定的“销售明知是假冒注册商标的商品”,其中的“明知”包括知道或者应当知道。又如,2020 年最高人民法院、最高人民检察院、公安部、司法部《关于依法惩治妨害新型冠状病毒感染肺炎疫情防控违法犯罪的意见》规定:“知道或者应当知道是非法狩猎的野生动物而购买,符合刑法第三百一十二条规定的,以掩饰、隐瞒犯罪所得罪定罪处罚”。

在现代汉语中,“明知”指的是明确地理解或者明明知道,司法实践将“明知”界定为知道或者应当知道,即包括明确地知道、概括性地知道和应当知道,很明显已大大扩张了其惯常意义。

(2)受贿罪中“为他人谋取利益”

根据刑法规定,对于非法收受型受贿罪,刑法规定了“为他人谋取利益”的要件。但是,如果将“为他人谋取利益”严格解释为本罪的客观构成要件,认为只有为他人谋取了利益的场合,国家工作人员收受他人财物的,才依法成立受贿罪,这不仅有违常理,不符合受贿罪本质,也不利于打击贿赂犯罪。为了解决处罚范围适当性的问题,理论上提出了种种解决方法,有的将“为他人谋取利益”解释为主观要件,有的提出设置单纯受贿罪和“为他人谋取利益”的加重受贿罪。[1]

实践中,“为他人谋取利益”的理解不仅涉及受贿罪的处罚妥当性问题,还与证明责任密切关联。2003 年最高人民法院《全国法院审理经济犯罪案件工作座谈会纪要》对“为他人谋取利益”的含义采

〔1〕 参见褚福民:《证明困难解决体系视野下的刑事推定》,载《政法论坛》2011 年第 6 期。

取了扩张性理解，规定："为他人谋取利益包括承诺、实施和实现三个阶段的行为。只要具有其中一个阶段的行为，如国家工作人员收受他人财物时，根据他人提出的具体请托事项，承诺为他人谋取利益的，就具备了为他人谋取利益的要件。明知他人有具体请托事项而收受其财物的，视为承诺为他人谋取利益。"这样一来，只要被告人收受了财物，基本上就可以推定其与行贿人之间存在谋取利益的期待和许诺，被告人接受财物就成立受贿罪既遂，而不是待实际上为他人谋取利益之后才是既遂。如此解释刑法关于"为他人谋取利益"的规定，既对刑法所规定的客观要件要素进行了保留，同时又"虚置"了该要件，或者说大大弱化了该构成要件的功能，实质上使该要件成为可有可无的表述。这种解释考虑了受贿罪的法益侵害性，同时考虑了适度减轻受贿罪这种举证极其困难的犯罪中控方的举证责任和说服责任的问题。[1]

2016年最高人民法院、最高人民检察院《关于办理贪污贿赂刑事案件适用法律若干问题的解释》吸收了会议纪要的规定，进一步扩张"为他人谋取利益"的含义，第13条规定："具有下列情形之一的，应当认定为'为他人谋取利益'，构成犯罪的，应当依照刑法关于受贿犯罪的规定定罪处罚：(一)实际或者承诺为他人谋取利益的；(二)明知他人有具体请托事项的；(三)履职时未被请托，但事后基于该履职事由收受他人财物的。国家工作人员索取、收受具有上下级关系的下属或者具有行政管理关系的被管理人员的财物价值三万元以上，可能影响职权行使的，视为承诺为他人谋取利益。"该解释进一步扩张了"为他人谋取利益"的含义，进一步减轻了国家在受贿罪

[1] 参见周光权：《论通过刑法减轻控方责任——兼及刑法与刑事诉讼法的协调》，载《河南省政法管理干部学院学报》2007年第5期。

认定中的证明责任,确保国家对于受贿罪打击具有更为优势的地位。

3. 刑事政策的支配和影响

现代社会越来越强化刑事政策对刑法适用的指导意义。但凡属于国家刑事政策从严打击的犯罪类型,司法认定中对其构成要件的解释往往呈现扩张特点,该问题在贪污贿赂犯罪、毒品犯罪、黑社会性质组织犯罪中表现得最为明显。

(1)行贿罪的构成要件

近年来,国家对行贿罪的处罚的强化不仅表现在立法上,也体现在司法上。前者如《刑法修正案(九)》对行贿罪增设罚金刑,严格从宽处罚情节的适用条件,后者体现在司法解释逐步扩张"为谋取不正当利益"的含义。

行贿罪,是指为谋取不正当利益,给予国家工作人员财物的行为。在理论上,行贿与受贿属于对向犯,但我国的两部刑法典都采取了"重受贿轻行贿"的处罚结构,行贿罪与受贿罪并非完全对合关系,成立行贿罪,必须要求行为人"为谋取不正当利益"。近年来,随着中央反腐力度、深度、广度的强化,行贿罪中"为谋取不正当利益"的含义被扩张理解,体现出对行贿罪的从严打击。

1999 年最高人民法院、最高人民检察院《关于在办理受贿犯罪大要案的同时要严肃查处严重行贿犯罪分子的通知》规定:"'谋取不正当利益'是指谋取违反法律、法规、国家政策和国务院各部门规章规定的利益,以及要求国家工作人员或者有关单位提供违反法律、法规、国家政策和国务院各部门规章规定的帮助或者方便条件。"2008 年最高人民法院、最高人民检察院《关于办理商业贿赂刑事案件适用法律若干问题的意见》第 9 条规定:"在行贿犯罪中,'谋取不正当利益',是指行贿人谋取违反法律、法规、规章或者政策规定的利益,或者要求对方违反法律、法规、规章、政策、行业规范的规定提供帮助或者方便条件。在招标投标、政府采购等商业活动中,违背公平原则,给予相关人员财物以谋取竞争优势的,属于'谋取不正当利益'。"2012年最高人民法院、最高人民检察院《关于办理行贿刑事案件具体应用法律若干问题的解释》第12条规定:"行贿犯罪中的'谋取不正当利益',是指行贿人谋取的利益违反法律、法规、规章、政策规定,或者要求国家工作人员违反法律、法规、规章、政策、行业规范的规定,为自己提供帮助或者方便条件。违背公平、公正原则,在经济、组织人事管理等活动中,谋取竞争优势的,应当认定为'谋取不正当利益'。"

以上可见,"谋取不正当利益"的含义呈现扩大化的趋势:一是《关于在办理受贿犯罪大要案的同时要严肃查处严重行贿犯罪分子的通知》将违反"国家政策和国务院各部门规章规定的利益"解释为不正当利益,《关于办理商业贿赂刑事案件适用法律若干问题的意见》和《关于办理行贿刑事案件具体应用法律若干问题的解释》进一步将其扩大到违反"规章或者政策规定的利益"。其中,规章和政策已不再限于部门规章和国家政策。二是《关于办理商业贿赂刑事案件适用法律若干问题的意见》和《关于办理行贿刑事案件具体应用法律若干问题的解释》将在招标投标、政府采购等商业活动中以及在组织人事管理活动中,违背公平原则,谋取竞争优势的,也认定为"谋取不正当利益"。

(2)毒品犯罪构成要件的扩张

在重刑治毒刑事政策的指导下,我国毒品犯罪的不少立法(包括司法)呈现例外的特点,该问题将在本书第八章专门论述。除立法与司法的例外规定之外,实践中,无论是司法解释(或文件)的规定,还是办案人员对具体案件的处理,对毒品犯罪构成要件作扩张理解的倾向十分明显。

比如,贩卖毒品罪中“贩卖”的含义。现代汉语中,贩卖指的是商人买进货物再卖出以获取利润的行为,但贩卖毒品罪中,贩卖的实行行为被扩张至预备行为。根据 2012 年最高人民检察院、公安部《关于公安机关管辖的刑事案件立案追诉标准的规定(三)》第 1 条的规定,“贩卖”是指“明知是毒品而非法销售或者以贩卖为目的而非法收买的行为”。

又如,毒品犯罪的既遂与未遂。刑法并没有对毒品犯罪的犯罪既遂与未遂标准作出特殊规定,在这种情况下,理应按照罪刑法定原则和行为犯的特点,认定毒品犯罪的既遂与未遂标准。以贩卖毒品罪为例,其既遂与未遂标准应该是毒品的买入或者卖出,即毒品的交付(“交付说”)。但在当前的司法实践中,贩卖毒品罪的既遂标准少有采用“交付说”,多数司法人员采用的是“交易状态说”,只要交易双方进入交易状态,即认定为贩卖毒品罪的既遂。有的办案人员甚至采用更为提前立场的“合意说”,只要交易双方对毒品买卖达成合意即成立犯罪既遂。这带来的是贩卖毒品罪既遂时点的大大提前和处罚范围的扩张。该问题将在本书第八章专门论述。

再如毒品代购的含义,不少司法机关将其限定于吸毒者与毒品卖家联系后委托代购者前去购买的仅用于吸食的毒品,或者虽未联系但委托代购者到其指定的毒品卖家处购买的仅用于吸食的毒品,且代购者未从中牟利的行为。也就是说,毒品代购的成立,代购者只能去托购者指定的毒品卖家处购买毒品。[1] 毒品代购与贩卖

---

〔1〕 参见 2018 年浙江省高级人民法院、浙江省人民检察院、浙江省公安厅《关于办理毒品案件中代购毒品有关问题的会议纪要》。该纪要虽然是浙江省的规定,但对办案实践产生了很普遍的影响,不少地方办案机关采用了该纪要的规定。

毒品的范围呈现出此消彼长的关系，对毒品代购范围过于严格的限制导致了贩卖毒品罪处罚范围的扩张。

此外，对代购牟利过于宽泛的认定，即将毒品蹭吸、克扣等认定为变相贩卖毒品，也引起贩卖毒品罪处罚范围的扩张。但是，将毒品蹭吸解释为贩卖毒品的行为，并不合适，因为在蹭吸的场合，不管是毒品托购者，还是代购蹭吸者，行为人都是出于吸食毒品的目的，并不属于以卖出为目的买入毒品的行为。换句话说，毒品蹭吸本质上属于毒品吸食行为，而不是毒品的贩卖行为，将蹭吸评价为贩卖，背离了贩卖行为的构造，超越了概念的含义，本质上属于类推解释。将毒品克扣解释为毒品贩卖，同样属于类推解释，因为代购者在托购者不知情情况下私自截留或者克扣所代购毒品的行为，在性质上属于盗窃毒品的行为。

(3)黑社会性质组织认定的扩张

《刑法》第 294 条明确规定了黑社会性质组织成立的组织特征、行为特征、经济特征和非法控制特征。这四个特征是一个有机的整体，黑社会性质组织的认定应严格按照刑法规定进行，但实践中，黑社会性质组织的特征及其范围呈现扩大化认定的特点，有些扩张认定是司法文件倡导的，有些则系办案人员不当理解黑社会性质组织构造及其特征造成的。

第一，关于“非法控制特征”。根据刑法规定，“非法控制特征”是其他三个特征互相影响、互相作用、共同催生的特征，属于黑社会性质组织的根本特征[1]，指的是“通过实施违法犯罪活动，或者利用国家工作人员的包庇或者纵容，称霸一方，在一定区域或者行业

---

〔1〕 参见中华人民共和国最高人民法院刑事审判第一、二、三、四、五庭主办：《刑事审判参考》(总第 107 集)，法律出版社 2017 年版，第 174 页。

内,形成非法控制或者重大影响,严重破坏经济、社会生活秩序”。按照刑法的规定,“非法控制特征”认定的核心在于判断行为是否形成了“非法控制或者重大影响”。而且,对于黑社会性质组织“非法控制特征”,既然刑法明确规定为“形成非法控制或者重大影响”,那么严格贯彻同质解释原理,这里的“重大影响”应当与“非法控制”具有相当性。“非法控制”和“重大影响”的实质都是支配,强调的都是犯罪行为对一定地区或特定行业社会关系的控制力、支配力和影响力,只是表现形式上有所不同而已。[1] 行为是否存在“非法控制”或者“重大影响”,需要结合组织规模、存续时间、组织实施的违法犯罪行为及其强度、组织经济实力以及行为造成后果综合判断。即便行为造成了严重后果,比如人员伤亡或重大财产损失,如果组织缺乏对一定地区或行业的控制力,那么就不能认定为符合刑法规定的“非法控制特征”。

从司法文件规定的演变看,“非法控制特征”的含义明显呈现出扩张的特点。首先,在概念术语的使用上,2009 年最高人民法院、最高人民检察院、公安部《办理黑社会性质组织犯罪案件座谈会纪要》明确使用的是“危害性特征”,“非法控制特征”逐渐被“危害性特征”取代。其次,对于“非法控制特征”的认定,现有的会议纪要特别是 2015 年最高人民法院《全国部分法院审理黑社会性质组织犯罪案件工作座谈会纪要》更是没有将其严格限定在与非法控制、支配同质的程度,将单纯的行为造成的后果严重的情形也规定为符合“非法控制特征”。此外,2009 年最高人民法院、最高人民检察院、公安部《办理黑社会性质组织犯罪案件座谈会纪要》关于“非法控制特征”兜底条

---

[1] 参见周光权:《黑社会性质组织非法控制特征的认定——兼及黑社会性质组织与恶势力团伙的区分》,载《中国刑事法杂志》2018 年第 3 期。

款的设置,即“其他形成非法控制或者重大影响,严重破坏经济、社会生活秩序的情形”,更是为“非法控制特征”的实践扩张预留了罪刑法定的空间。

第二,在案件处理上,有的办案人员因没有正确理解和适用刑法规定的“非法控制特征”而导致黑社会性质组织拔高认定的情形也多种多样。[1] 有的办案人员没有正确把握黑社会性质组织的本质及其构造,倾向于简单地将黑社会性质组织理解为一群人在一段时间内干了一堆违法犯罪事实的集合。这很容易将黑社会性质组织的打击范围扩张至黑恶势力团伙。

第三,关于涉黑财产的认定,实践中也存在过于宽泛、扩张认定的做法。有的公司、企业在合法成立后主要经营活动是合法的,但也存在少部分行为和财产与黑恶犯罪牵连。对于此类案件,有的办案人员采取简单化的做法,以公司涉黑恶违法犯罪而将整个公司的财产查封、追缴或者没收,这种做法就过于扩张了涉黑财产的范围,是不妥当的。

实践中,刑法扩张解释事由并非限于上述情形,还包括刑罚权扩张的天然本性容易引起的刑法扩张适用;办案机关偏重打击犯罪的思维和立场,也不可避免地导致刑法处罚范围的扩张以及对刑法的扩张解释等。

需要说明的是:以上刑法扩张解释的事由,包括保护法益,避免刑法处罚漏洞,减轻国家证明责任,以及刑事政策的支配和影响等,并非独立或者孤立的,很多场合刑法条文或者概念、用语的扩张解释是多种事由综合考虑与作用的结果。比如司法解释将作为受贿

---

[1] 参见何荣功:《避免黑恶犯罪的过度拔高认定:问题、路径与方法》,载《法学》2019 年第 6 期。

罪对象的财物扩张解释为包括财产性利益,既是为了避免处罚漏洞,也是贯彻依法严厉打击贿赂犯罪刑事政策的体现。

(三)扩张解释的限度

1. 不能超越罪刑法定

禁止类推解释是罪刑法定原则的基本要求。对刑法条文及其概念、用语的理解必须在罪刑法定的限度内,不能超越概念、用语含义的范围,这已不再是个理论问题,而主要是个实践问题。当办案人员对刑法概念、用语的解释超越刑法规定时,应被禁止。

比如,根据刑法规定,职务侵占罪的对象是本单位财物,在职务侵占的场合,被害人是本单位。所以,公司股东之间相互侵占股权但没有导致本公司财产权遭受侵害的场合,不能认定为职务侵占罪。具体论述请见本书第三章相关内容,这里不再展开。

又如,根据《刑法》第263条的规定,冒充军警人员抢劫的,处十年以上有期徒刑、无期徒刑或者死刑,并处罚金或者没收财产。对于真正的军警显示军警人员身份进行抢劫的,能否认定为冒充军警人员抢劫,张明楷教授认为,从实质上说,军警人员显示其身份抢劫比冒充军警人员抢劫,危害性更大,更具有提升法定刑的理由。"冒充"包括假冒与充当,其实质是使被害人得知行为人为军警人员,所以,真正的军警显示军警人员身份进行抢劫的,也应认定为冒充军警人员抢劫。[1] 但2016年最高人民法院《关于审理抢劫刑事案件适用法律若干问题的指导意见》指出:"军警人员利用自身的真实身份实施抢劫的,不认定为'冒充军警人员抢劫',应依法从重处罚。"

不能否认,较之于冒充军警人员抢劫,真正的军警人员抢劫的,社会危害性可能更大,在实质上处罚必要性更高。但是,"冒充"

[1] 参见张明楷:《刑法学(下)》(第六版),法律出版社2021年版,第1294—1295页。

指的是以假充真的行为,显示出了行为具有欺骗和欺诈性质。真正的军警显示军警人员身份进行抢劫的,行为的形式与实质是一致的,并不具有任何欺诈性质。将该种情形解释为冒充,超越了概念、用语的含义范围,是违反罪刑法定原则的。所以,军警人员显示其身份抢劫的不能认定为刑法规定的冒充军警人员抢劫,司法解释的规定更值得肯定。

本书认为,立法对冒充军警抢劫设置升格法定刑,而没有对真正军警抢劫设置升格法定刑,其着眼点在于冒充行为及其危害性,而不是抢劫行为的社会危害性。换句话说,立法旨在保护军警身份的特殊意义,即不得冒充。本书如此理解该条款的规范保护目的,是有刑法依据的。《刑法》第 279 条规定了招摇撞骗罪,行为人冒充国家机关工作人员招摇撞骗的,成立招摇撞骗罪,而真正的国家机关工作人员招摇撞骗的,其危害性可能更大,但行为本身并不成立招摇撞骗罪或者更重的犯罪(当然行为有可能成立诈骗罪)。

再如,根据《刑法》第 384 条的规定,挪用公款罪的对象是公款,除第 384 条第 2 款规定的情形外,公物不能成为本罪的对象。所以,国家工作人员利用职务上便利挪用公物的,尽管行为可能具有严重社会危害性,但依法不能将其认定为挪用公款罪。但是,当行为人将公物变卖,将所得款项归个人使用的,此时将其认定为公款,并不违反罪刑法定原则。《刑事审判参考》在王正言挪用公款案(第 75 号指导案例)中采取了该立场。被告人王正言挪用本公司公物电解铜予以变卖,将所得款项归个人使用,案发前归还了部分公款,还有人民币 102 万元没有归还。人民法院认定被告人成立挪用公款罪,判处有期徒刑 13 年。[1]

还如,单位因需设置的临时机构能否成立单位犯罪的主体也存在争议。某区政府成立旧房改造指挥部(临时机构),指挥部下设办公室(临时机构)。办公室负责人在拆迁过程中找拆迁公司索要费用 30 多万元,用于办公室支出,而非个人使用。该行为能否认定为单位受贿罪?一种意见认为,2001 年最高人民法院《全国法院审理金融犯罪案件工作座谈会纪要》规定:"以单位的分支机构或者内设机构、部门的名义实施犯罪,违法所得亦归分支机构或者内设机构、部门所有的,应认定为单位犯罪。"根据该纪要规定,单位的分支机构、内设机构部门以其名义实施的,违法所得也归内设机构部门的,可以构成单位犯罪。该案与纪要规定的精神并无二致,依法应认定为单位犯罪。另外一种观点认为,上述纪要规定了单位的分支机构、内设机构部门可以依法成立单位犯罪,并没有对临时机构作出规定。根据罪刑法定原则,单位临时机构不能成为单位犯罪主体。

本书认为,单位的临时机构也是单位内设的机构部门,将临时机构解释为单位内设机构部门并不超越其语义含义。所以,单位临时机构以临时机构名义实施犯罪,违法所得亦归临时机构所有的,应认定为单位犯罪。不能因为临时机构具有临时性(案件办理时可能已不存在)就不认定为单位犯罪,转而追究自然人的刑事责任。只是,虽然《刑法》第 30 条规定的单位犯罪主体包括机关,但实践中国家机关一般不宜被认定为单位犯罪主体[2],这样一来,国家机关分支机构、内设机构部门(包括临时机构)自然不宜被认定为单位犯罪主体。但在国家机关之外的如公司、企业、事业单位和团体的临时机

[1] 参见中华人民共和国最高人民法院刑事审判第一庭主编:《刑事审判参考》(总第 10 辑),法律出版社 2000 年版,第 42 页。

[2] 参见马克昌:《"机关"不宜规定为单位犯罪的主体》,载《现代法学》2007 年第 5 期。

构,则可以依法成为单位犯罪主体。所以,该案最终不以单位犯罪处理,不是罪刑法定的问题,而是实践中刑法规定的政策把握与运用问题,与刑法解释关系不大。

值得注意的是,最近几年,由于种种原因,刑法立法和司法解释中出现了若干类推解释的情形。

比如,2004年全国人民代表大会常务委员会《关于〈中华人民共和国刑法〉有关信用卡规定的解释》规定:“刑法规定的‘信用卡’,是指由商业银行或者其他金融机构发行的具有消费支付、信用贷款、转账结算、存取现金等全部功能或者部分功能的电子支付卡。”信用卡原本限于贷记卡,该立法解释将借记卡也解释为属于刑法中的信用卡。这导致刑法中的信用卡含义等同于银行卡,超越了信用卡的基本含义。

又如,2000年最高人民法院《关于审理交通肇事刑事案件具体应用法律若干问题的解释》第5条规定,“交通肇事后,单位主管人员、机动车辆所有人、承包人或者乘车人指使肇事人逃逸,致使被害人因得不到救助而死亡的,以交通肇事罪的共犯论处”。对于该规定,理论上一直存在否定意见,因为交通肇事罪是过失犯罪,以共犯来处理指使逃逸的人违反了刑法关于共同犯罪的规定。对此,该司法解释的起草者指出:“在肇事后逃逸的问题上,肇事人主观上是故意的,其他人指使其逃逸,具有共同的故意,当然符合共犯的构成条件。因此,《解释》第5条的规定是符合立法本意的。”[1]本书认为,起草者的理解是站不住脚的,因为交通肇事逃逸本身并不是独立的犯罪而是交通肇事罪的一种加重情节,如果刑法中规定了交通肇事逃逸罪,那么,肇事者和指使者自然可以成立交通肇事逃逸罪的共

---

[1] 孙军工:《正确适用法律 严惩交通肇事犯罪——〈关于审理交通肇事刑事案件具体应用法律若干问题的解释〉的理解与适用》,载《人民司法》2000年第12期。

同犯罪。交通肇事罪依法属于过失犯罪,根据《刑法》第 25 条的规定,我国共同犯罪范围只限于共同故意犯罪,肯定交通肇事罪的共同犯罪,就无法避免违反罪刑法定的问题。[1]

当然,在我国,立法解释也是国家的重要立法活动,司法解释也具有准立法性质。所以,对于司法机关而言,按照立法解释和司法解释的规定办理案件,并不存在违反罪刑法定原则的问题,只是从法治国原则和刑法正当性而言,上述做法有值得商榷之处。

2. 避免偏离行为的构造与本质

事物的构造决定着事物的性质。不管是基于何种理由对犯罪构成要件采取扩张解释,都不能偏离犯罪的构造与本质。偏离犯罪本质和构造的解释本质上属于类推解释。

比如以危险方法危害公共安全罪的成立范围,该问题的核心在于如何理解“其他危险方法”的含义。根据刑法规定和同类解释规则,“其他危险方法”应当与放火、决水、爆炸、投放危险物质在行为的不法性质上具有相当性。所以,以危险方法危害公共安全罪中的“其他危险方法”只是刑法第 114 条、第 115 条的“兜底”规定,而不是《刑法》分则第二章的“兜底”规定。对那些与放火、爆炸等危险方法在违法性上不相当的行为,即使危害公共安全,也不宜认定为以危险方法危害公共安全罪。[2]

但是,实务中有些案件的处理包括现行司法解释有些规定明显表现出对以危险方法危害公共安全罪构造的偏离。根据 2019 年最高人民法院、最高人民检察院、公安部《关于依法惩治妨害公共交通工具安全驾驶违法犯罪行为的指导意见》的规定,乘客在公共交通工

[1] 该问题在一定程度上反映了我国刑法将共同犯罪的范围仅限于共同故意犯罪,是存在局限性的。

[2] 参见张明楷:《刑法学(下)》(第六版),法律出版社 2021 年版,第 891 页。

具行驶过程中,抢夺方向盘、变速杆等操纵装置,殴打、拉拽驾驶人员,或者有其他妨害安全驾驶行为,危害公共安全,尚未造成严重后果的,依照《刑法》第114条的规定,以以危险方法危害公共安全罪定罪处罚;乘客在公共交通工具行驶过程中,妨害公共交通工具安全行驶,危害公共安全的,依照《刑法》第114条的规定,以以危险方法危害公共安全罪定罪处罚;驾驶人员在公共交通工具行驶过程中,与乘客发生纷争后违规操作或者擅离职守,与乘客厮打、互殴,危害公共安全,尚未造成严重后果的,依照《刑法》第114条的规定,以以危险方法危害公共安全罪定罪处罚。

不能否认,乘客、驾驶人员等在公共交通工具行驶过程中妨害安全驾驶的行为依法可以成立以危险方法危害公共安全罪,但妨害安全驾驶行为多样,即便可以肯定该类行为具有危害公共安全的性质,但该类行为未必都可以达到与“放火、决水、爆炸、投放危险物质”同质的危险。近年来,在公共交通工具上抢夺方向盘、殴打驾驶人员等妨害安全驾驶的行为时有发生,有的造成重大人员伤亡和财产损失的后果,特别是2018年重庆市“10·28”公交车坠江事故发生后,引起全社会强烈关注,严惩妨害安全驾驶违法犯罪行为的呼声高涨。《关于依法惩治妨害公共交通工具安全驾驶违法犯罪行为的指导意见》的规定带有明显从严打击的色彩,该意见的规定明显存在扩大以危险方法危害公共安全罪处罚范围的问题。[1]

刑法立法也对妨害安全驾驶的行为积极回应,《刑法修正案(十一)》新增妨害安全驾驶罪。根据刑法规定,妨害安全驾驶罪属于轻罪,实施妨害安全驾驶行为,处一年以下有期徒刑、拘役或者管制,并处或者单处罚金。同时构成其他犯罪的,依照处罚较重的规定

---

〔1〕 参见张明楷:《刑法学(下)》(第六版),法律出版社2021年版,第891页。

定罪处罚。最新立法规定事实上修改了《关于依法惩治妨害公共交通工具安全驾驶违法犯罪行为的指导意见》的有关规定，使得刑法对妨害安全驾驶的处罚回归合理，此种处理也更契合行为性质。

又如，对于驾驶机动车、非机动车夺取他人财物行为的定性，2005 年最高人民法院《关于审理抢劫、抢夺刑事案件适用法律若干问题的意见》指出："对于驾驶机动车、非机动车（以下简称"驾驶车辆"）夺取他人财物的，一般以抢夺罪从重处罚。但具有下列情形之一，应当以抢劫罪定罪处罚：（1）驾驶车辆，逼挤、撞击或强行逼倒他人以排除他人反抗，乘机夺取财物的；（2）驾驶车辆强抢财物时，因被害人不放手而采取强拉硬拽方法劫取财物的；（3）行为人明知其驾驶车辆强行夺取他人财物的手段会造成他人伤亡的后果，仍然强行夺取并放任造成财物持有人轻伤以上后果的。"对于第一种和第二种情形，行为依法成立抢劫罪没有疑问。第三种情形明显存在结果归责的倾向，行为人实施抢夺的，也同样可能造成被害人伤亡的严重后果。行为人若没有对被害人人身实施暴力、胁迫等手段，只是单纯地夺取财物，即便造成被害人轻伤以上后果的，也应依法成立抢夺罪，而非抢劫罪。所以，本书认为该解释规定的第三种情形，超越了抢夺罪的本质与构造，具有明显类推解释之嫌。

3. 考虑罪责刑相适应

罪责刑相适应，既是刑法的基本原则，也体现着社会常识和国民的伦理观念，刑法解释也要遵循该原则。一般而言，刑法规定的刑罚越严厉，司法者越需要谨慎地理解刑法条文和概念、用语的含义与范围，避免处罚范围的不适当扩张。比如，故意杀人罪是重罪，对其成立范围的解释应坚持十分节制的立场；以危险方法危害公共安全罪和放火、决水、爆炸、投放危险物质罪并列规定，也属于严重的罪行，对于该罪适用整体上也要坚持限制解释，而非扩张立场；此外，黑社会性质组织、毒品犯罪也都属于严重罪行，为了贯彻罪责刑相适应的刑法原则，办案人员对这些犯罪的认定也要坚持慎重立场，这里不再举例赘述。

三、限制解释：概念、表现及其适用

（一）概念与事例

谦抑性是现代刑法适用和解释应当秉持的基本理念与原则，在这个意义上，刑法解释在整体上应提倡节制与限制。限制解释并非在上述意义上使用，作为刑法论理解释的方法之一，更多是在方法论意义上展开的。

限制解释，亦作限缩解释、限定解释、狭义解释、缩小解释等，系指法律规定之文义过于宽泛，限缩法律条文之文义，局限于核心，以达到正确适用之目的。[1]

比如行凶，日常意义上，“行凶”意指打人或杀人。[2]《刑法》第20条第3款规定：“对正在进行行凶、杀人、抢劫、强奸、绑架以及其他严重危及人身安全的暴力犯罪，采取防卫行为，造成不法侵害人伤亡的，不属于防卫过当，不负刑事责任。”此条款中的“行凶”含义就应限制理解，限于严重危及人身安全的行凶。2020年最高人民法院、最高人民检察院、公安部《关于依法适用正当防卫制度的指导意见》对“行凶”含义就采取的是限制解释，指出：“……下列行为应当认定为‘行凶’：（1）使用致命性凶器，严重危及他人人身安全的；

---

〔1〕 参见杨仁寿：《法学方法论》，中国政法大学出版社1999年版，第112页。

〔2〕 参见罗竹凤主编：《汉语大词典》（第三卷），汉语大词典出版社1989年版，第890页。

(2)未使用凶器或者未使用致命性凶器,但是根据不法侵害的人数、打击部位和力度等情况,确已严重危及他人人身安全的。虽然尚未造成实际损害,但已对人身安全造成严重、紧迫危险的,可以认定为‘行凶’。”

又如胁迫,一般而言,胁迫是指威胁、强迫。[1] 但在抢劫罪中“胁迫”的含义是受到严格限制的,指的是当场使用暴力相威胁。其中,在内容上,应以实施暴力相威胁;在时间上,行为应当具有当场性;在程度上,应达到使被害人不敢反抗而交付或者放弃财物的程度。

再如扒窃,一般意义上是指从别人身上盗窃财产。2013 年最高人民法院、最高人民检察院《关于办理盗窃刑事案件适用法律若干问题的解释》第 3 条的规定,在公共场所或者公共交通工具上盗窃他人随身携带的财物的,是扒窃。这明显对扒窃采取了限制解释。

(二)限制解释的根据与事由

1. 贯彻法益保护和罪责刑相适应的刑法基本原则

法益保护和罪责刑相适应是刑法的基本原则,不仅在立法中应被遵守,司法办案中也应被严格贯彻,它不仅是一种刑法理念,更应被贯彻在刑法适用中。该问题在抢劫罪加重处罚情节中表现得尤为鲜明。

根据《刑法》第 263 条的规定,“入户抢劫的”“在公共交通工具上抢劫的”等,处十年以上有期徒刑、无期徒刑或者死刑,并处罚金或者没收财产。由于刑法对上述情形的法定刑设置很严厉,为了确保罪责刑相适应,实践中对于这些概念有必要采取严格的限制解释。

---

[1] 参见罗竹凤主编:《汉语大词典》(第六卷),汉语大词典出版社 1990 年版,第 1264 页。

比如“入户抢劫”,2000年最高人民法院《关于审理抢劫案件具体应用法律若干问题的解释》第1条规定:“刑法第二百六十三条第(一)项规定的‘入户抢劫’,是指为实施抢劫行为而进入他人生活的与外界相对隔离的住所,包括封闭的院落、牧民的帐篷、渔民作为家庭生活场所的渔船、为生活租用的房屋等进行抢劫的行为。”2005年最高人民法院《关于审理抢劫、抢夺刑事案件适用法律若干问题的意见》进一步指出,“认定‘入户抢劫’时,应当注意以下三个问题:一是‘户’的范围。‘户’在这里是指住所,其特征表现为供他人家庭生活和与外界相对隔离两个方面,前者为功能特征,后者为场所特征。一般情况下,集体宿舍、旅店宾馆、临时搭建工棚等不应认定为‘户’,但在特定情况下,如果确实具有上述两个特征的,也可以认定为‘户’。二是‘入户’目的的非法性。进入他人住所须以实施抢劫等犯罪为目的。抢劫行为虽然发生在户内,但行为人不以实施抢劫等犯罪为目的进入他人住所,而是在户内临时起意实施抢劫的,不属于‘入户抢劫’。三是暴力或者暴力胁迫行为必须发生在户内。”2016年最高人民法院《关于审理抢劫刑事案件适用法律若干问题的指导意见》围绕“入户抢劫”与“在户内抢劫”以及在“部分时间从事经营、部分时间用于生活起居的场所”抢劫定性作出了进一步规定。

对于公民而言,“户”应该是最安全的地方,刑法自然也应该给予最高强度的保护,因此配置了严厉的刑罚。司法解释严格限制“入户抢劫”的含义与范围,一方面,显示出刑法对“户”的特殊保护;另一方面,确保罪责刑匹配,避免处罚范围的不适当扩大。

又如“在公共交通工具上抢劫”,立法之所以要配置严厉刑罚,主要是考虑到该行为不仅侵犯了被害人的财产权和人身权,还危害到公共安全和秩序,所以,对“在公共交通工具上抢劫”的理解必须契合立法初衷。2000年最高人民法院《关于审理抢劫案件具体应用法律若干问题的解释》第2条规定:"刑法第二百六十三条第(二)项规定的'在公共交通工具上抢劫',既包括在从事旅客运输的各种公共汽车,大、中型出租车,火车,船只,飞机等正在运营中的机动公共交通工具上对旅客、司售、乘务人员实施的抢劫,也包括对运行途中的机动公共交通工具加以拦截后,对公共交通工具上的人员实施的抢劫。"2005年最高人民法院《关于审理抢劫、抢夺刑事案件适用法律若干问题的意见》进一步指出:"'在公共交通工具上抢劫'主要是指在从事旅客运输的各种公共汽车、大、中型出租车、火车、船只、飞机等正在运营中的机动公共交通工具上对旅客、司售、乘务人员实施的抢劫。在未运营中的大、中型公共交通工具上针对司售、乘务人员抢劫的,或者在小型出租车上抢劫的,不属于'在公共交通工具上抢劫'。"司法解释对"在公共交通工具上抢劫"的限制解释,同样旨在确保立法初衷(法益保护)的实现,维护罪责刑的匹配与适应。

2. 维护行为性质和构造

比如,前文提到的以危险方法危害公共安全罪中的"其他方法"就不是指一切具有危害公共安全危险的方法,而只限于与放火、决水、爆炸、投放危险物质具有同质性质的危险方法。之所以如此限制解释,根本上是由以危险方法危害公共安全罪的性质和构造决定的。又如,前文提到的《刑法》第20条第3款规定的"行凶",之所以将其含义限定为严重危及人身安全的行凶,同样是由特殊防卫行为的性质和构造决定的,这里再举例进一步说明。

(1)多次抢劫的含义

根据《刑法》第263条的规定,多次抢劫或者抢劫数额巨大的处十年以上有期徒刑、无期徒刑或者死刑,并处罚金或者没收财产。由于多次抢劫是抢劫罪的加重处罚情节，在抢劫罪基本犯不成立的情况下无从谈起抢劫罪加重处罚的问题。所以，成立多次抢劫，需要以每次抢劫都构成犯罪为前提，这里的抢劫应限制解释为抢劫罪，而不能是一般的抢劫行为。但是，刑法中其他条款中的“多次”，就不一定以每次行为都构成犯罪为前提。

（2）毒品的刑法学概念

在我国，毒品的概念为《禁毒法》和《刑法》所明确规定，两者的规定是一致的。《刑法》第357条第1款规定：“本法所称的毒品，是指鸦片、海洛因、甲基苯丙胺（冰毒）、吗啡、大麻、可卡因以及国家规定管制的其他能够使人形成瘾癖的麻醉药品和精神药品。”实务中，有的办案人员没有科学理解药品和毒品的关系以及药品价值的历史变迁，因而存在的一种比较常见的做法是：只要涉案行为对象是《麻醉药品品种目录》和《精神药品品种目录》等国家列管的物质，就直接认定为毒品和相关毒品犯罪。

案例1：李某走私毒品案

李某患抑郁症多年，长期依赖药物治疗，在澳大利亚读本科时，因患有重度抑郁症，在学校跳楼时被警方解救，被迫回国休学一年。2017年李某完成本科学业回国，因抑郁症，曾在北京、天津、武汉多所医院就诊。因长期服用治疗抑郁症的药物，李某出现嗜睡和注意力不集中等症状。经朋友介绍和网上资料查询得知美国处方药阿德拉具有提升注意力的功效，李某开始从美国网站购买阿德拉（化学成分为苯丙胺的多种盐混合物）约9克。李某在某市住宅的快递柜取药品时，被警方查获。

对于此案定性，一种很有影响力的意见认为阿德拉在我国不是药品，其含有的苯丙胺因被列入《精神药品品种目录》，依法应认定为毒品。根据《刑法》第357条第2款的规定,毒品的数量以查证属实的走私毒品的数量计算,不以纯度折算。本案中,李某的行为依法成立走私毒品罪,涉案数量为9克。

本书认为,上述对刑法中毒品概念的解释难以被认为是妥当的。不能将《精神药品品种目录》和《麻醉药品品种目录》列管的药品径直、简单地认定为刑法中的毒品。

众所周知,毒品是个法律概念,在医学上并无此概念,刑法规定的不少毒品,在医学上属于精神药品和麻醉药品。换句话说,毒品和药品具有一定的重合关系,国家管制的药品只有被非法滥用以毒品用途时,才依法属于刑法中的毒品;用于医疗或者科研等目的的,不能被认定为毒品。在我国,被列管物质的范围一直在扩张,特别是越来越多的非药用类精神药品和麻醉药品被列管。整体而言,在我国,当前被列管的物质包括三类:(1)《麻醉药品品种目录》规定的麻醉药品;(2)《精神药品品种目录》规定的精神药品;(3)《非药用类麻醉药品和精神药品列管办法》规定的非药用类麻醉药品和精神药品。

对于上述列管物质在何种情况下应依法被认定为毒品,认定的思路与方法是不完全相同的。对于非药用类麻醉药品和精神药品,因其依法不再具有药用价值,行为人一旦走私、贩卖、运输、制造这类列管物质,除非有证据证明其特殊正当用途,行为一般会径直被认定为走私、贩卖、运输、制造毒品罪。与上述明显不同的是,《麻醉药品品种目录》和《精神药品品种目录》列管的精神药品和麻醉药品,由于这些物质在性质上属于药品,实践中国家仍然将其作为药品使用,其究竟属于药品还是毒品,需要具体考察用途,具体认定。当《麻醉药品品种目录》和《精神药品品种目录》列管的精神药品和麻醉药品被用于医疗目的和用途时,依法属于药品;当用于毒品(比如提供给吸毒人员或者毒品犯罪分子)使用时,则依法属于毒品。

列管的精神药品和麻醉药品能否被认定为毒品要具体分析,最高人民法院会议纪要有明确规定。针对非法贩卖麻醉药品、精神药品行为的定性问题,2015 年最高人民法院《全国法院毒品犯罪审判工作座谈会纪要》明确规定:“行为人向走私、贩卖毒品的犯罪分子或者吸食、注射毒品的人员贩卖国家规定管制的能够使人形成瘾癖的麻醉药品或者精神药品的,以贩卖毒品罪定罪处罚。行为人出于医疗目的,违反有关药品管理的国家规定,非法贩卖上述麻醉药品或者精神药品,扰乱市场秩序,情节严重的,以非法经营罪定罪处罚。”可见,最高人民法院对于被列管的精神药品和麻醉药品能否被认定为毒品采取的是具体考察其用途的方法。会议纪要的规定虽然是针对非法贩卖行为的,但具体考察列管精神药品和麻醉药品用途进而认定其是属于毒品还是药品的精神与立场,同样适用于走私、制造、运输行为的定性。

关于“医疗目的和用途”的认定,既是个事实问题,也是个与规范相关的问题。案发后,行为人常常辩解其走私、运输或者购买某种精神药品和麻醉药品系出于治病等医疗目的和用途,办案人员应重视对相关证据的收集、审查。比如行为人是否有既往医院就诊、治疗等证明。如果行为人没有既往医院就诊、治疗证明,案发后通过医学鉴定能够证明行为人确实患有某种疾病,该精神药品和麻醉药品与疾病具有对应治疗关系的,同样应认定为用于治疗疾病等医疗目的。在行为人购买国家管制的精神药品和麻醉药品确系治疗疾病的情况下,应避免将其认定为毒品。

需要注意的是,即便行为人购买精神药品和麻醉药品系出于治疗疾病目的,但是如果超出合理数量的,属于药物滥用即毒品,有可能依法被认定为毒品犯罪。所以,治病等医疗目的和用途,是个有限定性的概念。本书认为,《刑法》第 348 条规定的非法持有毒品罪的入罪数量标准也是刑法规定的“合理吸食量”的数量标准。当行为人吸食的系海洛因、甲基苯丙胺等毒品时,该数量标准就是吸毒者的毒品合理吸食量标准;当行为人基于医疗目的使用《麻醉药品品种目录》《精神药品品种目录》规定的精神药品和麻醉药品时,该标准就是医疗目的的数量界限标准。

具体到李某走私毒品案而言,首先,阿德拉在美国是处方药,尽管在我国阿德拉没有作为药物使用,但不能否定其具有药物价值以及在美国属于处方药的客观事实,而且,其成分苯丙胺系精神药品,这一案件事实是清晰的。李某因学习和生活之需(用于疾病康复治疗)购买,而且数量没有明显超出合理用量,在这种情况下,将李某的行为认定为构成走私毒品罪,不符合其实际用途,没有科学地区分毒品与药品的关系。

本书注意到,实践中也有少数案例对此类情形采取了缓和的处理方式,有的认为行为不成立犯罪,有的认为行为成立犯罪但情节轻微。

案例 2:胡某某贩卖毒品案

2019 年 9 月,胡某某(系某甲科技公司实际控制人)在和高某某(系某乙科技公司员工)的业务沟通中了解到某乙科技公司需要一种叫作戊巴比妥钠的药物(巴比妥类化学及生物制品,系国家二级管制药品),高某某发给胡某某一份研究院证明文件证明该药物是为了科研使用。后胡某某在网上找到第三方公司,以人民币 3350 元的价格购买了 10 瓶巴比妥钠后免费提供给某乙科技公司,由第三方公司直接发往某乙科技公司。2019

年10月,胡某某以人民币7500元的价格向第三方公司购买6瓶25g装的巴比妥钠,并以人民币20100元的价格卖给某乙科技公司。经查证,某乙科技公司收到巴比妥钠后均提供给本地研究院用于动物实验。公安机关以胡某某涉嫌贩卖毒品罪立案侦查并移送检察机关审查起诉。检察机关认为胡某某的行为情节显著轻微、危害不大,不构成犯罪,依法对胡某某不起诉。[1]

案例3:李某某走私、贩卖、运输毒品案

李某某的儿子因患有癫痫病。多次在医院治疗均无明显好转,后经医生推荐服用氯巴占,病情有明显好转。李某某经他人介绍认识了微信名为"铁马冰河"的人,后多次向其购买氯巴占。2021年5月,"铁马冰河"通过微信与李某某联系,请求李某某提供地址帮助接受其从国外邮寄来的氯巴占,并告知了李某某如何应对海关查处。李某某为了以后更方便向"铁马冰河"购买药物为儿子治疗,在明知"铁马冰河"从境外所寄包裹系氯巴占,属于国家管制药品的情况下,仍为"铁马冰河"提供了自己位于郑州市的住址及联系方式,帮助"铁马冰河"接收氯巴占,并转寄至"铁马冰河"提供的地址。之后李某某被警方以涉嫌"走私、运输、贩卖毒品罪",移送中牟县人民检察院起诉。中牟县人民检察院认为李某某构成走私、运输、贩卖毒品罪但以犯罪情节轻微为由不予起诉。[2]

综上,简言之,《禁毒法》和《刑法》都明确规定了毒品的概念,但立

---

[1] 湖北省武汉市洪山区人民检察院洪检二部刑不诉〔2021〕Z2号不起诉决定书,载12309中国检察网(https://www.12309.gov.cn/12309/gj/hub/whsq/whshsqq/zjxflws/202110/t20211019_10795384.shtml),访问日期:2021年11月1日。

[2] 《母亲为孩子买救命药,被认定贩毒!检方作出决定》,载新浪网(http://k.sina.com.cn/article_5328858693_13d9fee4502001cojr.html),访问日期:2021年11月1日。

足于毒品的法律属性和物理属性,办案人员应对毒品的概念作限制解释。只有当某种物质被国家依法列管且对人滥用时,才依法应当认定为毒品;行为人出于医疗目的使用,不应认定为毒品或者毒品犯罪。

3. 限定处罚范围的政策考量

基于刑事政策的目的或者限制处罚范围,维护刑法谦抑性,实践中也可能对某些刑法概念积极采取限制解释。

比如卖淫的含义,司法实践否定手淫属于刑法中的卖淫,将刑法中的卖淫限定于提供进入式的色情服务,对于这一做法很难认为有何种理论正当性,更多是基于限定刑法处罚范围的刑事政策考量。[1]

又如,虚开增值税专用发票罪,司法实务将不具有骗税目的且没有造成税款损失的虚开增值税专用发票行为排除在刑法的"虚开"之外,这种限制解释也更多是基于刑事政策考量。[2]

再如多次盗窃,根据 2013 年最高人民法院、最高人民检察院《关于办理盗窃刑事案件适用法律若干问题的解释》第 3 条的规定,多次盗窃是指二年内盗窃三次以上的。如此限制解释也主要是基于刑事政策考量,限缩盗窃罪的处罚范围。

与前述扩张解释一样,上述限制解释的根据与事由也并非排斥、对立的关系,很多场合之所以对刑法概念、用语采取限制理解,也是基于多种因素综合考量的结果。

四、扩张解释与限制解释的选择及其考量因素

扩张解释与限制解释是司法实务中最常用的刑法解释方法,两

---

〔1〕 该问题的论述可参见本书第五章的相关内容。

〔2〕 以上问题的论述可以参见本书第五章和第三章的相关内容。

者是相互对立的解释方法。实务中,面对具体案件和法律条文,办案人员究竟是选择对刑法条文、概念作扩张理解还是限制理解,常常面临难题。[1] 对于办案人员而言,科学确定刑法解释立场和方法,综合考虑以下因素是必要的:

第一,法益保护及其处罚的必要性。刑法的目的是保护法益,法益越是重大,受到侵害可能性及其危险程度越高,刑法保护的必要性就越强,办案人员往往越需要对刑法概念、用语扩张理解,以充分保护法益。

第二,刑罚的轻重。罪责刑相适应是刑法的基本原则,对刑法解释特别是扩张解释起着限制和规制作用。某种犯罪行为的刑罚越严厉,办案人员越应谨慎地采取扩张解释,避免处罚的严苛和对处罚正当性的质疑。

第三,犯罪的构造。犯罪的构造反映着犯罪的本质,对刑法解释也起着限制作用,为刑法解释提供框架与边界,避免刑法的解释滑入类推解释。

第四,刑事政策。在现代社会,刑法与刑事政策的关系早已跨越了鸿沟,越走越近。刑法是国家刑事政策的规范化表达,刑事政策是刑法适用的指导与灵魂。在国家越对某类或者特定犯罪依法从严打击时,司法实践往往越会对犯罪构成要件采取扩张解释,积极回应国家和社会惩罚的诉求。

第五,行为的普遍性。危害行为的普遍性往往影响着刑法解释方法的运用。特定时期,某种危害行为在社会上越普遍,处罚必要性就会升高,国家往往会对刑法构成要件采取扩张解释,以有效规制危

---

[1] 理论上根据构成要件对于犯罪成立的意义,可以分为积极构成要件和消极构成要件,对前者扩张解释往往导致刑罚范围的扩大,对后者扩张解释往往导致刑罚范围的缩小。这里主要以积极构成要件为例分析。

害行为。

在当前的办案实践中，一种值得注意的现象是：在上述各种考量因素中，刑事政策的地位和功能越来越突出。一旦国家对某类（种）犯罪采取依法从严打击的立场，办案人员往往情不自禁地对刑法适用采取扩张解释，以体现对犯罪的从严打击。

本书完全理解实践中的这一做法，因为法律在根本上也是国家的一种政治机制，刑法是现实社会的规范写照，其处罚范围受制于特定时期国家和社会对特定行为的政治与社会宽容度。一旦国家对某类型犯罪采取严厉打击立场，随即带来国家和整个社会对待犯罪的容忍度降低，不可避免地引起对特定犯罪处罚更加严厉和打击范围的扩张。但是，在法治国家，刑法毕竟是刑事政策不可翻越的藩篱，而且，针对某类犯罪是否采取扩张解释，刑事政策只是其中考量因素之一，刑法的科学适用还需要综合考虑罪刑法定、罪责刑相适应等刑法原则以及犯罪行为的构造、刑罚的轻重等，而不应简单以其中某个因素决定刑法解释的立场。

以黑社会性质组织为例，单从刑事政策立场而言，由于国家采取依法严厉打击立场，对于黑社会性质组织的特征认定毫无疑问容易采取扩张解释，而且，不论是过去的打黑除恶时期，还是当前扫黑除恶时期，实务办案中对于黑恶犯罪特别是黑社会性质组织构成要件的认定整体上明显呈现扩张特点。黑恶犯罪具有严重的社会危害性，作为我国最高级别的有组织犯罪形态，其不仅危害了公民人身财产权利，还与政府对社会的有关管理形成了根本性对抗，当然要依法从严打击。但是，依法从严打击，并不意味着对黑社会性质组织的成立条件可以简单地采取扩张解释。我国现实的政治社会结构、黑恶犯罪在整个违法犯罪体系中的地位以及对其处罚产生的沉重负面后果,决定了对于其范围和构成要件的理解应依法采取谨慎、严格限制的立场。

首先,限制解释是由黑社会性质组织在整个违法犯罪构造体系中的地位以及行为自身的构造决定的。任何时候我们对事物的整体性把握以及对自身构造的认识,都有助于准确界定事物本身。不管是黑社会性质组织,还是恶势力犯罪团伙,都不是一天形成的,立足于黑恶犯罪的结构特征,整体上对犯罪采取分层次逻辑性思考,有助于从方法论上对黑恶犯罪认定的不适当扩张进行功能性限制。具体来说,如果我们将现实社会的违法犯罪作为一个整体进行考察,那么,犯罪行为分布呈现的是具有内在规律的“金字塔”构造。一般民间纠纷和细小违法行为处于最基层、底端,当其得不到有效治理时,就会发展为更为严重的违法和犯罪,进而演变为犯罪团伙和共同犯罪,其中不排除有些演变为恶势力犯罪团伙。犯罪集团是共同犯罪的高级形态,黑社会组织是整个犯罪的至高形态。根据我国刑法规定,我国目前尚不存在黑社会组织,作为黑社会组织前端的黑社会性质组织是刑法规定的有组织犯罪的最高级、最严密的形态。〔1〕换句话说,黑社会性质组织侵害的是我国“秩序中的秩序”,是我国“犯罪集团中的犯罪集团”。作为我国现阶段最极端的犯罪形态,在国家整个犯罪行为的构造中,只可能是极少数的。

其次,限制解释符合刑法规定和罪责刑相适应的要求。《刑法》第294条第5款明确规定了黑社会性质组织的特征,根据刑法规定,黑社会性质组织的成立必须具备“组织特征”“经济特征”“行为特征”“危害性特征”,从刑法规定的构成要件看,立法对黑社会性质组织持严格限制的立场。在刑罚设置方面,立法对黑社会性质组织

---

〔1〕 参见黎宏:《刑法学总论》(第二版),法律出版社2016年版,第285页。

的处罚也是很严厉的，不仅主刑严厉，刑法规定了数罪并罚的条款，而且附加刑也是十分严厉的。2018 年最高人民法院、最高人民检察院、公安部、司法部《关于办理黑恶势力犯罪案件若干问题的指导意见》规定："对于组织者、领导者一般应当并处没收个人全部财产。对于确属骨干成员或者为该组织转移、隐匿资产的积极参加者，可以并处没收个人全部财产。"刑法的规定也要求对黑社会性质组织进行限制解释、严格解释。

最后，限制解释有重要的刑事政策意义。长期以来，我国采取的是政府主导的经济社会发展模式，政府对社会具有强大的动员力、管理力和控制力，政府主导的经济社会发展模式具有根本上防止黑恶犯罪成长、发展的制度性优势，在这种经济社会发展模式下，黑恶违法犯罪的滋生、存在、维系和发展都面临制度性障碍。所以，当下黑恶犯罪尤其是黑社会性质组织即便在我国现实社会存在，往往也只能例外性地存在于那些基层政权薄弱的地区或某些特定行业、领域。这在根本上决定了办案人员对黑恶犯罪特别是黑社会性质组织的认定应采取"格外"严格的立场和态度，避免人为地扩大化打击。实践中，黑恶犯罪的概念早已超出法律范畴，是个极具社会和政治双重否定性评价的术语或话语体系。而且，对犯罪人而言，黑恶犯罪在社会政治上的否定性评价及其产生的负面后果甚至可能远远超过其在法律层面的否定性评价及后果。行为一旦被定性为黑恶犯罪，这个标签对犯罪人及其家庭和社会关系都会产生强烈的负面效应。沉重的标签应慎重且有节制地适用，以减少因人为扩大化打击导致的不必要的社会关系的分裂与对抗。

类似的情形也出现在毒品犯罪中。从现有的规定看，毒品犯罪的立法和司法不仅采取了扩张的立场，甚至可以认为采取了诸多例外的立场。该现象的出现根本上还是因为过去一个时期，我国面临的毒品滥用和犯罪的严峻态势以及由此催生的重刑治毒的刑事政策。[1] 但是，简单地因为刑事政策对毒品犯罪的构成要件采取扩张解释，难以认为是妥当的。

首先，这种做法忽视了我国刑法对毒品犯罪配置了严厉刑罚的事实，因为立法对毒品犯罪设置了非常严厉的刑罚，所以为了确保罪责刑相适应，必须要对行为是否成立犯罪以及成立何种形态毒品犯罪慎重解释，避免刑罚的处罚过度。

其次，毒品犯罪的打击同样也要贯彻宽严相济的基本刑事政策，这就要求司法机关应将毒品犯罪的打击重点集中于毒枭、毒品的职业犯、源头性犯罪以及大宗毒品犯罪，仅对数量微小的毒品犯罪、毒品代购、蹭吸、克扣等行为从严打击难以真正契合宽严相济的刑事政策。

最后，从严打击必须坚持精准打击，办案人员应确保所打击的行为确系毒品犯罪行为，不能因为从严打击就将难以被认为属于犯罪的行为拔高或者变相认定为犯罪行为。若忽视精准打击，那么，国家越是强调从严打击，越有可能出现打击的偏差，伤及无辜，进而影响最终的打击效果。

五、总　结

对于本章内容，简要总结如下：

第一，法律的正当性不仅在于被正当地规定，还在于被适当地理

---

〔1〕 参见何荣功：《我国"重刑治毒"刑事政策之法社会学思考》，载《法商研究》2015 年第 5 期。

解和适用。现实社会中,对刑法保护功能的倚重以及刑罚权的扩张属性,使得办案人员对于刑法适用与解释天然具有扩张的倾向。所以,相对于限制解释,实践中如何确保扩张解释的合理限度,更值得关注。

第二,对于办案人员而言,对刑法条文或者概念、用语究竟是采取扩张解释,还是限制解释,需要综合考量法益保护的必要性、刑罚轻重、犯罪构造、刑事政策、行为的普遍性以及处罚必要性,避免过度凸显刑事政策在其中的功能与意义。一般而言,法益越重大,处罚越必要,越倾向于刑法扩张解释;而刑罚越严厉,则越需要倾向于限制解释。

第三,黑社会性质组织犯罪、毒品犯罪、贪污贿赂犯罪等属于国家刑事政策要依法严厉打击的犯罪类型,但这并不意味着对此类犯罪的认定一律应简单地采取扩张解释,办案人员应综合考虑处罚的必要性、刑罚的轻重、宽严相济的刑事政策等科学适用刑法,并不排斥在这些犯罪认定中采取刑法的限制解释方法。

第七章
事实与规范

一、问题的提出

法律是现实社会的规范写照,法律规范应尽可能与社会生活事实保持一致,避免规范与社会生活事实分离导致国民行为的障碍。但法律毕竟不是自然事实的简单记述,其本质上是一种规范与价值评价。特别是在现代社会,法律除要发挥规制功能外,还承载着对国民行为和社会生活的推动、指引和引领功能,作为规范形态的法律不可能也不应该完全与现实社会中的自然事实相一致。比如,成年人甲教唆刚满 10 周岁的乙去丙家盗窃,甲并没有亲自实施盗窃行为,在刑法上却要认定为盗窃罪的实行犯(间接实行犯)。甲和乙约定抢劫,因为担心追责,甲没有按照约定前往,乙独自实施了抢劫,甲同样成立抢劫罪(犯罪既遂)。甲在某日晚上对同一楼栋的 5 户人家实施了盗窃,甲依法成立一个盗窃罪,数额累计计算,并非 5 个盗窃罪,数罪并罚。在上述场合,行为的事实属性(事实)与行为的规范评价(规范)并不一致。

刑法的根本目的是保护法益,维护社会秩序。有些场合,规范与事实的分离既是法益保护的需要,也是正义的体现。对于规范与事实的关系，可以认为，规范与事实具有对应性、一致性应该是常态，两者的分离属于例外，往往有特殊的缘由。为了准确地适用刑法，办案人员有必要明确哪些情形下两者是分离的。本章主要围绕该问题展开。

需要说明的是：在罪刑法定时代，犯罪认定的过程是法益侵害的事实与刑法规范是否符合的判断过程。本章对事实与规范关系的论述并非在上述意义上适用。

二、分离（独立）的事由与情形

归纳起来，刑法中规范评价与事实的不一致，至少有以下事由与情形：

（一）避免刑法处罚的漏洞与不正义

刑法的根本目的在于保护法益，在出现明显的法益保护漏洞和处罚不正义的情况下，刑法就有必要超越事实，对特定事实采取规范性评价。间接正犯（实行犯）的概念与错误论中的“法定符合说”就属于该情形。

1. 间接正犯

间接正犯，指的是利用他人为工具实行犯罪的情况。比如，成年人甲教唆6岁儿童乙实施盗窃。对于此类案件，一方面，刑法作为一种社会谴责机制，对未达到刑事责任年龄的人欠缺刑罚谴责的正当性和必要性；另一方面，根据传统共犯从属性原理，当乙的盗窃行为不构成犯罪时，无法追究作为教唆者甲的刑事责任。但是，甲教唆利用没有达到刑事责任年龄的人犯罪，与利用工具实行犯罪并无差异，而且，具有更为严重的社会危害性，因为在该场合，利用者的行为不仅最终导致法益侵害的结果发生，还诱使未成年人犯罪，制造了未成年犯罪人，侵害了未成年人的利益。为了避免法益保护漏洞，维护刑法的正义，刑法理论和实践中设计出了“间接正犯（实行犯）”的概念。虽然利用者在事实上没有亲自实施构成要件的行为，但在规范或者价值上，该情形与行为人亲自实施构成要件行为并无差异，因此在刑法上仍然将其评价为正犯（实行犯）。

2. 错误论中的“法定符合说”

犯罪是主客观构成要件的有机统一，但实践中常常出现主客观不一致的情况，而且，即便在客观行为内部，同样可能出现不一致的情况。为了解决该问题，刑法理论上提出并确立了错误论。比如，甲意图开枪射击乙，结果误把丙当成乙射杀。又如，甲开枪射杀乙，因枪法不准，误中乙身旁的丙，致使丙中弹死亡。前者为具体对象的认识错误，后者为具体对象的打击错误。在两种情形中，关于甲行为的定性，理论上有“具体符合说”和“法定符合说”的争议。按照严格的“具体符合说”，甲具有杀乙的故意，但由于意志以外的因素未能得逞，属于故意杀人罪的犯罪未遂；甲没有杀丙的故意，最终导致丙的死亡，属于过失致人死亡，依法成立过失致人死亡罪。按照想象竞合的原理，对行为人在故意杀人罪（犯罪未遂）和过失致人死亡罪之间择一重罪处断。但问题在于，甲的行为客观上造成了被害人丙死亡的结果，却只能成立故意杀人罪的未遂，不仅难以与社会一般观念相契合，也与法益侵害的性质相悖。“法定符合说”认为，客观上，行为人故意杀人的行为导致了被害人死亡，主观上具有杀人的故意，在故意杀人罪的犯罪构成范围内是主客观相一致的，意图造成乙的死亡，事实上却造成了丙的死亡，两者在法律评价上是等价的，所以，应认为甲构成故意杀人罪的既遂。[1]“法

〔1〕　参见张明楷：《刑法学（上）》（第六版），法律出版社2021年版，第356页。

定符合说”避免了刑罚处罚的漏洞，契合法益保护和国民正义的法观念，为刑法理论与实践普遍接受。

（二）特殊规范保护目的的考量

基于特殊规范保护目的的考量，立法和司法解释很可能对特定事实作出特殊的规范或者价值评价，该情形也被称为“法律的拟制”。

比如，携带凶器抢夺的行为在性质上本是抢夺行为，但根据《刑法》第 267 条第 2 款的规定，依法成立抢劫罪。

又如，贪污罪作为职务犯罪的典型类型，犯罪主体本应限于国家工作人员，不是国家工作人员的，无从谈起职务犯罪的问题。但是，根据《刑法》第 382 条第 2 款的规定，受国家机关、国有公司、企业、事业单位、人民团体委托管理、经营国有财产的人员，利用职务上的便利，侵吞、窃取、骗取或者以其他手段非法占有国有财物的，成立贪污罪。刑法之所以作此规定，有特殊立法目的的考量，该问题将在第八章专门论述，这里不详细展开。刑法中属于该情形的还如：

1. 刑法中的“假药”

在《刑法修正案（十一）》对生产、销售假药罪修改之前，刑法中的“假药”概念存在明显的事实与规范的评价不一致。修改之前的《刑法》第 141 条第 2 款规定：“本条所称假药，是指依照《中华人民共和国药品管理法》的规定属于假药和按假药处理的药品、非药品。”2015 年《药品管理法》第 48 条第 2 款、第 3 款规定：“有下列情形之一的，为假药：（一）药品所含成份与国家药品标准规定的成份不符的；（二）以非药品冒充药品或者以他种药品冒充此种药品的。有下列情形之一的药品，按假药论处：（一）国务院药品监督管理部门规定禁止使用的；（二）依照本法必须批准而未经批准生产、进口，或者依照本法必须检验而未经检验即销售的；（三）变质的；（四）被污染的；

(五)使用依照本法必须取得批准文号而未取得批准文号的原料药生产的;(六)所标明的适应症或者功能主治超出规定范围的。”

可见,《刑法修正案(十一)》出台之前,我国刑法中的“假药”包括物理上的假药和法律上的假药。物理上的假药即事实上的假药,而法律上的假药,在事实上未必是假药,其完全可能是药品,只是没有依法经过批准生产、进口。《药品管理法》和《刑法》之所以肯定法律上的假药,主要在于加强对药品市场的管理。《药品管理法》和《刑法》承认法律上的假药,对于加强国家对药品市场的管理起到了一定的积极作用,但也引起了案件办理中的难题和尴尬,比如陆勇案。[1] 随着2019年《药品管理法》和2020年《刑法》的修改,假药概念的事实与规范不一致的问题基本得到解决,陆勇案的难题与尴尬也已成为历史。

2. 国家机关工作人员的含义

在我国,有些犯罪的成立需要特殊主体,比如《刑法》分则第九章渎职罪,根据刑法规定,只有国家机关工作人员才能成立渎职罪。国家机关工作人员本是个规范概念,是指依法具有国家机关工作人员的身份从事公务活动的人。但是,司法实践中,没有国家机关工作人员身份的人事实上却从事国家机关工作人员活动的情形并不乏见,该种情形中行为人是否属于刑法中规定的国家机关工作人员从而成立渎职罪,就成为值得研究的问题。

对该情形的定性,刑法理论与实践中一度存在着“身份说”和“职能说”的激烈争议。“身份说”采取的是规范标准,认为对于国家机关工作人员的判断应当严格按照法律(包括刑法)的规定,从行为人是否具有国家机关工作人员法定身份的角度进行判断;“职能说”

---

〔1〕 具体内容请参见本书第一章相关论述。

采取的是事实标准,认为行为人是否属于国家机关工作人员应根据行为人事实上是否从事公务判断。

从既有的立法解释和司法解释的规定看,刑法采取的是事实标准。例如,2000 年最高人民检察院《关于合同制民警能否成为玩忽职守罪主体问题的批复》指出:“根据刑法第九十三条第二款的规定,合同制民警在依法执行公务期间,属其他依照法律从事公务的人员,应以国家机关工作人员论。对合同制民警在依法执行公务活动中的玩忽职守行为,符合刑法第三百九十七条规定的玩忽职守罪构成要件的,依法以玩忽职守罪追究刑事责任。”2002 年最高人民检察院《关于企业事业单位的公安机构在机构改革过程中其工作人员能否构成渎职侵权犯罪主体问题的批复》也指出:“企业事业单位的公安机构在机构改革过程中虽尚未列入公安机关建制,其工作人员在行使侦查职责时,实施渎职侵权行为的,可以成为渎职侵权犯罪的主体。”为统一认识,2002 年全国人民代表大会常务委员会《关于〈中华人民共和国刑法〉第九章渎职罪主体适用问题的解释》规定:“在依照法律、法规规定行使国家行政管理职权的组织中从事公务的人员,或者在受国家机关委托代表国家机关行使职权的组织中从事公务的人员,或者虽未列入国家机关人员编制但在国家机关中从事公务的人员,在代表国家机关行使职权时,有渎职行为,构成犯罪的,依照刑法关于渎职罪的规定追究刑事责任。”

当前的实践中,“职能说”已成为理论界与司法实务中的通说,其中的原因不难理解。其一,权利与义务(责任)相一致是法律的基本原则,行为人事实上行使了国家机关工作人员的职权,理应承担相应的法律责任;其二,如果该场合行为人不以国家机关工作人员论,那么,行为人渎职行为的后果将无法纳入刑法视野,导致法益保护的漏洞。刑法以事实标准认定国家机关工作人员,目的在于更好地保护法益,维护刑法正义。

(三)立法政策选择

犯罪是事实现象,但更是规范现象,其中涉及国家立法政策与价值的选择。基于特定的刑事政策立场,同一犯罪事实在刑法上的规定有时会出现明显差异。各国刑法在共同犯罪成立范围和中止犯成立条件规定上的差异,反映着该问题。

1. 共同犯罪的范围

作为一种社会自然事实,共同犯罪显然不限于共同故意犯罪。特别是在现代社会,共同过失或者故意与过失行为共同造成法益侵害的现象越来越普遍,对于后者情形,刑法不是完全没有必要将其纳入调整视野。

对于共同犯罪的成立范围,世界上很多国家的刑法并不限于共同故意犯罪。如《德国刑法典》第 25 条规定:“数人共同实施犯罪,或通过他人实施犯罪的,依正犯论处。”《日本刑法典》第 60 条规定:“二人以上共同实行犯罪者,皆为正犯。”与上述规定不同,我国刑法将共同犯罪严格限制在共同故意犯罪之内,《刑法》第 25 条明确规定:“共同犯罪是指二人以上共同故意犯罪。二人以上共同过失犯罪,不以共同犯罪论处;应当负刑事责任的,按照他们所犯的罪分别处罚。”

我国刑法之所以将共同犯罪限定于共同故意犯罪,原因是多方面的:第一,共同犯罪比个人犯罪更具有严重的社会危害性,共同过失犯罪的危害程度达不到共同故意犯罪的危害程度[1],立法将共同犯罪限定于故意犯的情形,旨在限制刑法处罚范围,突出打击重点。

---

〔1〕 参见张明楷:《共同过失与共同犯罪》,载《吉林大学社会科学学报》2003 年第 2 期。

第二,认识上的局限。对此,有学者写道,过失犯罪是不可能构成共同犯罪的。首先,共同犯罪之所以比个人单独犯罪具有更大的社会危害性,正在于通过共同故意使数人结成犯罪的整体,彼此互相支持,互相配合,易于作大案要案,对社会造成严重危害。而在过失犯罪的情况下,行为人缺乏对共同犯罪的认识,不能使数人的共同行为具有共同犯罪所要求的内在一致性。其次,刑法总则中规定共同犯罪,是因为行为人在共同犯罪中所起的作用不同或者分工不同,需要根据各自的作用或分工确定其刑事责任。而在过失犯罪的情况下,无主犯、从犯或教唆犯的区分,只能根据各人的过失犯罪情况论罪处刑。[1]

但是,将共同犯罪只限定于共同故意犯罪,一方面,并不符合社会事实,如前指出,在现实社会,客观上不乏存在故意行为和过失行为以及共同过失行为导致法益侵害的情形;另一方面,立法为了突出打击重点势必难以确保打击的全面性,这将不可避免地带来刑法适用的难题。

案例1:蒋勇、李刚过失致人死亡案

本案系《刑事审判参考》第450号指导案例。作为指导案例,判旨意在说明如何科学区分间接故意杀人与过失致人死亡,其中也涉及共同过失犯罪的处理问题。

被告人蒋勇、李刚受人雇用驾驶农用车于2005年8月13日上午9时许在江苏省无锡市惠山区钱桥镇华新村戴巷桥村道上行驶时,与当地的徐维勤驾驶的农用车对向相遇,双方因让道问题发生争执并扭打。而后,徐维勤持手机打电话,蒋勇、李刚

[1] 参见李光灿、马克昌、罗平:《论共同犯罪》,中国政法大学出版社1987年版,第39—40页。

以为徐维勤纠集人员,即上车调转车头欲驾车离开现场。徐维勤见状,即冲上前拦在农用车前方并抓住右侧反光镜,意图阻止蒋勇、李刚离开。蒋勇、李刚将徐维勤拉至车后,由李刚拉住徐维勤,蒋勇上车驾驶该车以约20公里的时速缓慢行驶。后李刚放开徐维勤跳上该车的后车厢。徐维勤见状迅速追赶,双手抓住该车的右侧护栏欲爬上该车。蒋勇在驾车过程中,从驾驶室的后视窗看到徐维勤的一只手抓在右侧护栏上,但未停车。李刚为了阻止徐维勤爬进车厢,将徐维勤的双手沿护栏扳开。徐维勤因双手被扳开而右倾跌倒在地且面朝下,被该车的右后轮当场碾压致死。该车开出十余米时,李刚拍打驾驶室车顶,将此事告知了蒋勇,并下车先行离开。蒋勇见状将农用车开到厂里后逃离无锡市,后被公安机关抓获。同年8月18日,李刚向公安机关投案并如实供述了上述犯罪事实。

对于本案的定性,第一种意见认为,被告人蒋勇、李刚的行为均构成故意杀人罪。蒋勇、李刚的行为均符合放任危害结果发生的间接故意形态,客观上导致徐维勤被车碾压致死结果的发生,由此构成了共同(间接)故意杀人罪。另一种意见认为,被告人蒋勇、李刚没有主观意思联络,没有放任被害人死亡的心态,其行为构成过失致人死亡罪。

无锡市惠山区人民法院审理后以过失致人死亡罪,分别判处被告人蒋勇有期徒刑4年6个月,被告人李刚有期徒刑3年6个月。一审宣判后,被告人蒋勇、李刚未提起上诉,公诉机关也未提出抗诉。

对于本案定性,无锡市惠山区人民法院这样写道,综观被告人蒋勇、李刚各自的主客观因素,可以认定蒋勇、李刚共同的主观目的是摆脱徐维勤的纠缠,但二人之间并无意思上的沟通。在危害结果可能发生的情况下,蒋勇、李刚分别违反了应有的预见义务和应尽的避免义务,从而导致徐维勤死亡结果的发生。蒋勇、李刚并无共同的致害故意,只是由于对预见义务和避免义务的违反而造成致害的结果,其行为均符合过失致人死亡罪的基本特征。

《刑事审判参考》在本案"裁判理由"中指出:"我国刑法第二十五条第二款规定:'二人以上共同过失犯罪,不以共同犯罪论处;应当负刑事责任的,按照他们所犯的罪分别处罚。'该条规定实际上承认了共同过失犯罪的合理存在,只不过不以共同犯罪处理而已。""本案实际上是一起比较典型的共同过失犯罪案件,按照我国现行刑法规定,不能以共同犯罪论处,只能对他们分别定罪处罚。"〔1〕

本书认为,法院以过失致人死亡罪分别对被告人定罪量刑,是依法妥当的。但是,判决书对刑法适用的分析论证存在明显的不妥之处。比如法院提出,"蒋勇、李刚共同的主观目的是摆脱徐维勤的纠缠,但二人之间并无意思上的沟通",该认识并不符合案件事实。被告人蒋勇、李刚在行为过程中具有明显的意思沟通,而且,共同过失的场合并不排斥行为人可能存在主观上的意思沟通联络,只是该场合下行为人对结果发生持排斥态度而已。又如法院指出,在危害结果可能发生的情况下,蒋勇、李刚"分别"违反了应有的预见义务和应尽的避免义务,从而导致徐维勤死亡结果的发生。本书不否认两被告人"分别"违反了应有的预见义务和应尽的避免义务,但是两被告人毕竟系一个整体,各自实施的行为相互联系,相互加功,具有摆脱徐维勤纠缠的共同目的。法院只是注意到了各自行为的独立性,并没有看到两人行为的整体性;而忽视行为的整体性,将无法全面科学

〔1〕 参见中华人民共和国最高人民法院刑事审判第一、二、三、四、五庭主办:《刑事审判参考》(总第57集),法律出版社2007年版,第27—32页。

地把握本案中行为的性质。

人民法院分别判处蒋勇、李刚过失致人死亡罪，判决结果是依法作出的，无可厚非，但是否定被害人徐维勤被车碾压致死结果的发生系两人“共同行为”引起的，两人主观上对死亡结果发生存在“共同过失”，并不符合案件事实。基于罪刑法定的刑法基本原则，法院一方面不承认也不能承认共同过失犯罪属于我国刑法规定的共同犯罪，但另一方面事实上又无法回避对此类案件中共同行为和共同责任的认可。

案例2：王某1等上坟失火案

2020年4月4日上午，王某1、王某2、王某3、王某4兄弟四人相约到某山头上坟祭祖。兄弟四人在每位先辈的坟头都焚烧冥币。祭祀完毕，兄弟四人便下山回家。由于下山前没有将焚烧的冥币全部熄灭，导致引发山林火灾。事后鉴定，火灾系坟头冥币燃烧未尽，余火蔓延所致，至于系哪个坟头的火所致，无法查清。经评估，本次火灾过火面积863亩，其中林地面积134亩，疏林地面积263亩，撂荒地40亩。被烧毁的林木市场价格为人民币228 440元。

对于本案处理有两种意见：一种观点认为，本案应当成立过失共同犯罪（失火罪）。虽然未能查清具体是哪个坟头的火过失引起的火灾，但王某1、王某2、王某3、王某4系相约一起给共同祖先上坟祭祖，四人具有相同的法律地位，对于避免火灾具有共同的注意义务。本案结果发生，四人都依法成立失火罪。另一种观点认为，我国刑法不承认过失的共同犯罪，共同过失导致法益侵害结果，行为人分别定罪处罚。既然无法查清是哪个坟头的余火导致火灾发生，因果关系无法确定，属于事实存在疑问。本案中王某1、王某2、王某3、王某4

兄弟四人应作无罪处理。

首先,本案火灾造成了重大法益侵害结果,该结果系坟头余火未尽所致,法益侵害结果和失火行为之间事实上的因果关系并没有争议,在这种情况下,认定本案无罪,将导致法益保护的明显漏洞。其次,根据我国刑法规定,共同犯罪只限于共同故意犯罪,二人以上共同过失犯罪,不以共同犯罪论处;应当负刑事责任的,按照他们所犯的罪分别处罚。这一规定明显承认了共同过失犯罪的事实,只是对共同过失犯罪不按照共同犯罪论处,并没有否认共同犯罪是一种不法形态[1],而且,刑法规定该情形"按照他们所犯的罪分别处罚",也显示了追究刑事责任的立场。所以,本案作无罪处理是不妥当的。

根据刑法规定和本案事实,对于本案的失火行为和造成的重大法益侵害,王某 1、王某 2、王某 3、王某 4 四人主观上存在过失,对此并不存在争议。问题主要集中在四人在客观上是否有失火的行为以及行为和结果之间有无因果关系的问题。

本案中,王某 1、王某 2、王某 3、王某 4 四人相约到山上上坟祭祖,共同焚烧冥币,共同创造了森林可能失火的风险,四人的行为系一个整体,即共同行为,四人处于相同的法律地位,每个人对熄灭坟头余火,保证森林安全都具有同等的注意义务,包括共同的预见义务和共同的避免义务。由于四人的行为系刑法中的共同行为,应整体性评价,每个人的行为都是整体行为的一部分,那么,在引起火灾的场合,任何人的行为在刑法上都系失火罪的实行行为。而且,该场合行为和结果之间因果关系的判断也要采取整体性判断,即王某 1 等四人的整体行为与结果的发生是否存在刑法上的因果关系,无须纠结究竟是哪个人的失火行为直接引起、导致火灾的发生。王某 1 等

[1] 参见张明楷:《刑法学(上)》(第六版),法律出版社 2021 年版,第 496 页。

四人应当成立失火罪,不应该有疑问。与前述蒋勇、李刚过失致人死亡案一样,根据《刑法》第 25 条第 2 款的规定,对于本案,办案人员只能依法认定王某 1 等四人分别成立失火罪。

对于我国共同犯罪的刑法规定,简要评论如下:

第一,在现实社会,共同犯罪并不限于共同故意犯罪,也应包括共同过失犯罪以及故意与过失结合的共同犯罪。如果刑法立法在规范上只认可共同故意型共同犯罪,那么,对于其他事实上的共同犯罪形态,司法者就会面临两种选择:一是对于此类行为及其法益侵害结果,刑法袖手旁观;二是表面上不承认此类行为成立共同犯罪,但暗自使用共同犯罪的归责原理,对行为人定罪量刑,这实际上是表里不一的不得已做法。为了保护法益,多数办案机关会采取后一种做法。

第二,刑法根本目的在于保护法益,刑法规范应尽可能符合社会事实,特别是在当前社会分工和合作日益呈现精细化的时代,我国刑法将共同犯罪仍然局限于共同故意犯罪,更多是基于刑事政策考虑,为了突出打击重点,但重点并不能代表整体,而且,如前指出,立法突出重点势必难以确保全面性,更不符合违法犯罪的客观实际,有必要修改完善。二人以上共同犯罪的,都有必要纳入共同犯罪的范围。

2. 中止犯的"有效性"

与德国、日本等大陆法系国家刑法普遍将中止犯规定为未遂犯的类型不同,我国刑法将中止犯与未遂犯规定为相互独立的犯罪形态。此外,对于中止犯成立是否要具备"有效性"要件,我国刑法也表现出了自己的特点。

《刑法》第 24 条规定:"在犯罪过程中,自动放弃犯罪或者自动有效地防止犯罪结果发生的,是犯罪中止。"根据刑法规定,中止犯包括两种类型：自动停止犯罪的犯罪中止与自动有效地防止犯罪结果发生的犯罪中止。对于后者而言，成立犯罪中止，必须要求中止行为的“有效性”。关于“有效性”的含义，通说的刑法理论认为，在行为人已实施的犯罪行为有可能产生既遂犯罪结果的情况下，行为人要成立中止犯，仅以不作为的方式消极地停止犯罪的继续实施是不够的，行为人还必须采取积极的作为形式来预防和阻止既遂犯罪结果的发生，才能成立犯罪中止。如果行为人虽然采取了防止既遂的结果发生的积极措施，但实际上未能阻止既遂犯罪结果的发生，或者该犯罪结果未发生是由于其他原因所致，则不能认定行为人成立犯罪中止，而应认定为犯罪既遂或犯罪未遂。[1]

可见，根据我国刑法规定，作为中止犯成立要件的“有效性”是以中止行为事实上的有效性为前提。换句话说，只有行为事实上有效地防止了犯罪结果的发生，在刑法上该行为才可能是有效的。对于该问题，事实与规范表现出一致性。但对于“有效性”成立要件，有些国家刑法的规定并非如此。

《德国刑法典》第 24 条第 1 款规定：“如该犯罪没有中止犯的行为也不能完成的，或犯罪的未遂与中止犯以前参与的行为无关，只要行为人主动努力阻止该犯罪完成，应免除其刑罚。”根据其刑法的规定，德国刑法理论普遍否认中止行为与犯罪结果未发生之间须存在因果关系。德国学者在教科书中指出：“根据该规定，如结果非因行为人的中止而未发生的，例如，行为人不知道其行为属于不能未遂，或者由于第三人的独立介入而使结果未发生，只要行为人主动且

---

〔1〕 参见高铭暄、马克昌主编：《刑法学》（第九版），北京大学出版社、高等教育出版社 2019 年版，第 156 页。

真诚努力避免结果发生的,即可认定中止。”[1]

《日本刑法典》第43条规定:“已经着手实行犯罪而未遂的,可以减轻处罚,但基于自己的意志中止犯罪的,应当减轻或者免除处罚。”对于中止有效性的问题,《日本刑法典》没有明确规定,理论上有肯定说和否定说的争论。1974年《日本改正刑法草案》第24条第2款采用肯定说的观点,规定:“行为人作出了足以防止结果发生的努力时,即使由于其他情况使得结果没有发生的,也与前项同。”

综上,在行为客观上不会发生法益侵害结果的情况下,尽管行为人对此不知情,从而中止犯罪行为,我国与德国、日本刑法的立场是一样的,都肯定中止犯的成立。不同意见主要集中于:在法益侵害结果会发生而事实上没有发生的情况下,中止行为和结果不发生之间是否需要具有事实上的因果关系的问题。根据我国刑法规定,两者之间需要存在事实上的因果关系,否则没有成立中止犯的余地,这显示出事实与规范评价的一致性。德国刑法持否定意见,在两者没有事实因果关系的情况下,仍然肯定中止犯的成立,理论上将该情形称之为“准中止犯”,在该问题上表现出规范的独立性评价。刑法肯定准中止犯,显示出立法政策上对行为人积极实施中止行为的褒奖。

(四)事物的特点及其归责原理

某种事物之所以独立存在,主要是因为事物有着自己的特点,刑法制度也一样。前文阐述了共同犯罪的成立范围,这里以共同犯罪的刑事责任为例展开分析。

虽然各国立法对于犯罪参与体系的规定不同,有关共同犯罪人的分类也有差异,但是,对于共同犯罪制度都有专门规定。无论是在

---

[1] [德]汉斯·海因里希·耶赛克、[德]托马斯·魏根特:《德国刑法教科书(总论)》,徐久生译,中国法制出版社2001年版,第655页。

刑法理论上,还是在立法与司法中,共同犯罪在成立条件、刑事责任承担等方面,都有着与单独犯罪明显不同的特点。在共同犯罪的场合,不同行为人主观上的意思联络和客观上行为的相互利用、加功、补充,促使“异心别体”的不同行为人成为“同心一体”的行为整体。既然不同行为人因为共同犯罪意思和共同犯罪行为而成为一个犯罪整体,那么,在刑事责任的承担上,刑法自然会采取有别于单个人犯罪的方式。目前世界各国刑法对于共同犯罪几乎没有差别地采取“部分行为全体责任”的归责原则。我国也是如此。

部分与整体是不同的范畴,通俗地讲,部分不是整体,也不能完全代表整体,部分只是整体的组成部分而已,那么,在自然或者事实意义上,行为人实施部分行为,就只应该对该部分行为承担刑事责任,不应对他人实施的行为部分承担刑事责任。在这个意义上,“部分行为全体责任”明显表现出与自然或者物理事实不契合之处,在性质上属于规范判断。办案人员只有理解了共同犯罪行为和刑事责任的特点,才能避免在行为性质和责任判断上出现偏差。

“部分行为全体责任”的责任原则落实到犯罪停止形态、犯罪数额、共同犯罪与身份的认定上,都表现出与单独犯的明显不同。

1. 共同犯罪的预备、未遂与既遂

在共同犯罪场合,不同的行为人是一个有机整体,所以,对行为究竟是否属于预备、未遂或者既遂的判断,需要坚持整体性规范判断。数人共同实施犯罪,有一人犯罪既遂的,整个案件都成立犯罪既遂,对于其中事实上未得逞者,同样成立犯罪既遂。

案例 3:张甲、张乙强奸案

本案系《刑事审判参考》第 790 号指导案例。基本案情如下:张甲和张乙共谋强奸被害人杨某(女,时年已满 16 周岁)。

2010年6月28日13时许，张乙到被害人杨某家中，以有朋友打电话找其为名，将杨某骗到张甲、张乙居住的出租屋后，张乙实施暴力，欲强行与杨某发生性关系而未得逞。而后，张甲强奸杨某得逞。案发后，被害人杨某向公安机关报案，张甲、张乙被抓获。

本案的问题是：共谋轮奸，一人得逞，未得逞的人是否构成强奸罪既遂？在审理过程中，对于被告人是否具有轮奸情节以及是否应当认定为犯罪既遂，第一种意见认为，应当认定为强奸罪既遂和强奸罪未遂；第二种意见认为，两被告人的行为构成轮奸，应当适用具有轮奸情节的法定刑，但对张甲、张乙应分别认定为强奸罪的既遂和强奸罪未遂；第三种意见认为，两被告人的行为构成轮奸，均认定为强奸罪的既遂，但张乙强奸未得逞，可以认定为从犯。

一审法院认定本案属于轮奸，张甲成立强奸罪既遂，张乙属于强奸罪未遂。二审法院认为一审认定张乙成立强奸罪未遂，适用法律错误，张乙应依法成立强奸罪既遂。[1]

本案涉及的问题除主从犯区分外，还有张乙的行为是属于强奸罪的犯罪既遂还是犯罪未遂以及张甲和张乙是否成立轮奸。

第一，关于张乙的行为是强奸罪的既遂还是未遂。如前指出，“部分行为全体责任”是共同犯罪场合刑事责任承担的基本原则，反映在犯罪既遂与未遂的判断中，即为“一人既遂，全体既遂”。强奸罪并非亲手犯，根据刑法规定，多数学者认为其实行行为由手段行为和目的行为构成，不属于单一实行行为犯。本案中，张甲与张乙共谋轮奸被害人，显然属于共同犯罪，既然张甲强奸行为既遂，那么，整个行

---

〔1〕 参见中华人民共和国最高人民法院刑事审判第一、二、三、四、五庭主办：《刑事审判参考》（总第87集），法律出版社2013年版，第14—20页。

为也应当评价为强奸罪既遂。一审法院忽视了张甲和张乙系共同犯罪的事实,仍然停留于自然或者物理事实上认识两人行为的性质和形态,自然难以认为是妥当的。

第二,关于本案是否成立轮奸。轮奸,是指两人以上在同一时间或相继的时间内,先后轮流强奸同一妇女或者幼女,因行为对被害妇女造成危害更大,刑法规定对其加重处罚。首先需要明确的是,轮奸并非刑法规定的独立罪名,而是强奸罪的情节加重犯。所以,正如《刑事审判参考》在该指导案例的"裁判理由"中所指出的,该情节本身只有构成与不构成的问题,而不涉及犯罪既遂与未遂的停止形态问题。[1]

对于轮奸的成立,目前学者们的意见很不统一[2],有的学者指出:"三人或者三人以上实施的轮流奸淫案中,即便其中数人以上因实际实施了奸淫行为而构成轮奸,但对于其他未实际完成奸淫行为的参与人而言,由于其不完全具备与他人轮流奸淫的客观事实的存在,因而也就不能论之为轮奸。"[3]在这种观点看来,轮奸的成立,除需要二人以上实施强奸行为构成轮奸外,行为人要成立轮奸,必须以客观上完全实施了奸淫行为为必要。

本书不赞同这种观点,根据刑法的规定,轮奸是强奸罪的情节加重犯,这里的情节系行为情节。虽然轮奸本身并无犯罪既遂和未遂的区分,但是,就轮奸行为的时间进程看,包括轮奸的准备行为和轮

---

〔1〕参见中华人民共和国最高人民法院刑事审判第一、二、三、四、五庭主办:《刑事审判参考》(总第87集),法律出版社2013年版,第16页。

〔2〕对于轮奸的认定,还与学者对强奸罪是否属于单一实行行为犯、亲手犯这一前提性问题的立场有关。如果认为强奸罪属于单一实行行为犯、亲手犯,那么,更会倾向于强调无轮奸结果发生,即无轮奸的成立。参见付立庆:《论轮奸的限制性认定》,载《法学》2020年第4期。

〔3〕钱叶六:《"轮奸"情节认定中的争议问题研讨》,载《江淮论坛》2010年第5期。

奸的具体实行行为，两种行为类型都是行为人轮奸故意的客观表现，两者的主要区别在于对法益侵害程度不同。将轮奸仅限定于每个人都完全实施了对被害人的奸淫行为，并不符合我国刑法既处罚犯罪实行行为，也处罚犯罪预备行为的规定。只是在行为人属于轮奸预备或者着手实行而未完成奸淫行为的场合，办案人员在认定轮奸情节的同时，应当注意对没有完成奸淫的行为人从轻或者减轻处罚，确保罪责刑相适应。

对于上述情形，司法实践也多采取肯定轮奸情节的立场。

案例4：唐胜海、杨勇强奸案

该案系《刑事审判参考》第281号指导案例，基本案情如下：2003年4月28日凌晨1时许，被告人唐胜海、杨勇从该市"太平洋卡拉OK"娱乐场所，将已经处于深度醉酒状态的女青年王某带至该市下关区黄家圩8号的江南池浴室，在111号包间内，趁王某酒醉无知觉、无反抗能力之机，先后对其实施奸淫。唐胜海在对王某实施奸淫的过程中，由于其饮酒过多未能得逞；杨勇奸淫得逞。唐胜海辩解其与王某发生性关系时，由于自己饮酒过多，未能奸入。

法院审理后认为，被告人唐胜海、杨勇违背妇女意志，轮流奸淫妇女，其行为均已构成强奸罪，判决被告人唐胜海犯强奸罪，判处有期徒刑7年；被告人杨勇犯强奸罪，判处有期徒刑10年。两被告人不服，提出上诉。在二审法院审理过程中，两被告人申请撤诉，二审法院裁定准许。[1]

还有，根据"部分行为全体责任"的归责原则，两人以上共同实施

---

[1] 参见中华人民共和国最高人民法院刑事审判第一庭、第二庭编：《刑事审判参考》(总第36集)，法律出版社2004年版，第32—36页。

犯罪,一人犯罪预备,一人犯罪未遂的,整个案件按照犯罪未遂处理;一人犯罪预备,一人犯罪既遂的,对于仅实施预备行为的,也要依法认定为犯罪既遂。比如,甲、乙商定次日深夜1点在某小区门口碰头进入小区盗窃,两人事先准备了作案工具。次日甲将此事忘记,乙按时到达约定地点,久等甲不至,于是自己单独按照约定实施了盗窃行为。本案中,甲只是实施了与乙共谋盗窃的预备行为,未参与其后盗窃实行行为,自然意义上,甲只是实施了盗窃罪的预备行为,但根据刑法规定和共同犯罪的归责原理,甲、乙依法成立盗窃罪的犯罪既遂。

2. 共同犯罪与犯罪中止

在共同犯罪场合,犯罪中止的成立也有着有别于单独犯的要求。因为共同犯罪是一个整体,所以,不管是组织犯、共同实行犯,还是教唆犯和帮助犯,成立犯罪,不仅要中止自己的行为,还要中止其参与的整个共同犯罪行为。在积极中止的场合,"有效地"防止犯罪结果的发生,必须是有效地防止了其参与的共同犯罪结果的发生,而不限于自己的行为及其结果部分。

案例5:刘星抢劫案

该案系《刑事审判参考》第949号指导案例。基本案情如下:2011年9月24日中午,薛占全(已另行处理)从包头市回到巴彦淖尔市乌拉特前旗乌拉山镇,与刘星会合后,薛占全提出以杀人埋尸的手段实施抢劫的犯意,刘星表示同意。二人遂驾驶刘星的摩托车先后两次到乌拉山附近寻找埋尸的地点未果,遂将买来作案用的铁锹藏匿于乌拉山镇卧羊台公园一草丛内,之后返回乌拉山镇又各自购买尖刀一把随身携带。第二日,薛占全又打电话给刘星提出共同实施抢劫的犯意,遭到刘星的拒绝。第三日19时许,薛占全来到乌拉特前旗白彦花镇街上,租用李怀斌的车牌号为蒙 BDD658 的比亚迪牌轿车(价值 49503 元)前往乌拉特前旗先锋镇张楞社,欲途中实施抢劫但未果。当日 20 时许,薛占全在白彦花镇街上,租用被害人刘兰庭的车牌号为蒙 BS5692 的夏利牌轿车(价值 30544 元)前往张楞社。当车行驶至先锋镇分水村三其社附近时,薛占全找借口要求停车,并和刘兰庭一同下车。在刘兰庭准备上车时,薛占全持随身携带的刀捅刺刘兰庭左肩颈结合处、左肩、左背部、腰部 10 刀,致刘兰庭左锁骨下动脉破裂引发大出血死亡。后薛占全驾驶该车将刘兰庭尸体抛至先锋镇分水村根子厂社附近草地内,从刘兰庭处劫得现金 100 元、诺基亚手机 1 部。

本案的争议问题是:在犯罪预备阶段单独停止犯罪,未积极阻止同案犯继续实施犯罪,也未有效防止共同犯罪结果发生的,能否成立犯罪中止?

第一种意见认为,刘星伙同薛占全预谋抢劫杀人,但刘星仅在预备阶段准备工具、制造条件,并未继续参与共同犯罪,且其已明确表示放弃共同犯罪的意思。同时,在薛占全实施抢劫时放弃犯罪,自行切断与共犯之间的联系,刘星与薛占全之后的抢劫实行行为并无关联,与犯罪结果间也不存在因果关系,其行为构成犯罪中止。

第二种意见认为,刘星伙同薛占全预谋抢劫杀人,并在预备阶段准备工具、制造条件,构成共同犯罪。刘星虽然中途放弃犯罪,未参与抢劫犯罪的实行过程,但其未制止薛占全继续实施犯罪行为,亦未能有效避免危害结果的发生,与薛占全抢劫行为所致的危害结果未脱离因果关系,不能成立犯罪中止。

法院采取了后一种观点,主要理由是:一是在犯罪预备阶段为共同犯罪准备工具、制造条件,即使未参与实行的,依法也应当承担共同犯罪的刑事责任;二是共同犯罪人单纯放弃个人继续犯罪,未阻止他人的实行行为或者有效防止危害结果发生的，不能成立犯罪中止，依法应当对全案抢劫杀人既遂后果承担法律责任。[1] 法院的认定注意到了共同犯罪中止犯成立条件以及其中“有效性”的含义，是值得肯定的。《刑事审判参考》在“裁判理由”中写道：“本案中，刘星、薛占全预谋抢劫杀人，二被告人为此一同寻找埋尸的地点并购买了作案工具刀子，后薛占全单独完成杀人抢劫，二被告人的行为构成共同犯罪。刘星虽未直接实施抢劫行为，但在对共同抢劫行为存在主观罪过的心理支配下，与实行犯薛占全一同寻找埋尸地点、准备犯罪工具。可见，刘星、薛占全基于共同的合意，进行犯罪准备。刘星在预备阶段所做的努力，为薛占全的实行行为创造了条件，也通过薛占全的实行行为与危害结果建立了因果关系。刘星、薛占全的行为不是相互独立的，主观上相互知晓，客观上相互支撑，作为一个有机统一的整体存在。因此，刘星与薛占全属于共同犯罪，刘星系共同犯罪中的帮助犯。根据部分行为全部责任的原则，刘星即便未参与犯罪全过程，也应当对共同犯罪行为所致的全部结果承担责任。”[2]

如前指出，在刑事责任的承担上，虽然组织犯、实行犯、教唆犯和帮助犯都坚持“部分行为全体责任”，但是，根据刑法规定，组织犯、实行犯、教唆犯和帮助犯在共同犯罪中的地位和作用存在明显差异，各自成立条件、刑事责任范围以及责任的具体承担方式并不尽一致。所以，共同犯罪中的犯罪中止及其有效性的认定应立足于共同犯罪形态和责任主义原则，具体分析，确保犯罪中止的成立与行为人在共同犯罪中的地位和作用相适应，与共同犯罪人实际参与犯罪的程度

---

〔1〕 参见中华人民共和国最高人民法院刑事审判第一、二、三、四、五庭主办：《刑事审判参考》（总第96集），法律出版社2014年版，第74—79页。

〔2〕 参见中华人民共和国最高人民法院刑事审判第一、二、三、四、五庭主办：《刑事审判参考》（总第96集），法律出版社2014年版，第77页。

相适应。“自动放弃犯罪或者自动有效地防止犯罪结果发生”的具体意义在不同犯罪中有不同的表现形式。

第一,关于组织犯的犯罪中止。根据刑法规定,组织犯有广义和狭义之分。广义的组织犯系指在共同犯罪中实施了组织、领导、策划行为的行为人;狭义的组织犯指的是犯罪集团的首要分子。对于狭义组织犯,《刑法》第 26 条第 3 款规定:“对组织、领导犯罪集团的首要分子,按照集团所犯的全部罪行处罚。”由于狭义的组织犯要对犯罪集团所犯的全部罪行承担责任,所以,狭义的组织犯成立犯罪中止,不仅要中止自己的行为,还必须中止整个犯罪集团的行为或者有效地防止整个犯罪集团行为危害结果的发生,即中止其组织、指挥、策划的所有犯罪行为或者有效地防止其组织、指挥、策划所有犯罪行为危害结果的发生。对于狭义组织犯之外的组织犯,《刑法》第 26 条第 4 款规定:“对于第三款规定以外的主犯,应当按照其所参与的或者组织、指挥的全部犯罪处罚。”根据该款规定,狭义组织犯之外的组织犯成立犯罪中止,除了需要中止自己的行为,还需要中止其组织、指挥的行为或者有效防止其组织、指挥行为造成危害结果的发生。

第二,教唆犯的犯罪中止。教唆的本质是启动他人的犯罪意思,制造犯罪人。其成立犯罪中止,不仅要中止自己的行为,还要有效中止被教唆者(实行犯)的犯罪行为,或者有效防止被教唆者(实行犯)行为造成危害结果的发生。

第三,共同实行犯的犯罪中止。共同实行犯是二人以上共同实行意思和共同实行行为的有机统一。共同实行犯的成立,并不需要每个行为人都客观上实施了实行行为的一部分,在二人以上共同决定实行犯罪的场合,一人没有实行的,也同样依法成立共同实行犯。但行为人只是具有帮助意思,客观上也没有实施实行行为的,依法成立帮助犯,不属于共同实行犯。

在共同实行犯的场合,一旦行为人经过意思沟通形成、确立了共同实行犯罪的决意,其后具体行为人的行为(包括预备行为和实行行为)都超越了其个人范围,属于共同犯罪的客观行为,所以,行为人成立中止犯,不仅要中止自己的行为,还要中止其他行为人的犯罪行为或者有效阻止其他共同犯罪人行为危害结果的发生。单纯的私下放弃个人犯罪意思或者行为,不能成立中止犯。比如,甲、乙邀约丙于次日夜晚共同实行盗窃,三人一拍即合。后甲因为害怕被发现担责未按约而至,乙、丙久等甲不至,两人遂共同实施了盗窃。本案中,甲在主观上和客观上都没有脱离与乙、丙之间的盗窃罪共同犯罪关系,甲的行为依法不构成盗窃罪的犯罪中止。

共同实行犯的形态多种多样。在共谋后未实行,也无其他预备行为的场合,部分行为人中止自己的行为并明确向其他共犯人表达的,存在犯罪中止的空间。比如某日下午甲、乙邀约丙一起抢劫,丙同意参与实行,三人形成决议后再无其他行为。当日晚丙打电话给甲、乙明确表达了自己放弃抢劫的意思,后甲、乙按照约定完成抢劫行为。本案中,丙是受邀同意共同实行抢劫,并非犯意启动者,在共谋行为之外,三人也没有其他进一步犯罪行为,此情形下丙向甲、乙明确表达拒绝共同实行抢劫,应当认为丙脱离了与甲、乙的共同犯罪关系。在丙与甲、乙不存在共同犯罪关系的情况下,自然不需要丙阻止甲、乙的犯罪行为以及防止危害结果的发生。

第四,对于帮助犯。帮助犯在共同犯罪中所起的是帮助作用,系从犯,所以,对于其成立中止犯的条件应契合帮助犯的性质与作用。行为人帮助实行犯实行犯罪,在实行犯已着手实行后,帮助犯的犯罪中止不仅要中止自己的行为,还要中止实行犯的行为或者有效防止危害结果的发生。在实行犯还未着手实行的场合，帮助犯能够清除或消除其对实行犯心理上的帮助和物理上的帮助，即有成立犯罪中止的余地。比如，甲邀请乙与自己一起盗窃，乙同意，乙的任务是购买盗窃工具。乙在购买了盗窃工具交给甲后，心生悔意，要退出犯罪。该案中，如果乙告知甲不再参与其后盗窃行为，并且取回盗窃工具，那么，乙的行为依法就应成立犯罪中止。如果乙只是告知甲自己不再参与其后的盗窃行为，没有取回盗窃工具的，难以成立盗窃罪的犯罪中止。又如甲、乙商定共同盗窃，甲入户盗窃，乙在外望风。乙担心承担责任，待甲入户后自己私自回家。本案中，乙的望风行为对甲盗窃事实上已起到了帮助作用，不消除该帮助作用，只是单纯放弃自己犯罪，依法不成立中止犯。

理论和司法实践中，常常使用“共同犯罪关系脱离”的概念。严格意义上讲，其并非刑法术语，但该概念具有重要意义，因为共同犯罪成立的前提系共同犯罪关系的存在。在共同犯罪关系成立后没有脱离的场合，应按照“部分行为全体责任”的共同犯罪归责原则确定每个行为人的刑事责任，但行为人如果脱离了既有的共同犯罪关系，那么，就不应对脱离后的犯罪行为承担共同责任。共同犯罪关系脱离与共同犯罪停止形态认定具有密切联系，对其认定同样需要坚持主客观相统一的刑法基本原则，根据共同犯罪的基本形态、犯罪参与程度和罪责刑相适应原则等具体认定。只有行为人在心理和物理上双重脱离既有共同犯罪关系，才能认定为共同犯罪关系脱离。

刘星抢劫案（案例 5）主要涉及的是帮助犯的中止问题，被告人刘星之所以不成立抢劫罪的犯罪中止，重要原因在于虽然第二日刘星拒绝了薛占全共同抢劫的提议，但是其没有中止和消除此前在共同预备行为阶段所提供的帮助（共同准备犯罪工具），其与薛占全的共同犯罪关系并没有脱离。被告人刘星的行为不符合刑法规定的“自动放弃犯罪或者自动有效地防止犯罪结果发生”的条件。

3. 共同犯罪与身份

对于身份犯而言,犯罪仅限于有身份者,无身份者依法不能成立。但在共同犯罪的场合,除特殊情形外,无身份者可以与有身份者构成有身份者的共同实行犯。该问题在国外刑法上明确被肯定,比如《德国刑法典》《日本刑法典》等。我国刑法对此没有规定,但被司法解释和实践广泛肯定。

2003 年最高人民法院《全国法院审理经济犯罪案件工作座谈会纪要》规定:“根据刑法关于共同犯罪的规定,非国家工作人员与国家工作人员勾结,伙同受贿的,应当以受贿罪的共犯追究刑事责任……国家工作人员的近亲属向国家工作人员代为转达请托事项,收受请托人财物并告知该国家工作人员,或者国家工作人员明知其近亲属收受了他人财物,仍按照近亲属的要求利用职权为他人谋取利益的,对该国家工作人员应认定为受贿罪,其近亲属以受贿罪共犯论处。”2007 年最高人民法院、最高人民检察院《关于办理受贿刑事案件适用法律若干问题的意见》也指出:“国家工作人员利用职务上的便利为请托人谋取利益,授意请托人以本意见所列形式,将有关财物给予特定关系人的,以受贿论处。特定关系人与国家工作人员通谋,共同实施前款行为的,对特定关系人以受贿罪的共犯论处。”

在职务侵占罪中,司法解释对无身份者可以构成有身份者的共同犯罪也有明确规定。2000 年最高人民法院《关于审理贪污、职务侵占案件如何认定共同犯罪几个问题的解释》第 2 条指出:“行为人与公司、企业或者其他单位的人员勾结,利用公司、企业或者其他单位人员的职务便利,共同将该单位财物非法占为己有,数额较大的,以职务侵占罪共犯论处。”

尽管理论上不乏有学者坚定地反对无身份者可以与有身份者成立有身份者的共同实行犯[1],但各国刑法理论和实践都广泛持肯定意见。其中原因,不仅仅是基于打击犯罪的刑事政策考量,还与共同犯罪的整体性有密切关系。而在共同犯罪场合,无身份者也可以构成刑法规定的身份犯之罪,显然表现出超越单纯自然事实的规范评价。

4. 共同犯罪与数额认定

在行为人共同实施盗窃、诈骗、抢劫、职务侵占等场合,犯罪数额的认定同样要坚持整体性评价,不能仅将行为人个人非法所得认定为犯罪数额。比如,甲、乙、丙三人共同盗窃,事后分别分得人民币3万元、2万元和1万元,在此情况下,甲、乙、丙三人盗窃数额都应该是6万元,而非本人实际所得部分。

这里有必要指出的是,对于贪污数额,在《刑法修正案(九)》颁布之前,《刑法》第383条对贪污罪的犯罪数额规定的是“个人贪污数额”,比如该条第1款第(一)项规定:“个人贪污数额在十万元以上的,处十年以上有期徒刑或者无期徒刑……”尽管刑法条文使用的是“个人贪污数额”的概念,但在共同贪污案件中,办案机关仍然采取的是整体性认定犯罪数额的做法,而非仅将国家工作人员个人所得部分认定为贪污数额。2003年最高人民法院《全国法院审理经济犯罪案件工作座谈会纪要》规定:“刑法第三百八十三条第一款规定的‘个人贪污数额’,在共同贪污犯罪案件中应理解为个人所参与或者组织、指挥共同贪污的数额,不能只按个人实际分得的赃款数额来认定。对共同贪污犯罪中的从犯,应当按照其所参与的共同贪污的数额确定量刑幅度,并依照刑法第二十七条第二款的规定,从轻、减轻

---

[1] 参见林山田:《刑法通论》(下册),北京大学出版社2012年版,第87—88页。

处罚或者免除处罚。”刑法条文将贪污数额规定为“个人贪污数额”,不能不说是当时的立法疏漏,《刑法修正案(九)》删去了条文中“个人”一词,弥补了这一立法缺陷。

对于受贿数额的认定,也体现出同样的立场。2012 年最高人民法院研究室《关于共同受贿案件中受贿数额认定问题的研究意见》指出,对于共同受贿犯罪,被告人“受贿所得数额”原则上应当以其参与或者组织、指挥的共同受贿数额认定。但在难以区分主从犯的共同受贿案件中,行贿人的贿赂款分别或者明确送给多人,且按照各被告人实际所得数额处罚更能实现罪刑相适应的,依法按照被告人实际所得数额,并考虑共同受贿犯罪情况予以处罚。

(五)刑法作为社会规范的功能与要求

刑法不仅发挥着其他部门法后盾的作用,作为社会规范的一种,还承载着规范、指引公民行为的社会功能。但现实社会中,有人的地方,就有不同与差异,法律的标准不可能因人而异,应根据社会正常、理性之人设置标准,该标准又称理性人标准、平均人标准或者社会一般人标准。案件办理中,有时会出现规范标准和具体行为人标准不一致的问题。法律规范的本质要求对特定事实要采取规范判断,避免减弱规范效力和法律的权威。

1. 故意与过失的区分

故意与过失是犯罪成立的基本要件,对其认定不能脱离行为人的主观心理事实,但实践中,故意与过失的判断并非完全根据行为人的主观心理事实进行,往往立足于一般人的标准,采取规范判断,这就可能出现行为人的心理事实与规范心理事实判断的不一致。

我国刑法理论通说对此也持肯定意见。比如对于过于自信过失与间接故意的区分,通说认为:“实践中有一种情况,表面上看起来似乎是行为人轻信能够避免危害结果的发生,但这种所谓'轻信'没有实际根据,行为人所指望的避免结果发生的那种情况根本不会存在,或者虽然存在,但对防止结果的发生毫无意义或者意义极小,可以说,他对危害结果的不发生完全是抱着侥幸、碰运气的心理态度。在这种情况下,如果行为发生危害结果,不是过于自信的过失,而是间接故意犯罪。"[1]

案例6:孙伟铭以危险方法危害公共安全案

该案系《刑事审判参考》第586号指导案例。基本案情如下:2008年5月,被告人孙伟铭购买一辆车牌号为川A43K66的别克轿车。之后,孙伟铭在未取得驾驶证的情况下长期驾驶该车,并多次违反交通法规。同年12月14日中午,孙伟铭与其父母为亲属祝寿,大量饮酒。当日17时许,孙伟铭驾驶其别克轿车行至四川省成都市成龙路"蓝谷地"路口时,从后面撞向与其同向行驶的车牌号为川A9T332的一辆比亚迪轿车尾部。肇事后,孙伟铭继续驾车超速行驶,行至成龙路"卓锦城"路段时,越过中心黄色双实线,先后与对面车道正常行驶的车牌号分别为川AUZ872的长安奔奔轿车、川AK1769的长安奥拓轿车、川AVD241的福特蒙迪欧轿车、川AMC337的奇瑞QQ轿车4辆轿车相撞,造成车牌号为川AUZ872的长安奔奔轿车上的张景全、尹国辉夫妇和金亚民、张成秀夫妇死亡,代玉秀重伤,以及公私财产损失5万余元。经鉴定,孙伟铭驾驶的车辆在发生碰撞前瞬间的行驶速度为134—138公里/小时;孙伟铭案发时血液中的乙醇含量为135.8毫克/100毫升。案发后,孙伟铭的亲属赔偿被害人经济损失11.4万元。

---

[1] 高铭暄、马克昌主编:《刑法学》(第九版),北京大学出版社、高等教育出版社2019年版,第111页。

> 成都市中级人民法院认定被告人孙伟铭犯以危险方法危害公共安全罪,判处死刑,剥夺政治权利终身。宣判后,被告人孙伟铭以其主观上不具有以危险方法危害公共安全的故意,一审定罪不准,适用法律错误,量刑过重为由,提出上诉。其辩护人提出,孙伟铭主观上对危害结果的发生是由于过于自信的过失,其行为构成交通肇事罪。
>
> 二审四川省高级人民法院经审理认为,被告人孙伟铭无视交通法规和公共安全,在未取得驾驶证的情况下,长期驾驶机动车辆,多次违反交通法规,且在醉酒驾车发生交通事故后,继续驾车超限速行驶,冲撞多辆车辆,造成数人伤亡的严重后果,主观上对危害结果的发生持放任态度,具有危害公共安全的间接故意,其行为已构成以危险方法危害公共安全罪。综合考虑本案情况,判决被告人孙伟铭犯以危险方法危害公共安全罪,判处无期徒刑,剥夺政治权利终身。

《刑事审判参考》在"裁判理由"中写道:"需要指出的是,在过于自信的过失中,行为人之所以自信,是因为客观上存在一定的其自以为可以避免危害结果发生的合理根据,只是过高地估计了这些因素对于防止危害结果发生所起的作用而已,因而未能防止结果发生。但在本案中,孙伟铭既无合格的驾驶能力,也无丰富的驾驶经验,其在无驾驶能力的情况下,醉酒驾车高速行驶于车辆密集的城市道路上,危害结果的发生近乎必然,故客观上完全不存在使其自信可以避免危害结果发生的合理依据。其罪过形式不属于过于自信的过失,对其行为不能认定为交通肇事罪。"[1]

---

[1] 参见中华人民共和国最高人民法院刑事审判第一、二、三、四、五庭主办:《刑事审判参考》(总第71集),法律出版社2010年版,第1—8页。

案例7:张明宝以危险方法危害公共安全案

经法院审理查明,被告人张明宝在2009年6月30日20时许,在深度醉酒的状态下独自驾驶一辆别克君越轿车,沿南京市江宁区金盛路由南向北行驶的过程中连续肇事,造成5人死亡、4人受伤、数辆机动车受损的严重后果。

法院审理认为,张明宝明知酒后驾车违法、醉酒驾车会危害公共安全,却无视法律醉酒驾车,放任危害结果的发生,并在肇事后继续驾车连续冲撞多名行人及车辆,其行为构成以危险方法危害公共安全罪,依法应予严惩。张明宝在案发当日的中午及晚间大量饮酒系其自主的行为,案发时其血液中的乙醇含量高达381.5毫克/100毫升,属于醉酒状态。在此状态下,作为一个合法申领了驾驶执照的成年人,却无视法律规定和不特定多数人的生命财产安全醉酒驾车,尤其是在肇事后继续驾车冲撞,造成重大人员伤亡,说明其主观上对持续发生的危害后果持放任态度,具有危害公共安全的故意。[1]

过去很长时期,对于此类案件,司法实践更多地认为行为人对于重大伤亡结果系过失的心理态度,以交通肇事罪处理。

平心而论,在绝大部分醉酒驾驶案件中,行为人即便严重醉酒,即便辨认和控制能力明显减弱,其之所以执意继续驾车行驶,是因为在其内心深处还是"自信"自己的行为不会发生交通事故。但是,任何有常识和生活经验的人都会明白,酒后驾车特别是当辨认和控制能力明显减弱情况下的醉酒驾驶行为,具有发生事故的高度危险性,行为人的自信是没有或高度缺乏根据的。在规范上,该种情况

[1] 参见丁国锋:《南京"6·30"醉酒驾车致5死4伤案一审宣判 肇事人张明宝被判无期徒刑》,载《法制日报》2009年12月24日,第005版。

下,行为人执意醉酒驾驶的行为表现出的是对事故发生的(高度)“放任”,不再是自信的过失。

2009年最高人民法院《关于醉酒驾车犯罪法律适用问题的意见》指出:“刑法规定,醉酒的人犯罪,应当负刑事责任。行为人明知酒后驾车违法、醉酒驾车会危害公共安全,却无视法律醉酒驾车,特别是在肇事后继续驾车冲撞,造成重大伤亡,说明行为人主观上对持续发生的危害结果持放任态度,具有危害公共安全的故意。对此类醉酒驾车造成重大伤亡的,应依法以以危险方法危害公共安全罪定罪。”

可见,作为犯罪主观样态的故意和过失,是一种(心理)事实现象,更是一种法律现象。作为一种法律现象,对其认定必须立足于规范的立场,当行为人自信事故不发生在理性的一般人看来没有根据的场合,行为人内心深处自然心理意义上的“自信”,在规范论上则属于“放任”的心理态度。该场合行为人对伤亡结果的发生主观上系(间接)故意,而不再是过于自信的过失。理解事实与规范可能存在的不一致及其原因,有助于此类案件的准确定性。

2. 毒品的合理吸食量

毒品的合理吸食量问题也明显反映出事实与规范评价的不尽一致性。与国外立法不同,我国刑法并没有将单纯的毒品吸食或者滥用行为规定为犯罪。所以,不仅行为人单纯的吸毒行为不是犯罪,而且,吸毒者如果运输、购买毒品系为了自己吸食的,运输、购买行为一般也不成立犯罪。接下来的问题是:这是否意味着只要行为人事实上系吸毒者,不管购买、运输、持有多少数量的毒品,都应认定为系吸毒用途,从而不成立犯罪?该问题涉及刑法上毒品的合理吸食量问题。

毒品的合理吸食量首先是个事实问题,对于吸毒者而言,因人而异,司法机关不是不可以采取因人而异的判断方法,但这将导致案件处理标准的不统一,甚至无法办理;当然,司法机关还可以考虑以统计学为基础,采取平均值的计算方法,只是现实社会中,这种做法也面临操作上的难题。

罪刑法定是刑法的基本原则,对于毒品合理吸食量的确定也不能忽视刑法规定,不管是采取何种认定方法,都不能违反刑法规定。这样一来,毒品的合理吸食量就不再是个单纯的事实问题,而成为一个规范问题。

根据刑法规定,在我国,合理吸食毒品数量的上限应当是《刑法》第 348 条规定的非法持有毒品罪的入罪数量标准,即鸦片 200 克、海洛因或甲基苯丙胺 10 克以及其他毒品数量较大的。主要理由如下:

第一,刑法对非法持有毒品罪处罚门槛的规定实际上暗含了刑法对吸毒人员毒品合理吸食量承认的限度。

我们常常说,吸毒在我国不算犯罪,其实该认识是不准确的。因为根据《刑法》第 348 条的规定,只要行为人非法持有鸦片 200 克、海洛因或甲基苯丙胺 10 克以及其他毒品数量较大的,即构成非法持有毒品罪,入罪门槛并没有因为行为人是否具有吸毒情节而不同。当然,从立法初衷讲,刑法对非法持有毒品罪设置该处罚门槛(数量标准),可能主要是基于我国“违法和犯罪区分的二元体制”,希望节约刑法资源,将非法持有毒品罪限定在严重违法的范围内。但这种规定本身也表明了刑法对吸毒者持有毒品的宽容度只限于上述数量范围内。也就是说,即便是吸毒者因为吸食而非法持有毒品,非法持有毒品的数量也不能超过鸦片 200 克、海洛因或甲基苯丙胺 10 克以及其他毒品数量较大的数量标准,否则同样构成非法持有毒品罪。

较之于非法持有毒品罪,行为人实施了贩卖、运输毒品的,属于更严重的罪行。根据“举轻以明重”的当然解释原理,没有理由可以认为在贩卖、运输毒品的场合,毒品的合理吸食量可以超过上述标准。

第二,不适当提高合理吸食量,将会弱化刑法的预防功能。

在我国,即便是吸食少量毒品的,也属于违法行为。承认合理吸食量,旨在避免将购买、运输为自己吸食毒品的行为入罪,以显示刑法的人性关怀。但刑法的人性关怀应当是有限度的,且必须考虑刑法作为规范体系所应具有的对国民行为的正确引导功能。不适当提高合理吸食量引起的直接后果是:犯罪分子为了逃避打击,往往先吸毒,再从事毒品运输、贩卖等活动;或者吸毒犯罪分子利用法律的上述规定,肆意从事毒品犯罪活动。这样势必造成国家对贩卖、运输毒品打击的不力和证明上的种种难题。

2015年最高人民法院《全国法院毒品犯罪审判工作座谈会纪要》指出:"吸毒者在购买、存储毒品过程中被查获,没有证据证明其是为了实施贩卖毒品等其他犯罪,毒品数量达到刑法第三百四十八条规定的最低数量标准的,以非法持有毒品罪定罪处罚。吸毒者在运输毒品过程中被查获,没有证据证明其是为了实施贩卖毒品等其他犯罪,毒品数量达到较大以上的,以运输毒品罪定罪处罚。"该规定事实上也采纳了毒品的合理吸食量系《刑法》第348条规定的非法持有毒品罪的入罪数量标准,即规范标准。

三、总　结

对于本章内容,简要总结如下:

第一,法律是社会事实的规范写照,所以,无论是立法还是法律的解释和适用,法律的评价都应尽可能与事实相一致。但是,在有些场合,刑法所采取的规范标准可以与事实属性不一致,体现出规范评价的独立性。办案人员如果能够注意到刑法立法与司法中规范评价与事实不一致的事由与情形,有助于避免行为定性的偏差。

第二,对于刑法规范评价的独立性根据与事由,归纳起来,至少有以下情形:一是避免刑法处罚的漏洞与不正义;二是特殊规范保护目的之考量;三是立法政策的选择;四是事物的特点及其归责原理;五是刑法作为社会规范的功能与要求等。

第三,在共同犯罪认定中,办案人员应注意"部分行为全体责任"的归责原则的贯彻,共同犯罪停止形态、犯罪数额、共同犯罪与身份的认定都表现出与单独犯的明显不同。二人以上轮奸,即使其中一人未完成,也不否认整个事实属于轮奸,只是量刑时考虑从轻或者减轻处罚。共同犯罪的中止的认定应立足于共同犯罪形态和责任主义原则,确保犯罪中止的成立与行为人在共同犯罪中的地位和作用相适应,与共同犯罪人实际参与犯罪的程度相适应。

第八章
原则与例外

一、问题的提出

法律作为规范和指引公民行为的普遍性规范,应尽可能符合人性、事理和情理,避免出现例外性的规定。刑法的适用伴随着对公民权利的强烈影响,更应当慎重,避免例外。比如,对于抢夺行为,刑法就不能随便将其评价为抢劫;又如,贪污贿赂罪在我国属于国家工作人员的职务犯罪,行为人不具有国家工作人员身份的,立法就不能轻易将行为人的行为规定为贪污贿赂罪。但世界并非依单一性的原则而存在,法谚亦云,“有原则恒有例外”,即便是将罪刑法定奉为圭臬的刑法而言,也难免存在例外规定。

例外,即特殊,在刑法上,例外条款也可以被称为拟制条款。立法设置例外条款往往有特殊考量,所以,例外条款适用范围应受到严格限制:一方面,其只能适用于刑法有特殊规定的场合,不能推此及彼;另一方面,只有存在特殊考量的事由或者情形时才能适用。本章主要梳理刑法立法和司法中的例外规定或者做法,阐明这些条款的规范保护目的和适用空间,避免刑法例外条款的不当扩大化适用。

二、规范表现

(一)立法例外

1. 携带凶器抢夺

根据刑法规定,抢劫罪和抢夺罪是性质截然不同的犯罪,两者在客观行为方面存在重要差别,犹如携带凶器盗窃仍然是盗窃一样,行为人携带凶器抢夺的,在性质上,同样应该是抢夺。但是,《刑法》第267条第2款规定:“携带凶器抢夺的,依照本法第二百六十三条的规定定罪处罚。”该规定超越了抢夺罪的原本属性,将本属于抢夺的行为拟制规定为抢劫罪,成为刑法中的例外规定。

如此规定的原因,立法机关这样解释:(1)携带凶器本身就是一种违法犯罪行为。携带凶器往往会使被害人产生恐惧感或者精神强制,不敢进行反抗,因此这种行为实质上是一种胁迫行为。(2)行为人往往因携带凶器而有恃无恐。一旦被害人反抗,或者行为人被抓捕时,行为人会使用凶器,这种行为是以暴力作后盾的。(3)携带凶器抢夺不仅侵犯了他人的财产,而且对他人的人身也构成了威胁,其危害程度较之普通的抢夺行为大得多。为了更好地保护公民的人身权利和财产权利,对携带凶器抢夺的,依照抢劫罪定罪处罚。[1]

简言之,立法之所以将携带凶器抢夺例外地规定为抢劫罪,核心理由有二:一是对行为主体而言,行为人抢夺时知道自己随身携带了凶器,往往有恃无恐,实施犯罪的意志更坚决,胆量更大,较之于普通

---

〔1〕 参见李淳、王尚新主编:《中国刑法修订的背景与适用》,法律出版社1998年版,第349页。

抢夺行为,行为人表现出更大的主观恶性和人身危险性;二是,对被害人而言,在携带凶器抢夺的场合,被害人一旦反抗,行为人往往会使用凶器伤人,造成被害人伤亡的危险性更大,行为的危险性更高。

为了明确"携带凶器抢夺"的含义,2000 年最高人民法院《关于审理抢劫案件具体应用法律若干问题的解释》第 6 条规定:"刑法第二百六十七条第二款规定的'携带凶器抢夺',是指行为人随身携带枪支、爆炸物、管制刀具等国家禁止个人携带的器械进行抢夺或者为了实施犯罪而携带其他器械进行抢夺的行为。"2005 年最高人民法院《关于审理抢劫、抢夺刑事案件适用法律若干问题的意见》对其含义进一步解释道:"《抢劫解释》第六条规定,'携带凶器抢夺',是指行为人随身携带枪支、爆炸物、管制刀具等国家禁止个人携带的器械进行抢夺或者为了实施犯罪而携带其他器械进行抢夺的行为。行为人随身携带国家禁止个人携带的器械以外的其他器械抢夺,但有证据证明该器械确实不是为了实施犯罪准备的,不以抢劫罪定罪;行为人将随身携带凶器有意加以显示、能为被害人察觉到的,直接适用刑法第二百六十三条的规定定罪处罚;行为人携带凶器抢夺后,在逃跑过程中为窝藏赃物、抗拒抓捕或者毁灭罪证而当场使用暴力或者以暴力相威胁的,适用刑法第二百六十七条第二款的规定定罪处罚。"最高人民法院的两个司法解释对携带凶器抢夺都采取了限制解释的立场,整体上契合立法例外规定的目的。

司法实践中,对于该条款适用需要注意以下两个方面:

第一,既然该条款系例外规定,那么,只限于规定的情形适用,不能推广。行为人携带凶器盗窃、诈骗、敲诈勒索的,都不能认定为抢劫罪。

第二,关于"凶器"的含义。根据《刑法》和司法解释的规定,"凶器"包括性质上的"凶器"和用法上的"凶器"。对于用法上"凶器"的认定,应注意结合立法目的,“其他器械”要限制解释,即其应具有足以危害他人人身安全并致人伤亡的危险性。比如,甲随身携带啤酒瓶抢夺,不宜认定为“携带凶器抢夺”;又如,乙携带家用水果刀抢夺,也不宜认定为“携带凶器抢夺”。

2. 贪污罪的犯罪主体

贪污罪属于典型的职务犯罪,犯罪主体自然应限于国家工作人员。但是,《刑法》第 382 条第 1 款在规定了国家工作人员贪污罪的同时,第 2 款规定:“受国家机关、国有公司、企业、事业单位、人民团体委托管理、经营国有财产的人员,利用职务上的便利,侵吞、窃取、骗取或者以其他手段非法占有国有财物的,以贪污论。”这样一来,贪污罪的主体就包括两种类型:一是国家工作人员;二是受国家机关、国有公司、企业、事业单位、人民团体委托管理、经营国有财产的人员。“委托”不同于“委派”,委派关系本质上属于行政关系,行为人在受国家机关、国有公司、企业、事业单位、人民团体委派管理、经营国有财产的场合,行为人仍然属于国家工作人员。委托关系属于民事关系,在受国家机关、国有公司等委托管理、经营国有财产的场合,行为人并不属于国家工作人员。所以,《刑法》第 382 条第 2 款的规定在性质上属于立法的拟制或称例外规定。

立法之所以作出上述例外规定,旨在强化对国有财产的保护,避免国有财产在承包、租赁等委托经营、管理过程中不当地流失和损失。需要探讨的问题是:受国家机关、国有公司、企业、事业单位、人民团体委托管理、经营国有财产的人员,利用职务上的便利,挪用单位款项数额较大,超过 3 个月未还的,能否认定为挪用公款罪?

对此,可能有一种观点认为,贪污罪和挪用公款罪依法都属于职务犯罪,规定于《刑法》分则第八章贪污贿赂罪中,且属于邻近条文,既然刑法肯定了该主体可以构成贪污罪,那么,上述行为也应依法认定为挪用公款罪。这种理解是不妥当的,因为《刑法》第 382 条第 2 款的规定属于刑法的拟制和例外规定,例外条款只能限于本条适用,禁止推广。该情形中行为人挪用本单位资金的行为可以依法成立挪用资金罪,不成立挪用公款罪。

3. 毒品犯罪的门槛:不一样的"零容忍"

我国采取的是违法和犯罪相区分的二元违法体系,犯罪指的是刑法规定的具有严重社会危害性的行为。行为情节显著轻微,危害不大的,不是犯罪。在这种立法体系下,毒品犯罪行为是否达到了值得动用刑罚惩罚的程度,毒品的数量、类型、成分、含量以及其他情节等理应都是重要的决定和影响因素。但在依法从严打击毒品犯罪的政策背景下,刑法对毒品犯罪的规定呈现出明显的例外。《刑法》第 347 条第 1 款规定:"走私、贩卖、运输、制造毒品,无论数量多少,都应当追究刑事责任,予以刑事处罚。"第 357 条第 2 款规定:"毒品的数量以查证属实的走私、贩卖、运输、制造、非法持有毒品的数量计算,不以纯度折算。"立法不再重视毒品数量、含量对毒品犯罪入罪门槛的限制意义,体现了刑法对毒品犯罪例外性的不一样的"零容忍"态度。

案例 1:姚某贩卖毒品案

被告人姚某两次从唐某处购买海洛因,每次 0.01 克。一审法院判决被告人姚某犯贩卖毒品罪,判处有期徒刑 1 年 6 个月,并处罚金 2000 元。被告人不服一审判决,认为原审判决量刑畸重,请求二审法院改判。二审法院审理后驳回上诉,维持原判。[1]

---

[1] 参见湖南省邵阳市中级人民法院 (2016) 湘 05 刑终 295 号刑事裁定书。

案例 2:赵廷贵贩卖毒品案

本案系《刑事审判参考》第 500 号指导案例。基本案情如下:商雷(另案处理)与被告人赵廷贵电话联系,约定以人民币 120 元的价格向赵廷贵购买 5 支含有海洛因的针剂。次日赵廷贵驾车至约定的交易地点将 5 支净重 9.35 克的海洛因针剂贩卖给商雷。公安人员当场从赵廷贵车上查获 163 支、净重共 308.65 克的海洛因针剂及 1 支杜冷丁针剂。海洛因含量平均仅为 0.064%。

本案中,赵廷贵的行为依法构成贩卖毒品罪没有疑问,争议主要在于如何认定贩卖毒品的数量与量刑。对此,有三种意见:

第一种意见认为,赵廷贵贩卖的海洛因含量极低,若不折算,直接认定为 318 克,显然量刑过重。应以纯度折算,认定为 0.204 克,并据此数量量刑。

第二种意见认为,刑法明文规定毒品数量以查证属实的毒品犯罪的数量计算,不以纯度折算,应认定被告人赵廷贵贩卖海洛因 318 克,但考虑海洛因含量仅为 0.064%,故可适用《刑法》第 63 条第 2 款的规定,对被告人在法定刑以下判处刑罚。

第三种意见认为,既不能以纯度折算后认定被告人赵廷贵贩卖的毒品数量,也不能对其在法定刑以下减轻处罚,但量刑时可考虑毒品含量极低的情节,酌情从轻处罚。

对于本案,《刑法》第 357 条第 2 款明确规定毒品数量不能按纯度折算后认定,所以,本案应认定被告人贩卖海洛因 318 克,不是 0.204 克。此外,毒品犯罪属于刑法规定和刑事政策上应予严厉打击的犯罪类型,本案除毒品含量极低外,没有其他酌定从轻处罚情节,不具有适用《刑法》第 63 条第 2 款的规定予以减轻处罚的正当理由。一审法院认定被告人贩卖海洛因 318 克,同时根据本案毒品含量低的具体情况,对被告人赵廷贵在法定刑幅度内从轻处罚,判处被告人 15 年有期徒刑。被告人不服上诉,二审法院裁定驳回上诉,维持原判。[1]

上述案例在实践中并不乏见,上述两个案件中被告人实际被判处的刑罚,似乎给人以过于严苛之感,但法院的判决是依法作出的,并无不妥之处,明显体现出刑法在毒品犯罪惩治中不一样(例外)的严厉立场。

4. 款项的非法使用与非法占有目的

实践中,行为人将所借资金用于违法犯罪活动的,往往会被认定为行为人对所借资金具有非法占有目的,进而被认定为成立诈骗犯罪等非法占有型犯罪。比如,2001 年最高人民法院《全国法院审理金融犯罪案件工作座谈会纪要》规定,行为人使用骗取的资金进行违法犯罪活动的,可以认定为具有非法占有的目的,从而成立金融诈骗犯罪。又如,2011 年最高人民法院《关于审理非法集资刑事案件具体应用法律若干问题的解释》规定,将集资款用于违法犯罪活动的,可以认定为以非法占有为目的,成立集资诈骗罪。再如,根据 2009 年最高人民法院、最高人民检察院《关于办理妨害信用卡管理刑事案件具体应用法律若干问题的解释》的规定[2],使用透支的资金进行违法犯罪活动的,应当认定为《刑法》第 196 条第 2 款规定的“以非法占有为目的”。其实,资金用于违法犯罪有时可能有更丰厚的收益,司法文件肯定非法占有目的,更多的是基于打击违法犯罪的政策考量。

但是,该情形在挪用资金罪与挪用公款罪中表现出了例外。根

---

〔1〕 参见中华人民共和国最高人民法院刑事审判第一、二、三、四、五庭主办:《刑事审判参考》(总第 63 集),法律出版社 2008 年版,第 42—46 页。

〔2〕 2018 年最高人民法院、最高人民检察院《关于修改〈关于办理妨害信用卡管理刑事案件具体应用法律若干问题的解释〉的决定》对其进行了修改完善。

据《刑法》第 272 条的规定，公司、企业或者其他单位的工作人员利用职务上的便利，挪用本单位资金归个人使用或者借贷给他人，进行非法活动的，成立挪用资金罪，而非职务侵占罪。根据《刑法》第 384 条的规定，国家工作人员利用职务上的便利，挪用公款归个人使用，进行非法活动的，是挪用公款罪，不成立贪污罪。比如，甲系某国有事业单位的会计，利用职务之便将本单位公款挪出赌博，案发时有人民币 2000 多万元不能归还。本案不能简单地因为甲将公款用于违法活动且案发时不能归还，就认定甲对公款具有非法占有目的。甲的行为依法只能认定为挪用公款罪，属于刑法规定的挪用公款数额巨大不退还的情形，依法判处 10 年以上有期徒刑或者无期徒刑。

5. 巨额财产来源不明罪的证明责任

为了从严惩治贪污贿赂犯罪，1997 年《刑法》第 395 条规定了巨额财产来源不明罪，《刑法修正案（七）》对其进行了修改。巨额财产来源不明罪，是指国家工作人员的财产或者支出明显超过合法收入，差额巨大，本人不能说明其来源是合法的行为。众所周知，在现代刑事诉讼中，被告人不负举证责任，犯罪证明责任应当由代表国家的控方负担。《刑事诉讼法》第 51 条规定：“公诉案件中被告人有罪的举证责任由人民检察院承担，自诉案件中被告人有罪的举证责任由自诉人承担。”但在巨额财产来源不明罪中，犯罪的证明责任是倒置的，倘若被告人不履行此种责任就会产生被定罪的不利后果。[1]很明显，在举证责任方面，本罪显示出了例外。

6. 逃税罪的阻却犯罪事由

1997 年《刑法》第 201 条规定了偷税罪，行为人实施偷税行

〔1〕 参见周光权：《刑法客观主义与方法论》（第二版），法律出版社 2020 年版，第 185—186 页。

为,偷税数额符合刑法规定的,即成立逃税罪。《刑法修正案(七)》对逃税罪进行了较大修改,大大缓和了逃税罪的处罚范围。根据刑法规定,行为人实施了逃税行为,经税务机关依法下达追缴通知后,补缴应纳税款,缴纳滞纳金,已受行政处罚的,不予追究刑事责任。这样一来,税务机关的处理和处罚就成为逃税罪成立的前提条件。除刑法规定的特殊情形外,在没有经过税务机关依法处理的情况下,司法机关不能径直认定逃税罪的成立。

对于逃税罪构成要件修改的原因,全国人大常委会法工委相关同志曾在《关于〈中华人民共和国刑法修正案(七)(草案)〉的说明》中指出:"考虑到打击偷税犯罪的主要目的是维护税收征管秩序,保证国家税收收入,对属于初犯,经税务机关指出后积极补缴税款和滞纳金,履行了纳税义务,接受行政处罚的,可不再作为犯罪追究刑事责任,这样处理可以较好地体现宽严相济的刑事政策。"[1]

不可否认,立法对逃税罪的修改有特定刑事政策考量,也起到了一定的积极作用。但是,逃税后补缴应纳税款,缴纳滞纳金,这是逃税者对国家应当承担的基本义务,行为人因为履行该法定义务就可以不构成犯罪,显然松弛了刑法对规则的维护,而且与其他罪名在体系上也难以契合。现行刑法对逃税罪的宽大规定,更多的是基于现实考量的例外性规定。

(二)司法例外

1. 过失共同犯罪的规定

《刑法》第25条规定:"共同犯罪是指二人以上共同故意犯罪。二人以上共同过失犯罪,不以共同犯罪论处;应当负刑事责任的,按照他们所犯的罪分别处罚。"交通肇事罪是过失犯,根据刑法规定,自

---

〔1〕 黄太云:《〈刑法修正案(七)〉解读》,载《人民检察》2009年第6期。

然没有成立共同犯罪的余地。但是,2000 年最高人民法院《关于审理交通肇事刑事案件具体应用法律若干问题的解释》肯定了交通肇事罪共同犯罪的成立。该解释第 5 条规定:“交通肇事后,单位主管人员、机动车辆所有人、承包人或者乘车人指使肇事人逃逸,致使被害人因得不到救助而死亡的,以交通肇事罪的共犯论处。”第 7 条指出:“单位主管人员、机动车辆所有人或者机动车辆承包人指使、强令他人违章驾驶造成重大交通事故,具有本解释第二条规定情形之一的,以交通肇事罪定罪处罚。”该解释第 7 条虽然没有如第 5 条那样明确肯定以交通肇事罪共犯论处,但处罚单位主管人员、机动车辆所有人或者机动车辆承包人的指使和强令行为,事实上也承认了上述行为人成立交通肇事罪的共犯。

对于上述规定的正当性,司法解释的制定者努力进行了解释和辩护。比如,对于《关于审理交通肇事刑事案件具体应用法律若干问题的解释》第 5 条规定的理由,制定者这样解释道:“司机肇事引发交通事故是过失的,对肇事行为不存在按照共犯处罚的问题。但是,鉴于刑法第一百三十三条将这种故意实施的行为规定为交通肇事罪加重处罚的情节,而且在肇事后逃逸的问题上,肇事人主观上是故意的,其他人指使其逃逸,具有共同的故意,当然符合共犯的构成条件。因此,《关于审理交通肇事刑事案件具体应用法律若干问题的解释》第 5 条的规定是符合立法本意的。”〔1〕对于肇事后逃逸的行为,指使者和逃逸者确实存在着共同故意,但问题在于交通肇事逃逸并非刑法规定的独立罪名,其只是属于交通肇事罪的加重处罚情节。肯定在逃逸问题上成立交通肇事罪的共犯,超出了交通肇事罪的规制范

〔1〕 孙军工:《正确适用法律 严惩交通肇事犯罪——〈关于审理交通肇事刑事案件具体应用法律若干问题的解释〉的理解与适用》,载《人民司法》2000 年第 12 期。

围,也明显不符合刑法规定。正因为如此,《关于审理交通肇事刑事案件具体应用法律若干问题的解释》肯定交通肇事罪共犯的做法在理论上少被学者们认可。

本书无意对司法解释进行简单地否定和批评。正如本章开始所言,刑法上的例外规定往往有特殊考量与原因,《关于审理交通肇事刑事案件具体应用法律若干问题的解释》之所以冒着违反罪刑法定原则的风险肯定交通肇事罪共犯,是有特殊原因考量的。以该解释第 7 条的规定为例,之所以如此规定,主要是因为实践中,一些单位的主管人员、私营企业主、机动车辆所有人、机动车辆承包人等,为追求更大的经济效益,在"多拉快跑"思想的影响下,往往指使或者强令属下、雇工疲劳驾驶、严重超载、开快车、强行超车,等等,这是引发重大恶性交通事故的重要原因。而且,司机对于违章驾驶往往具有一定程度的不得已性。在这类案件中,如果仅仅处罚肇事行为人,不能有效发挥刑罚的惩戒作用,将单位主管人员、机动车辆所有人或者机动车辆承包人指使、强令他人违章驾驶造成重大交通事故的行为认定为交通肇事罪,可以更好地预防重大交通事故的发生。[1] 实践中,如果案件不具有司法解释的特殊考量事由,就不能轻易地适用该规定。

案例 3:齐某交通肇事案

被告人张某和齐某系朋友,某日晚两人与朋友聚餐饮酒。饭后张某在明知自己和齐某都大量饮酒的情况下,将自己的小型轿车交由齐某驾驶并同乘。路上,车辆驶出机动车道撞向人行道上的李某及其女儿,导致李某经抢救无效死亡,其女儿重伤。经鉴

[1] 参见孙军工:《正确适用法律 严惩交通肇事犯罪——〈关于审理交通肇事刑事案件具体应用法律若干问题的解释〉的理解与适用》,载《人民司法》2000 年第 12 期。

定,张某的血液酒精含量为205.75毫克/毫升,齐某的血液酒精含量为177.34毫克/毫升。交警部门认定齐某对事故负全部责任。

本案中,齐某的行为依法成立交通肇事罪并无疑问,需要探讨的问题是张某的行为是否依法成立交通肇事罪?一种意见认为,张某作为机动车辆所有人,在明知齐某醉酒的情况下,仍让齐某驾驶自己的机动车并同乘以致发生交通事故,致一死一重伤的严重后果,符合《刑法》和《关于审理交通肇事刑事案件具体应用法律若干问题的解释》第7条的规定,依法成立交通肇事罪。

本书认为,将张某的行为认定为交通肇事罪是不妥当的:首先,本案的行为并不符合《关于审理交通肇事刑事案件具体应用法律若干问题的解释》第7条规定的特殊考量的情形与事由。其次,《关于审理交通肇事刑事案件具体应用法律若干问题的解释》明确规定单位主管人员、机动车辆所有人或者机动车辆承包人指使、强令他人违章驾驶造成重大交通事故的,才成立交通肇事罪。这里的"指使"应当与强令具有相同的性质,即驾驶者醉酒后驾车的意思是单位主管人员、机动车辆所有人教唆启动的,具有不情愿、不得已性。本案中,张某和齐某系朋友关系,齐某酒后驾驶车辆主要是其自愿选择的结果,系朋友之间的默契与帮助,并不存在指使或者强迫等不得已的情形,不能将齐某的驾车行为理解为是张某指使、强令的结果。根据责任自负的刑法基本原则,本案中醉酒驾车主要系齐某自愿选择的结果,责任理应由其本人承担。

除交通肇事罪外,2015年最高人民法院、最高人民检察院《关于办理危害生产安全刑事案件适用法律若干问题的解释》第1条规定:"刑法第一百三十四条第一款规定的犯罪主体,包括对矿山生产、作业负有组织、指挥或者管理职责的负责人、管理人员、实际控制人、投资人等人员，以及直接从事矿山生产、作业的人员。”第2条规定：“刑法第一百三十四条第二款规定的犯罪主体，包括对矿山生产、作业负有组织、指挥或者管理职责的负责人、管理人员、实际控制人、投资人等人员。”可见，在重大责任事故罪和强令、组织他人违章冒险作业罪中，司法解释对两罪主体及其处罚范围的规定，事实上也肯定了过失共同犯罪。

2. 诱惑侦查及其合法性问题

诱惑侦查，是指侦查人员亲自或者使用民间侦查合作者（俗称“线人”），向对方隐瞒自己的身份和意图并促使对方实施犯罪，在对方根据诱导刚一实施犯罪时，就将其按照现行犯抓获的行为。[1] 实践中，诱惑侦查包括“机会提供型”和“犯意诱发型”。由于诱惑侦查侵犯公民人格自律权，事关国家打击犯罪的底线问题，现代法治国家一般只承认“机会提供型”诱惑侦查的合法性，严格禁止“犯意诱发型”诱惑侦查。我国《刑事诉讼法》对诱惑侦查也采取了严格限制的态度，但在毒品犯罪打击上，表现出了明显的宽松与例外。

2012年《刑事诉讼法》修改前，立法对此并无明确规定。2000年最高人民法院《全国法院审理毒品犯罪案件工作座谈会纪要》明确规定了毒品犯罪案件中特情引诱的犯罪问题，指出：“运用特情侦破案件是有效打击毒品犯罪的手段。在审判实践中应当注意的是，有时存在被使用的特情未严格遵守有关规定，在介入侦破案件中有对他人进行实施毒品犯罪的犯意引诱和数量引诱的情况。‘犯意引诱’是指行为人本没有实施毒品犯罪的主观意图，而是在特情诱惑和促成下形成犯意，进而实施毒品犯罪。对具有这种情况的被告人，应当从

---

〔1〕 参见〔日〕田口守一：《刑事诉讼法》，张凌、于秀峰译，中国政法大学出版社2010年版，第36页。

轻处罚，无论毒品犯罪数量多大，都不应判处死刑立即执行。‘数量引诱’是指行为人本来只有实施数量较小的毒品犯罪的故意，在特情引诱下实施了数量较大甚至达到可判处死刑数量的毒品犯罪。对具有此种情况的被告人，应当从轻处罚，即使超过判处死刑的毒品数量标准，一般也不应判处死刑立即执行。因特情介入，其犯罪行为一般都在公安机关的控制之下，毒品一般也不易流入社会，其社会危害程度大大减轻，这在量刑时，应当加以考虑。”2008年最高人民法院《全国部分法院审理毒品犯罪案件工作座谈会纪要》进一步明确了运用特情侦破毒品案件，是依法打击毒品犯罪的有效手段，只是提出要注意区别不同情形分别处理，基本精神与2000年最高人民法院《全国法院审理毒品犯罪案件工作座谈会纪要》一脉相承。

两个会议纪要“关于特情介入案件处理问题”规定的意义，应辩证地看待：一方面，纪要的规定对司法实践规范特情介入案件的侦查以及限制此类案件的死刑适用，起到了一定积极作用；另一方面，特情介入特别是在犯意引诱和数量引诱的场合，毕竟涉及国家机关参与和怂恿公民犯罪的问题，肯定其合法性，难以符合法治国家原理。特别是《刑事诉讼法》第52条明确规定：“严禁刑讯逼供和以威胁、引诱、欺骗以及其他非法方法收集证据，不得强迫任何人证实自己有罪。”无论是数量引诱，还是犯意引诱，都存在国家机关使用“引诱”“欺骗”等非法方法收集证据的问题，明显与《刑事诉讼法》的规定相悖。

虽然《刑事诉讼法》明确规定了严禁以引诱、欺骗等手段收集证据，但对于毒品犯罪，办案机关仍然广泛肯定诱惑侦查的合法性。

案例4：刘继芳贩卖毒品案

本案系《刑事审判参考》第1014号指导案例。基本案情如下:(1)刘继芳与杨淑双共同租住在青岛市杭州路199号601号,二人均吸食毒品。2012年9月中旬和10月10日前后,刘继芳应杨淑双要求,两次分别以300元和350元的价格从他人处购买0.3克、0.5克甲基苯丙胺给杨淑双用于吸食。(2)2012年10月23日9时许,公安人员查获涉嫌吸毒违法嫌疑人潘海波。潘海波供述其曾在一名“大姐”(刘继芳)处吸过毒。侦查机关认为刘继芳有贩卖毒品嫌疑。潘海波主动要求配合侦查机关抓获刘继芳。同月24日10时许,潘海波与刘继芳约定在青岛市原四方区杭州路76号灯具市场进行毒品交易。二人在约定地点见面后,潘海波以400元的价格从刘继芳手中购买毒品一包,交易后二人被当场抓获。侦查机关扣押刘继芳贩卖给潘海波的甲基苯丙胺0.5克,从刘继芳租住处查获甲基苯丙胺1克。

一审法院以被告人刘继芳犯贩卖毒品罪,判处有期徒刑3年,并处罚金人民币7000元。被告人刘继芳不服,提起上诉。上诉理由之一是其贩卖给潘海波毒品的行为系被引诱,不应构成贩卖毒品罪。

二审法院审理认定,上诉人刘继芳违反国家对毒品的管理制度贩卖毒品,其行为构成贩卖毒品罪,依法应予惩处。其被查获的毒品数量应当认定为贩卖数量。刘继芳贩卖毒品给潘海波的行为,因存在犯意引诱,可以酌情从轻处罚。撤销一审法院对刘继芳的量刑部分,判决上诉人刘继芳犯贩卖毒品罪,判处有期徒刑1年,并处罚金人民币3000元。

对于本案的判决,《刑事审判参考》在“裁判理由”中表达了对2008年最高人民法院《全国部分法院审理毒品犯罪案件工作座谈会纪要》规定的赞同,即“定罪轻罚”。原因有二:其一,由于毒品犯罪的特殊性,利用特情介入或者使用秘密侦查手段、特殊技术手段侦破案件,是打击毒品犯罪的现实需要,只要特情使用规范,不能仅以此为由否定侦查及其取证手段的合法性。如果行为人是在特情引诱包括犯意引诱下实施毒品犯罪的,尽管特情行为失范,但毕竟行为人的犯罪行为是在其主观意志支配下所为,故仍应认定其行为构成犯罪。其二,在犯意引诱情况下实施毒品犯罪的行为人,犯罪相对被动,与那些积极主动实施毒品犯罪者相比,社会危害性和主观恶性均较小,根据罪责刑相适应原则,应当从轻处罚。[1]

诱惑侦查的合法性近年来仍被最高人民法院、最高人民检察院的量刑指导意见肯定。2014 年最高人民法院《关于常见犯罪的量刑指导意见》规定:"有下列情节之一的,可以减少基准刑的 30%以下:(1)受雇运输毒品的;(2)毒品含量明显偏低的;(3)存在数量引诱情形的。"该规定被 2017 年修订的最高人民法院《关于常见犯罪的量刑指导意见》和 2021 年最高人民法院、最高人民检察院《关于常见犯罪的量刑指导意见(试行)》继承。上述量刑指导意见都没有涉及犯意引诱的问题,但都一致肯定数量引诱及其合法性,仍然表现出与其他类型犯罪在量刑上的不同。而在毒品犯罪的实践认定中,司法机关仍比较广泛地认可犯意引诱及其合法性。

3. 贪渎犯罪中的牵连犯:一罪还是数罪

国家工作人员索取或者非法收受他人财物后又利用职务上便利渎职的,其行为分别构成受贿罪和渎职罪。前后犯罪行为具有牵连关系,是成立一罪还是数罪,实践中做法并不统一,理论上也一直是一个有争议的问题。

---

[1] 参见中华人民共和国最高人民法院刑事审判第一、二、三、四、五庭主办:《刑事审判参考》(总第 99 集),法律出版社 2015 年版,第 89—97 页。

《刑法》第399条第4款规定:“司法工作人员收受贿赂,有前三款行为的,同时又构成本法第三百八十五条规定之罪的,依照处罚较重的规定定罪处罚。”司法工作人员收受财物后,利用职权进行徇私枉法、民事或行政枉法裁判等渎职犯罪,前后犯罪具有牵连关系,《刑法》第399条规定依照处罚较重的规定定罪处罚,这也是我国司法实践对于牵连犯的一般处罚原则。但是,在从严打击贪渎犯罪刑事政策下,近些年有关渎职犯罪的司法解释改变了《刑法》第399条依照处罚较重的规定定罪处罚的惯常做法,采取了数罪并罚的立场。

比如,1998年最高人民法院《关于审理挪用公款案件具体应用法律若干问题的解释》第7条规定:“因挪用公款索取、收受贿赂构成犯罪的,依照数罪并罚的规定处罚。挪用公款进行非法活动构成其他犯罪的,依照数罪并罚的规定处罚。”

又如,2012年最高人民法院、最高人民检察院《关于办理渎职刑事案件适用法律若干问题的解释(一)》第3条规定:“国家机关工作人员实施渎职犯罪并收受贿赂,同时构成受贿罪的,除刑法另有规定外,以渎职犯罪和受贿罪数罪并罚。”

值得注意的是,司法解释对此类情形也并非总是数罪并罚。2010年最高人民法院、最高人民检察院《关于办理国家出资企业中职务犯罪案件具体应用法律若干问题的意见》规定:“国家出资企业中的国家工作人员因实施第一款、第二款行为收受贿赂,同时又构成刑法第三百八十五条规定之罪的,依照处罚较重的规定定罪处罚。”该解释没有采取数罪并罚的立场。

司法解释的不同规定影响到司法适用的统一性和严肃性,也给办案人员造成了困扰。为协调并整合司法文件规定不一致的情况,2016 年最高人民法院、最高人民检察院《关于办理贪污贿赂刑事案件适用法律若干问题的解释》第 17 条规定:“国家工作人员利用职务上的便利,收受他人财物,为他人谋取利益,同时构成受贿罪和《刑法》分则第三章第三节、第九章规定的渎职犯罪的,除刑法另有规定外,以受贿罪和渎职犯罪数罪并罚。”对于数罪并罚的理由,《〈关于办理贪污贿赂刑事案件适用法律若干问题的解释〉的理解与适用》一文中写道:一是牵连犯择一重罪处理的理论观点,不具有普遍适用性,刑法和相关司法解释中不乏数罪并罚的规定;二是成立受贿犯罪不以实际为他人谋取利益、更不以渎职为他人谋取非法利益为条件,受贿与渎职相对独立,实行并罚不存在明显的重复评价问题;三是数罪并罚有利于从严惩处此类犯罪。[1]

可见,随着 2016 年《关于办理贪污贿赂刑事案件适用法律若干问题的解释》的颁布,不管是国家机关工作人员,还是国有公司、企业的工作人员,同时构成受贿罪和《刑法》分则第三章第三节、第九章规定的渎职犯罪的,除刑法另有规定外,均应当以受贿罪和渎职犯罪实行数罪并罚[2],不再按照牵连犯的一般处罚原则处理,从而表现出了贪渎犯罪中牵连犯处罚的特点与例外。

4. 毒品犯罪既遂与未遂

走私、贩卖、运输、制造毒品罪属于行为犯,而且,不管是毒品的走私、贩卖,还是毒品的运输与制造,行为的实施和完成都需要一个过程,所以,从严格意义上讲,走私、贩卖、运输、制造毒品罪系过程行为犯,而非举动犯。根据刑法规定,走私、贩卖、运输、制造毒品罪的

---

[1] 参见裴显鼎等:《〈关于办理贪污贿赂刑事案件适用法律若干问题的解释〉的理解与适用》,载《人民司法(应用)》2016 年第 19 期。

[2] 参见裴显鼎等:《〈关于办理贪污贿赂刑事案件适用法律若干问题的解释〉的理解与适用》,载《人民司法(应用)》2016 年第 19 期。

既遂与未遂标准应符合行为犯的性质,如果行为没有完成或者进行到一定程度,不应轻易地认为成立犯罪既遂。但近年来,司法实践对于走私、贩卖、运输、制造毒品罪的既遂、未遂标准认定呈现出明显的例外立场。

关于贩卖毒品罪既遂、未遂的标准,2000年时任最高人民法院副院长的刘家琛同志在《在全国高级法院审理毒品犯罪暨涉外、涉侨、涉港澳台刑事案件工作座谈会上的讲话》中明确指出:“贩卖毒品罪包括以出卖为目的买入或者卖出的行为两种情况。行为人持有的毒品,一旦向他人卖出,即构成贩卖毒品罪的既遂;行为人为了贩卖而购进毒品,只要毒品已买到即为既遂。”刘家琛副院长的讲话显然并不仅代表其个人学术观点,而是反映了当时最高人民法院对此类案件的基本态度,可以看出关于贩卖毒品罪既遂、未遂的时点,当时最高人民法院提倡采取“行为完成”的标准,这与一般行为犯并无不同。

随着毒情严峻和国家对毒品犯罪打击的加强,这种以“行为完成”为贩卖毒品罪既遂标准的立场发生了转向。2008年最高人民法院张军副院长在《在全国部分法院审理毒品犯罪案件工作座谈会上的讲话》中针对该问题指出:原则上不按照关于未遂的刑法理论来处理具体案件。对于实践中出现的极为典型的未遂案件,应按照犯罪未遂来处理。在毒品犯罪既遂与未遂的认定上,应当以有利于依法严厉惩罚犯罪为原则。具体判定时如产生争议、把握不准的,应按照从严打击犯罪的要求,认定为既遂。[1] 张军副院长的讲话对司法实践中处理此类案件产生了重要影响,此后司法机关对走私、贩卖、运

---

〔1〕参见中华人民共和国最高人民法院刑事审判第一、二、三、四、五庭主办:《刑事审判参考》(第67集),法律出版社2009年版,第212页。

输、制造毒品罪的既遂标准认定呈现出明显的例外立场,不少地方司法机关除贩卖假毒品等典型未遂案件外,原则上不再区分贩卖毒品罪的既遂与未遂而一概按既遂处理。

为了统一认定标准,近些年,不少地方司法机关出台了关于毒品犯罪的司法文件,对于走私、贩卖、运输、制造毒品罪既遂标准的规定,可谓五花八门。以贩卖毒品罪为例,2000 年上海市高级人民法院《关于审理毒品犯罪案件具体应用法律若干问题的意见》指出:"只要行为人将毒品现实地带入了交易环节的(即贩毒者已将毒品带到购买者面前着手交易的),不论是否完成交易行为,均应以贩卖毒品罪的既遂论处。如果有证据证明行为人以贩卖为目的而购买了毒品或正在向贩毒者购进毒品的,亦应认定为贩卖毒品罪的既遂。"

2011 年江苏省高级人民法院、江苏省人民检察院、江苏省公安厅《关于办理毒品犯罪案件适用法律若干问题的指导意见》第 19 条规定:"(一)以贩卖毒品为目的,已经买进了毒品,应以既遂论处;(二)正在进行毒品交易时被人赃并获,不论是否交易成功,对卖方和以贩卖为目的的买方均应以既遂论处;(三)在毒品中掺假后予以贩卖的,只要没有使毒品丧失致人瘾癖的毒性,应以既遂论处;(四)对于因贩卖毒品被抓获之后查获的毒品数量,应计入既遂数量;(五)以贩卖毒品为目的购买毒品,尚未进入交易地点,卖方被查获,对买方应以未遂论处;(六)被告人主观上并不明知是假毒品,而将假毒品当作真毒品予以贩卖的,应以未遂论处;(七)对盗窃、捡拾、赠与等方式获取的毒品,意图出售,尚未交易即被查获的,应以未遂论处。"

2006 年浙江省人民检察院《毒品类犯罪案件疑难问题专题研讨会会议纪要》指出:"对于'贩卖方'以毒品卖出为既遂,对走私出境的,以毒品运出我国边境为既遂。'为卖而买方'在其买入毒品后,其社会危害性就远远大于贩卖毒品罪中单纯的帮助犯,因此,对于具有贩卖故意的,只要买入毒品即应认定为既遂。"

贩卖毒品罪既遂标准的提前直接反映在案件的办理上,实践中,虽然司法机关广泛肯定贩卖毒品罪的既遂,但既遂的时点其实并不一致。

案例5:甲等贩卖毒品案

比如行为人甲驾车携带数十包毒品用于贩卖,在其中一部分已经卖出,另一部分还没有卖出的情况下,被公安机关查获。对此类案件,办案机关的一种普遍性做法是,将全案毒品数量认定为贩卖毒品罪的既遂。

又如甲(卖方)、乙(买方)约定在酒店一楼大堂从事毒品交易。甲在酒店等待乙的到来,当乙进入酒店大堂时,被公安机关抓获。办案机关通常认定甲的行为构成贩卖毒品罪的既遂;如果有证据证明乙购买毒品系为了贩卖,也认定为贩卖毒品罪的既遂。

再如甲(卖方)、乙(为卖出而购买者)约定在高速公路出口交易毒品。卖方甲先到达约定地点,乙在高速公路出口的收费站处被公安机关查获。对于此类案件,不少办案机关会认定甲、乙构成贩卖毒品罪的既遂,因为甲、乙双方已达成了合意。

还如甲系毒品的吸食者,向乙购买毒品,乙因为没有存货,在收到甲支付的毒资后向上家购买再转卖给甲。对此类案件,有的办案机关将甲向乙支付货款的行为认定为贩卖毒品罪的既遂。

在刑法理论上,关于贩卖毒品罪既遂标准,存在着"合意说""进入交易状态说”“交付说”等不同观点。笔者也曾经主张以毒品进入实际交易状态作为贩卖毒品罪既遂的标准[1]，但现在看来，这种标准并不妥当。根据刑法规定和贩卖毒品的性质，应以“毒品的实际交付”作为贩卖毒品罪既遂的标准。主要理由如下：

第一，从犯罪既遂的本意看，犯罪既遂，即犯罪完成，在刑法上，犯罪完成并不是犯罪目的或者结果实现，而是刑法分则规定的基本构成要件的实现。根据犯罪既遂标准的不同，理论和实践中犯罪被划分为结果犯、危险犯和行为犯。结果犯的既遂或者完成，需要构成要件结果的发生；危险犯的既遂，需要构成要件危险的出现；行为犯（过程行为犯）的既遂，需要行为的完成。作为行为犯的贩卖毒品罪，对其犯罪既遂的认定需要遵循犯罪既遂的基本标准。只有毒品交付，构成要件的行为才能评价为完成。毒品买卖双方就毒品交易达成合意，在性质上属于贩卖毒品罪的预备行为；交易双方进入交易现场抑或进入实际交易状态，在性质上更多地属于贩卖毒品罪的着手行为。将以上两种行为作为贩卖毒品罪的既遂标准，都是过于提前认定的做法。

第二，从贩卖行为的性质讲，毒品交易不失为一种“商品”交易，只不过是非法“商品”交易而已。既然毒品买卖本质上属于商品交易关系，那么，对其既遂与未遂的认定，就应当遵循商品交易的基本属性。商品交易的核心在于商品占有的转移，在商品没有交付或者转移占有的情况下，认为交易行为已经完成，显然有违行为的本质和常理。

第三，从与类似行为的比较看，我国刑法规定与非法“商品”交易

---

〔1〕参见梁彦军、何荣功：《贩卖毒品罪认定中的几个争议问题》，载《武汉大学学报（哲学社会科学版）》2013年第5期。

有关的犯罪并不限于贩卖毒品罪,还包括生产、销售伪劣产品罪,买卖枪支、假币、发票、公文证件等罪。而且,从社会危害性看,买卖枪支的社会危害性未必较之买卖毒品轻。类似的犯罪如非法买卖枪支罪的犯罪既遂标准也是枪支的交付,实践中并不会将枪支买卖达成合意的行为认定为买卖行为的既遂。在这个意义上,贩卖毒品罪的既遂也不应当存在例外理由。

第四,如果认为毒品买卖双方达成或者进入交易状态就成立贩卖毒品的既遂,那么,其后的毒品实际交付行为在刑法上属于何种行为?是事后不可罚行为还是其他行为,这是个需要考虑和回答的问题。

贩卖毒品罪的本质是以毒品作为支付手段的交易行为,毒品是否在买卖双方之间转移占有即毒品是否交付,对于买卖成立和完成具有核心地位,贩卖毒品罪的既遂标准应当是毒品的交付,“合意说”“进入交易状态说”更多的是为迎合从严打击毒品犯罪刑事政策的理论言说,既不符合刑法规定,也有违事物的性质,有必要反思和纠偏。

5. 抢劫罪的既遂标准

抢劫罪属于公然强取型财产犯罪,按理说,其既遂的标准应该是行为人是否取得财物,正因为如此,理论上有学者坚持认为取得财物是抢劫罪既遂的标准,比如张明楷教授写道:“抢劫罪属于财产罪,理应以行为人取得(控制)被害人财物为既遂标准。”[1]

但实践中,抢劫罪的既遂标准采取的是“择一说”。2005 年最高人民法院《关于审理抢劫、抢夺刑事案件适用法律若干问题的意见》指出,“抢劫罪侵犯的是复杂客体,既侵犯财产权利又侵犯人身权利,具备劫取财物或者造成他人轻伤以上后果两者之一的,均属抢劫既遂;既未劫取财物,又未造成他人人身伤害后果的,属抢劫未遂”。

---

〔1〕 张明楷:《刑法学(下)》(第六版),法律出版社 2021 年版,第 1286—1287 页。

对于司法解释的规定,理论上可能有一种观点认为,因为抢劫罪侵犯的是复杂客体,包括财产权利和人身权利,所以,实际造成任何一个犯罪客体损害的,都应成立犯罪既遂。本书认为该理解是难以成立的。根据刑法规定,侵犯复杂客体的犯罪并非只有抢劫罪,绑架罪、敲诈勒索罪侵犯的都可以是复杂客体。但绑架罪的既遂标准是人质被现实控制,敲诈勒索罪的既遂标准是行为人取得财物,这些犯罪既遂标准都是依据主要客体是否受到侵害来确定的,并没有采取择一的标准。所以,最高人民法院《关于审理抢劫、抢夺刑事案件适用法律若干问题的意见》对抢劫罪既遂标准采取"择一说",将其理解为司法解释的例外规定,更为客观。

(三)例外的事由

无论是刑法的立法还是司法,都是国家的理性活动,所以,刑法的拟制或者例外都不可能是立法者和司法者的一时冲动,往往都是有特定原因和考虑的。归纳刑法立法和司法例外规定的原因,主要有以下方面:

第一,避免刑法漏洞,充分保护法益。《关于审理交通肇事刑事案件具体应用法律若干问题的解释》中有关交通肇事罪共犯的规定即属此种情形。共同犯罪既是个事实问题,也是个法律问题,作为事实现象的共同犯罪,既可以是故意型,也可以是过失型,还可以是故意和过失混合型。我国《刑法》第 25 条只规定了故意型共同犯罪,过失型和故意与过失混合型共同犯罪事实无法纳入刑法共同犯罪的领域,这种立法体例势必导致法益保护的不充分,甚至出现刑法保护法益的漏洞。《关于审理交通肇事刑事案件具体应用法律若干问题的解释》对于共犯的规定反映的就是这种尴尬情形。交通肇事后,单位主管人员、机动车辆所有人、承包人或者乘车人指使肇事人逃逸,致使被害人因得不到救助而死亡的，在现实社会客观存在。对于单位主管人员、机动车辆所有人、承包人或者乘车人以交通肇事罪的共犯论处，有违刑法关于共同犯罪的规定；不以共犯论处，将导致处罚上的空隙。《关于审理交通肇事刑事案件具体应用法律若干问题的解释》肯定交通肇事罪的共犯，体现的是刑法对法益保护优先考虑的立场。

第二，特殊目的考量。在现有例外规定的情形中属于该种情况的较多。比如，《刑法》第 267 条第 2 款关于携带凶器抢夺的规定，主要是考虑到凶器具有致人伤亡的危险性，将其例外规定为抢劫，强化了对法益的保护；又如，《刑法》第 382 条第 2 款将受国家机关、国有公司、企业、事业单位、人民团体委托管理、经营国有财产的人员，利用职务上的便利，侵吞、窃取、骗取或者以其他手段非法占有国有财物的，以贪污论，体现的是刑法对国有财产的特殊保护。

第三，刑事政策的影响。虽然我们常说在法治国家，刑法是刑事政策不可逾越的藩篱，但实践中刑事政策对刑法适用的影响是不能忽视的，有些场合，刑事政策甚至会扭曲刑法的规定。前述毒品犯罪的立法、既遂与未遂的认定、诱惑侦查合法性的承认以及贪渎犯罪中牵连犯采取的数罪并罚、巨额财产来源不明罪举证责任的倒置等，都与国家对该类犯罪从严打击的刑事政策密不可分。而逃税罪阻却犯罪事由的规定，则更多考虑的是对逃税罪宽宥的刑事政策。

当然，上述事由并非互斥关系，很多场合，刑法例外规定系综合考虑了其中的多种事由。

三、争议的情形

刑法中，有些条款究竟是属于提示性规定，还是属于法律的拟制或者例外规定，有时存在激烈争议，需要厘清。

(一)非法拘禁中使用暴力致人伤亡等

《刑法》第 238 条规定了非法拘禁罪，其中第 2 款后段规定："使用暴力致人伤残、死亡的，依照本法第二百三十四条、第二百三十二条的规定定罪处罚。"对于这一规定的性质，理论认识很不一致。

一种观点认为，该款后段属于法律拟制规定。张明楷教授指出："刑法第 238 条第 2 款后段的规定，属于法律拟制，而非注意规定。即只要非法拘禁的行为人使用暴力致人伤亡的，即使其没有杀人的故意，也应认定为故意杀人罪。""在非法拘禁过程中，产生杀人故意实施杀人行为的，不适用刑法第 238 条第 2 款的规定，而应直接认定为数罪(非法拘禁罪与故意杀人罪)，同时适用刑法第 238 条第 1 款与刑法第 232 条的规定。""在非法拘禁的过程中，故意实施伤害行为过失导致被害人死亡的，适用第 238 条第 2 款后段的规定，认定为故意杀人罪。"〔1〕周光权教授也写道："这是关于法律拟制的规定。换言之，在拘禁的场合，实施与拘禁无关的行为导致死伤后果的，按照故意杀人罪或者故意伤害罪处理。"〔2〕

另一种观点认为，该款后段并非属于法律拟制，而是提示性规定。比如有学者指出，所谓"使用暴力致人伤残、死亡的"，是指行为人在犯非法拘禁罪过程中故意导致被害人伤残、死亡的结果发生，因此应以故意伤害罪、故意杀人罪论处。〔3〕将《刑法》第 238 条视为拟制规定的观点会带来一个问题，即当行为人故意实施非法拘禁罪，但使用拘禁行为以外的暴力行为过失造成对方伤残、死亡时，则转化为

---

〔1〕 张明楷:《刑法学(下)》(第六版)，法律出版社 2021 年版，第 1157—1158 页。

〔2〕 周光权:《刑法各论》(第四版)，中国人民大学出版社 2021 年版，第 48 页。

〔3〕 参见高铭暄、马克昌主编:《刑法学》(第九版)，北京大学出版社、高等教育出版社 2019 年版，第 466 页。

更重的故意伤害罪、故意杀人罪，这样的结论难免有客观归罪之嫌。既然刑法对非法拘禁罪的结果加重犯作了规定，那么，使用暴力致人伤残、死亡，就应理解为一种故意的暴力行为。而且，这种暴力行为也不应只限于拘禁行为以外的暴力。实践中完全可能出现行为人在实施拘禁行为时对死伤结果持放任甚至希望的态度，对此应以故意伤害罪、故意杀人罪论处。[1] 简言之，持该观点的学者主张，行为人成立故意杀人罪和故意伤害罪，必须符合其构成要件，非法拘禁过程中使用暴力致人伤残、死亡，成立故意杀人罪和故意伤害罪，也不能例外。

刑法中类似的规定并不乏见，如《刑法》第 247 条（刑讯逼供罪、暴力取证罪）规定，“致人伤残、死亡的，依照本法第二百三十四条、第二百三十二条的规定定罪从重处罚”。又如《刑法》第 292 条（聚众斗殴罪）第 2 款规定：“聚众斗殴，致人重伤、死亡的，依照本法第二百三十四条、第二百三十二条的规定定罪处罚。”因此，对该问题的讨论并非只具有个罪意义。围绕聚众斗殴案，《刑事审判参考》的指导案例阐述了对该问题的立场。

案例 6：张化故意伤害案

该案系《刑事审判参考》第 568 号指导案例。基本案情如下：2006 年 9 月 20 日 22 时许，在湖北省武汉市打工的莫仁到该市高雄路 92 号程遗忠开的发廊做保健时，因琐事与服务员发生争执，遭程遗忠、祝龙、丁明杰的殴打后离开。程遗忠邀李志成等三人携带三把砍刀前来，并与被告人张化和祝龙、丁明杰及张天福守候在发廊以防对方报复。次日凌晨 2 时许，程遗忠让李志成等三人回去休息。与此同时，莫仁将被打之事告知被害人

[1] 参见马克昌主编：《百罪通论》（上卷），北京大学出版社 2014 年版，第 565 页。

王飞并请王飞出面为其讨要医药费。凌晨 4 时许,王飞纠集十余人和莫仁乘出租车来到该发廊,程遗忠见状再次打李志成电话,李志成便将该情况告知高勇强,同时带领三人携砍刀一同乘坐高勇强驾驶的轿车赶到发廊。见到王飞等人后,李志成等三人持砍刀下车追砍,程遗忠、张化、祝龙、丁明杰及张天福等人也上前追打,在此过程中,张化持匕首捅刺王飞的左腿腘等处,其他人连砍王飞背部等处数刀,后均逃离现场。王飞因腘动脉、腘静脉破裂,致急性失血性休克而死亡。

武汉市中级人民法院审理认为,被告人张化伙同他人聚众斗殴,致人死亡,其行为已构成故意杀人罪,判决被告人张化犯故意杀人罪,判处死刑,剥夺政治权利终身。被告人张化不服一审判决,认为其行为不是故意杀人,原判量刑过重,提出上诉。二审湖北省高级人民法院审理后裁定驳回上诉,维持原判,并依法报请最高人民法院核准。最高人民法院经复核认为,被告人张化在聚众斗殴中,持匕首故意伤害他人身体,致人死亡,其行为构成故意伤害罪。

本案主要争议点有二:一是聚众斗殴致人死亡的是否一律认定为故意杀人罪?二是被告人张化具有明显的伤害故意,而造成了被害人死亡的后果,应如何定罪?

《刑事审判参考》在本案的裁判理由中明确指出,聚众斗殴致人死亡,不应一律认定为故意杀人罪。行为性质的认定必须坚持主客观相统一的刑法基本原则。《刑法》第 292 条第 2 款的罪状部分虽未明示罪过要素,但这并不意味着模糊了罪过认定。在认定犯罪成立与否的过程中,仍应在满足客观要件的基础上对行为人的主观罪过进行考察,才能将犯罪行为或者危害结果归责于行为人,进行准确定罪。聚众斗殴中发生致人死亡结果时,应当在判断死亡结果是否是行为人实施的犯罪行为所致的基础上,判断行为人对死亡结果所持的主观心态。行为人只能对有杀人故意(包括直接杀人故意和间接杀人故意)的行为承担故意杀人的罪责;行为人仅有伤害故意时,虽致被害人死亡,也只能承担故意伤害(致死)的罪责,不能简单地以结果定罪。本案中,被告人张化只有伤害故意,虽致人死亡,仍成立故意伤害罪。[1]

案例7:王乾坤故意杀人案

该案系《刑事审判参考》第521号指导案例。基本案情如下:2006年1月26日晚8时许,葛磊与曾有恋爱关系的女青年刘丹通电话,引起刘丹男友高杰不满,并与刘丹争吵。刘丹打电话叫其朋友杨峰过来劝说高杰,杨峰叫一起吃饭的张言亮、黄靖前往。其间,葛磊再次打电话给刘丹,高杰与葛磊在电话中争吵,并相约在蚌埠市纬四路玻璃厂门口见面。葛磊随即给被告人王乾坤打电话告知此事,并乘坐出租车去接王乾坤,王乾坤从网吧叫上陈骏、丁梦龙等人,同车来到玻璃厂门口。此时,杨峰等三人与高杰、刘丹已在玻璃厂大门南侧。葛磊见状打电话给王乾坤,表示自己与高杰单打,其他人交给王乾坤等人,王乾坤表示同意。葛磊见高杰向玻璃厂大门口走来,上前拳击高杰面部,两人打在一起。杨峰往高杰跟前走去,被王乾坤拦住并打在一起,丁梦龙、陈骏与张言亮打在一起。厮打中,王乾坤持刀朝杨峰的腹、腰、腿、臀部等处连刺16刀,杨峰受伤倒地。随后,王乾坤向正与陈骏、丁梦龙厮打的张言亮胸背部、臀部刺5刀,向

---

〔1〕参见中华人民共和国最高人民法院刑事审判第一、二、三、四、五庭主办:《刑事审判参考》(总第69集),法律出版社2009年版,第32—39页。

正与葛磊厮打的高杰左上腹、臀部、腿部连刺 9 刀。作案后，葛磊、王乾坤等人逃离现场。杨峰经抢救无效死亡。经鉴定：杨峰系被他人用单刃刺器刺伤胸腹部致肝肺破裂引起急性大出血死亡。张言亮、高杰的损伤程度为轻伤。被告人葛磊、王乾坤先后于 2006 年 1 月 28 日、2 月 4 日向蚌埠市公安局禹会分局投案自首。

蚌埠市中级人民法院审理认为，被告人王乾坤、葛磊因琐事聚众斗殴，在聚众斗殴过程中被告人王乾坤持刀连刺三人，造成一人死亡、二人轻伤的严重后果，其行为构成故意杀人罪。葛磊的行为构成聚众斗殴罪。判决被告人王乾坤犯故意杀人罪，判处死刑，剥夺政治权利终身。

被告人王乾坤不服一审判决，提出上诉，称其行为构成故意伤害罪，原判定性错误。安徽省高级人民法院经审理后裁定驳回上诉，维持原判，并依法报请最高人民法院核准。最高人民法院经复核后认为，被告人王乾坤依法应当以故意杀人罪定罪处罚，对王乾坤判处死刑不当，并依法作出裁定。

在本案“裁判理由”中，《刑事审判参考》就如何正确理解和掌握聚众斗殴的转化条件进行了详细阐述：“犯罪构成是主观要件和客观要件的统一体，应当按照主客观相一致的原则，全面考察犯罪构成要件的转化。成立聚众斗殴行为中的转化犯不仅要考察行为人的主观故意是否由一般斗殴转化为伤害、杀人的故意，还要考虑行为人是否超出了聚众斗殴行为的界限，造成了致人重伤、死亡的后果。”“本案中，被告人葛磊、王乾坤等人因为琐事纠集他人与高杰一方进行殴斗，争强斗狠。在厮打中，王乾坤持刀朝杨峰的腹、腰、腿等处连刺 16 刀，朝张言亮胸背部、臀部刺 5 刀，朝高杰左上腹、臀部、腿部连刺 9

刀,造成一人死亡、二人轻伤的严重后果。王乾坤作为年满 18 周岁的成年人,应当知道持刀捅刺他人胸、腹、腰等要害部位会造成他人死亡的结果,仍然不计后果,连续捅刺他人,放任死亡结果的发生,其主观故意已从互相斗殴转化为间接故意杀人,其客观行为也从一般的相互殴斗行为'升级'为持刀捅刺他人的行为,并造成了一人死亡的已不能被聚众斗殴罪所包容的严重后果,因此,对于王乾坤的行为不应再以聚众斗殴罪论处,而应适用刑法第二百九十二条第二款之规定,以故意杀人罪定罪处罚。"〔1〕

以上可见,对于《刑法》第 292 条第 2 款的性质,《刑事审判参考》指导案例持提示性规定而非法律拟制的立场。上述两个指导案例虽然涉及的都是聚众斗殴罪中"致人重伤、死亡"的理解问题,但对于非法拘禁罪、刑讯逼供罪、暴力取证罪的"致人伤残、死亡"规定的理解,不失参考意义。

本书也不赞同将《刑法》第 238 条第 2 款、第 247 条后段、第 291 条第 2 款等类似条款理解为法律拟制。不能否认,一旦将这些条款理解为法律拟制,那么,不管行为人对伤亡的结果是故意还是过失,都将成立故意杀人罪和故意伤害罪,这将大大减轻公诉机关的证明责任。但问题在于,法律拟制在性质上属于法律的例外规定,因为其违反刑法的基本原则与原理,所以,如前指出,刑法例外规定往往都需要特殊理由。无论是在非法拘禁的场合,还是在刑讯逼供、聚众斗殴的场合,都不存在将过失致人伤亡的行为例外评价为故意致人伤亡的正当性理由。而且,在现代法治社会,无论如何都不能为了减轻公诉机关的证明责任就对行为性质作出例外性解释。上述情形

---

〔1〕 参见中华人民共和国最高人民法院刑事审判第一、二、三、四、五庭主办:《刑事审判参考》(总第 66 集),法律出版社 2009 年版,第 14—21 页。

中,行为致人伤亡成立故意杀人罪或者故意伤害罪,必须坚持主客观相统一的刑法基本原则,严格按照故意杀人罪、故意伤害罪的构成要件依法认定。

对于《刑法》第238条第2款后段规定的理解,不仅涉及行为人对伤亡结果的主观认识,还涉及对“暴力”行为的理解。

案例8:甲等非法拘禁案

被害人张某因为欠甲、乙、丙赌债不还,甲、乙、丙将张某非法拘禁在某酒店四楼房间以逼迫其偿还债务。其间,甲、乙、丙将张某带至房间的阳台商量赌债偿还问题。因意见不一发生争执,甲起身打了张某一记耳光,并用脚踢张某。乙、丙见状连忙拉住甲。张某遂从四楼阳台跳下,不治身亡。

本案中,甲的行为依法不能成立故意杀人罪或者故意伤害罪,主要原因有二:一是因为主观上甲对张某的死亡不存在故意;二是客观上甲没有对张某实施杀人或者伤害的行为。本案中,甲对张某只是实施了轻微暴力的行为,依法不属于故意杀人罪和故意伤害罪的实行行为。

综上,对于《刑法》第238条第2款后段即“使用暴力致人伤残、死亡的,依照本法第二百三十四条、第二百三十二条的规定定罪处罚”的性质和含义简要归结如下:

第一,在性质上,该规定并非属于刑法的例外规定,而系提示性规定。

第二,行为人使用暴力致人伤残、死亡,成立故意杀人罪或者故意伤害罪,应符合故意杀人罪和故意伤害罪的构成要件。

第三,本段规定的“暴力”系符合故意杀人罪和故意伤害罪实行行为的暴力。轻微暴力致人伤亡的,依法不能成立故意杀人罪和故意伤害罪。

此外,对于《刑法》第 247 条后半段、第 291 条第 2 款中“致人伤残、死亡”的理解,亦要坚持上述原则。

(二)关于事后受贿与刑法拟制

2016 年最高人民法院、最高人民检察院《关于办理贪污贿赂刑事案件适用法律若干问题的解释》第 16 条第 2 款规定:“特定关系人索取、收受他人财物,国家工作人员知道后未退还或者上交的,应当认定国家工作人员具有受贿故意。”对于该规定的性质,理论上有两种明显对立的观点。

一种观点认为,司法解释规定的情形属于事后受贿,不违反刑法规定和法理。如孙国祥教授指出,事后知情型受贿不过是事后受贿的一种特殊形式。国家工作人员与特定关系人存在着利益上的共同关系,特定关系人收受财物一开始具有帮国家工作人员单方面“代收”的性质,国家工作人员知情后不要求退还或者上交,等于事后接受了请托人通过特定关系人“转交”的财物,其传递的信息仍然是职务行为是可以被交易的,受贿的故意在接受“转交”财物过程中得以形成。因此,事后知情型受贿的规定并没有偏离受贿罪的刑法教义,也没有背离主客观相统一的刑法原则。[1]

另一种观点对司法解释的规定持否定意见。有学者写道,如果认定这种情形下国家工作人员具有受贿的故意,则意味着对存在事后通谋的共同犯罪持肯定态度,而这显然是违背刑法原理的。从字面意义上理解,事后通谋应当是指共同犯罪人在将犯罪实施完毕之后形成共同犯罪的故意。但是,在犯罪已经实施完毕的情况下,仅仅

[1] 参见孙国祥:《事后知情型受贿的证成和认定》,载《中国刑事法杂志》2018 年第 1 期。

因为事后知情就认定具备犯罪的故意,有互相沟通的犯罪意思,是经不起推敲的。[1]

对于该款法律性质的讨论不仅具有理论意义,也具有实践价值。如果认为该款的规定属于提示性规定,而非例外或者法律拟制,那么,在非国家工作人员受贿的场合,公司、企业的工作人员的近亲属或者情妇(夫)索取、收受他人财物,公司、企业工作人员知道后未退还或者上交的,也应认定公司、企业的工作人员具有受贿故意,成立非国家工作人员受贿罪;如果认为该款的规定系法律拟制,那么,上述情形不能认定成立非国家工作人员受贿罪。

本书更倾向于认为该条款在性质上属于刑法的例外、拟制性规定,应严格限制适用。

首先,本书并不否认事后受贿是受贿罪的表现形式之一,因为事后受贿同样表现出国家工作人员钱权交易的性质。但是,在特定关系人索取、收受他人财物,国家工作人员知道后未退还或者上交的场合,索取、收受财物的主体毕竟不是国家工作人员,而是国家工作人员的特定关系人。就国家工作人员而言,其行为在性质上属于事后知情不退还或不上交财物的行为,在刑法上,不退还财物和直接非法取得财物,是两种性质不同的行为,不能简单地将国家工作人员事后不退还财物的行为与事后直接收受财物的行为等同评价。

其次,肯定成立事后受贿的观点之所以将该情形认定为国家工作人员具有受贿故意,成立受贿罪,重要原因是直接索取、收受财物的人是国家工作人员的特定关系人,即与国家工作人员有近亲属、情

---

[1] 参见王志祥、柯明:《受贿罪共犯与利用影响力受贿罪的界限新解——对最新贪污贿赂犯罪司法解释第 16 条第 2 款的限制解释》,载赵秉志等主编:《中国刑法改革与适用研究》(下卷),中国人民公安大学出版社 2016 年版,第 970—972 页。

妇(夫)以及其他共同利益关系的人,进而认为特定关系人收受财物即可等同于或者在很大程度上等同于国家工作人员收受财物。这种理解是经不起仔细推敲的,因为在近亲属包括情妇(夫)收受财物的情况下,这种理解姑且有一定道理,但在其他共同利益关系人收受财物时,上述认识是明显站不住脚的。

其实,在国家工作人员不知情的情况下,特定关系人索取、收受他人财物,在性质上正是属于刑法规定的利用影响力受贿的行为。《关于办理受贿刑事案件适用法律若干问题的意见》将该情形下的行为定性为国家工作人员具有受贿故意,成立受贿罪,更多地系基于从严打击贿赂犯罪刑事政策的考量。

本书注意到,为了避免该条款适用中出现处罚过度问题,《〈关于办理贪污贿赂刑事案件适用法律若干问题的解释〉的理解与适用》强调本款的规定要限制适用:一是此情形以国家工作人员接受特定关系人转请托为前提,特定关系人未将转请托事项告知国家工作人员的,不适用本规定。二是对于特定关系人的认定范围,要依照最高人民法院、最高人民检察院《关于办理受贿刑事案件适用法律若干问题的意见》的相关规定从严掌握。三是知道后未退还或未上交强调的是主观故意的判断,因赃款赃物被特定关系人挥霍等,知道时确实已经不具备退还或者上交的客观条件的,则应当有所区别,慎重适用。[1] 该"理解与适用"强调对该条款限制适用的立场,也可以反映出现有的规定有过度扩大受贿罪范围之嫌。

---

〔1〕 参见裴显鼎等:《〈关于办理贪污贿赂刑事案件适用法律若干问题的解释〉的理解与适用》,载《人民司法(应用)》2016 年第 19 期。

四、总　结

对于本章内容,简要总结如下:

第一,事物的存在具有多元性,是复杂的,有原则的地方,恒有例外。刑法关于犯罪及其处罚的规定也是如此。一方面,刑法中的例外条款只能在明确规定的场合适用,不能推此及彼;另一方面,刑法中的例外、拟制性规定往往都有特殊的考量与缘由,办案人员应注意其中的例外根据与事由,确保例外条款的准确适用。

第二,在我国,例外规定既存在于立法中,也存在于司法解释或者司法适用中。前者如携带凶器抢夺、贪污罪犯罪主体、毒品犯罪的入罪门槛等规定;后者如交通肇事罪共犯、毒品犯罪的既遂与未遂标准、毒品犯罪中的诱惑侦查、贪渎犯罪中的一罪与数罪的规定与认定等。

第三,刑法中的有些条款属于提示性规定还是例外规定,可能存在争议,办案人员应重视从实质上考察是否存在例外的正当性理由,在欠缺例外正当性理由的场合,应避免将某一条款或者规定解释为例外规定。《刑法》第238条第2款后段规定,使用暴力致人伤残、死亡的,成立故意杀人罪和故意伤害罪。该款并非例外规定,对于该场合下故意杀人罪和故意伤害罪的认定,需要坚持主客观相统一的刑法基本原则。2016年最高人民法院、最高人民检察院《关于办理贪污贿赂刑事案件适用法律若干问题的解释》第16条第2款规定:“特定关系人索取、收受他人财物,国家工作人员知道后未退还或者上交的,应当认定国家工作人员具有受贿故意。”将该款理解为刑法例外规定更为妥当,应注意限制适用。

第九章
整体与部分

一、问题的提出

整体与部分是标志客观事物的统一性与可分性的一对哲学范畴。整体是构成事物诸要素的有机统一,部分是整体中的某个或某些要素。国人素来强调看问题要重视整体,"一叶障目,不见泰山"的典故就警示我们要看清事物的全貌,目光不能为局部所遮蔽。但现实生活中,人们时常采取以偏概全、以部分代替整体的不正确认识方法,个中原因既有人的认识能力与人性的局限,也有认识方法的不当,这都不可避免地阻碍人们对事物全貌和性质的科学把握。

犯罪的认定也时常出现忽视整体、以偏概全的现象,其既可能出现在案件事实认定上,也可能出现在法律条文的适用中。就前者而言,如办案机关因偏重打击犯罪,案件办理中,可能存在过度重视有罪和罪重的事实;辩护人出于对犯罪嫌疑人或者被告人利益的保护,往往过分看重行为人罪轻或无罪的事实。在后者的场合,即使对于同一案件事实,办案人员根据此部分法律和条文,可能得出行为人有罪或罪重的结论;但依据彼部分法律和条文,可能得出行为人无罪或者罪轻的结论。这不仅影响到法律适用的统一性,也影响到案件的公正处理。为了确保案件的准确定性,办案人员对于事实认定和刑法条文的适用,都需要采取整体主义立场,确保案件的妥当处理。

本章主要结合刑法规定,阐述刑法适用中如何坚持整体解释。对于事实的整体认定,本章不作研究。

二、整体解释及其方法论贯彻

(一)整体解释的类型与含义

在刑法中,整体解释至少可以在两个层面上理解:刑法之内的整体解释与刑法之外的整体解释。所谓刑法之内的整体解释,系根据刑法条文在整个刑法中的地位,联系相关法条的含义,阐明其规范意旨的解释方法。〔1〕 作为一种重要的论理解释方法,理论上整体解释也常被称为“体系解释”。由于刑法由总则与分则组成,所以,体系解释并不限于分则条文之间的体系(整体)解释,也包括总则与分则的体系(整体)解释。刑法之外的整体解释涉及刑法与其他部门法的关系,特别是在法定犯的认定中,刑法的整体解释要求办案人员立足于法秩序的统一性以及刑法与民商法、经济法、行政法的关系,整体性评价行为是否构成犯罪以及构成何罪。以下分别论述。

(二)刑法分则条文的整体解释

任何概念都具有多重意义,只有结合特定语境,其意义才能得以准确理解,法律概念、用语的含义亦如此。有时同一概念不仅在不同部门法中的含义不同,在刑法内部的含义也可能不一致,整体解释有

---

〔1〕 参见张明楷:《刑法分则的解释原理》(上),中国人民大学出版社 2011 年版,第54 页。

助于准确地把握刑法条文和概念的含义。

1. 猥亵的概念

强制猥亵、侮辱罪与猥亵儿童罪被规定于《刑法》第 237 条,条文中使用的都是“猥亵”一词,但两罪中“猥亵”的含义却不尽一致。根据《刑法》第 236 条第 1 款和第 2 款的规定,强奸罪的犯罪对象是妇女和不满 14 周岁的幼女,所以,对于妇女和不满 14 周岁的幼女而言,强制猥亵、侮辱罪中的“猥亵”不包括奸淫行为,而仅指奸淫以外的猥亵行为。对于猥亵儿童罪中的“猥亵”不能作上述理解。对于女性儿童而言,猥亵是指奸淫以外的猥亵行为。对于男性儿童而言,猥亵应包括奸淫行为,这主要是因为,在无刑法条文对奸淫男性儿童的行为作专门规定的情况下,如果仍然认为猥亵是指奸淫之外的猥亵行为,那么将导致强行与男性儿童发生性交的行为无法纳入刑法范围,导致对男性儿童性权益和身体健康的不周延保护。

2. 伪造的含义

伪造的刑法含义也要注意整体理解。针对同一对象,刑法立法在同一条款或者邻近条款同时规定了“伪造”“变造”行为,比如《刑法》第 170 条和第 173 条分别规定了伪造货币罪和变造货币罪;又如第 177 条和第 178 条第 1 款分别规定了伪造、变造金融票证罪和伪造、变造国家有价证券罪。在上述条款中,因为刑法同时规定了伪造和变造两种行为,所以,伪造与变造是相互区分的概念。以伪造货币罪和变造货币罪为例,“伪造”指的是仿照真货币而制造假货币;“变造”指的是行为人对真实的货币,通过剪贴、涂改、挖补、拼接等方法,使真币改变形态或者升值。[1] 但在有些场合,刑法条文只规定

[1] 参见高铭暄、马克昌主编:《刑法学》(第九版),北京大学出版社、高等教育出版社 2019 年版,第 393—396 页。

了伪造,无变造的规定,如《刑法》第 206 条规定的伪造、出售伪造的增值税专用发票罪和第 280 条第 2 款规定的伪造公司、企业、事业单位、人民团体印章罪。上述情形中,立法没有规定变造行为,并不意味着针对上述对象的变造行为不值得刑法处罚。为了避免法益保护的漏洞,对上述条款中"伪造"的含义应作扩张理解,将"变造"包括其中。

3. 滥伐林木罪

根据《刑法》第 345 条第 1 款和第 2 款的规定,盗伐林木罪,是指行为人盗伐森林或者其他林木,数量较大的;滥伐林木罪,是指行为人违反森林法的规定,滥伐森林或者其他林木,数量较大的。如果仅仅根据第 1 款的规定,没有经过林业主管部门批准的砍伐行为,都可以理解为"盗伐"。但由于第 2 款规定了滥伐林木罪,所以,不能将未得到批准的砍伐界定为盗伐。"盗伐"仅指那些以非法占有为目的,非法砍伐他人占有的林木的行为。[1] 行为人不具有非法占有林木的目的,只是没有经过林业主管部门批准的砍伐行为,属于《刑法》第 345 条第 2 款规定的滥伐行为。可见,只有整体理解《刑法》第 345 条的规定,"盗伐"的含义才能得以妥当地理解。

4. 贪污罪的对象

贪污罪在我国属于典型的职务犯罪,《刑法》第 382 条第 1 款规定:"国家工作人员利用职务上的便利,侵吞、窃取、骗取或者以其他手段非法占有公共财物的,是贪污罪。"根据该规定,很容易当然地认为本罪的对象是公共财物。但整体考察刑法规定可知,这种认识显然是片面的。《刑法》第 271 条第 2 款规定:"国有公司、企业或者其

---

〔1〕 参见张明楷:《刑法分则的解释原理》(上),中国人民大学出版社 2011 年版,第 55 页。

他国有单位中从事公务的人员和国有公司、企业或者其他国有单位委派到非国有公司、企业以及其他单位从事公务的人员有前款行为的，依照本法第三百八十二条、第三百八十三条的规定定罪处罚。”第183条第2款规定：“国有保险公司工作人员和国有保险公司委派到非国有保险公司从事公务的人员有前款行为的，依照本法第三百八十二条、第三百八十三条的规定定罪处罚。”根据上述规定，贪污罪的对象完全可以是非公共财物。全面考察刑法有关贪污罪的规定，不难发现犯罪对象的性质，即是否为公共财物，对于贪污罪与职务侵占罪的区分并不具有决定性意义；犯罪主体的身份以及行为人是否存在利用职务上的便利等要件，对于两罪的区分才具有决定性意义。

5. 挪用公款罪的对象

若仅着眼于《刑法》第384条挪用公款罪的规定，也很容易认为挪用公款罪的对象系公款（当然也包括《刑法》第384条第2款规定的特定款物），不能是非公共款项。与贪污罪一样，这种认识没有注意到《刑法》分则的其他相关规定。《刑法》第272条第2款规定：“国有公司、企业或者其他国有单位中从事公务的人员和国有公司、企业或者其他国有单位委派到非国有公司、企业以及其他单位从事公务的人员有前款行为的，依照本法第三百八十四条的规定定罪处罚。”第185条第2款规定：“国有商业银行、证券交易所、期货交易所、证券公司、期货经纪公司、保险公司或者其他国有金融机构的工作人员和国有商业银行、证券交易所、期货交易所、证券公司、期货经纪公司、保险公司或者其他国有金融机构委派到前款规定中的非国有机构从事公务的人员有前款行为的，依照本法第三百八十四条的规定定罪处罚。”根据上述规定，挪用公款罪的对象既可以是公款，也可以是非公共款项。所以,与贪污罪和职务侵占罪的区分一样,犯罪对象的性质系公款还是非公款,对于挪用公款罪与挪用资金罪的区分并不具有决定性意义,犯罪主体的身份以及是否存在利用职务上的便利,才是两罪区分的关键所在。

(三)刑法总则与分则的整体解释

刑法总则规定刑法的基本原理、原则以及适用中的共性问题,分则规定具体犯罪的构成要件与刑罚,总则和分则本来就是一个有机整体,对于犯罪认定自然要坚持刑法总则与分则相协调的整体解释。一般性地谈论该问题,并不会产生意见分歧,但落实到具体案件的处理上,有时会出现不同认识。

值得注意的一种现象是:对于有些犯罪,刑法条文只是规定了行为类型,没有对行为的情节和数量作出限定。如果严格按照《刑法》分则条文的规定,那么只要行为人实施了构成要件行为,即成立犯罪。对于此类犯罪的成立,是否果真如条文字面意义所显示的,犯罪的成立不需要违法行为情节或者数量的要求,对此,不能简单地得出肯定或者否定的结论。

有的犯罪,比如走私、贩卖、运输、制造毒品罪,根据《刑法》第347条第1款的规定,走私、贩卖、运输、制造毒品,无论数量多少,都应当追究刑事责任,予以刑事处罚。该规定明显突破了我国违法与犯罪相区分的二元违法体系,体现出了刑法对走私、贩卖、运输、制造毒品不一样的严厉立场。在行为成立走私、贩卖、运输、制造毒品罪的场合,定罪量刑没有适用《刑法》总则第13条“但书”规定的余地。

有的犯罪,虽然立法只是规定了构成要件的行为,但司法解释对于行为的情节和数量等进行了明确规定,犯罪限定于严重违法的范围,体现出对刑法总则犯罪概念规定的遵守与贯彻。比如挪用公款罪中，挪用公款归个人使用，进行非法活动的，刑法没有对挪用行为的数额或者情节作规定，但司法解释对此有明确规定。2016 年最高人民法院、最高人民检察院《关于办理贪污贿赂刑事案件适用法律若干问题的解释》第 5 条规定："挪用公款归个人使用，进行非法活动，数额在三万元以上的，应当依照刑法第三百八十四条的规定以挪用公款罪追究刑事责任……"挪用资金罪中，挪用资金归个人使用，进行违法活动的，也是如此情形。又如，对于非法拘禁罪，刑法只是规定"非法拘禁他人或者以其他方法非法剥夺他人人身自由的"，并没有任何情节要求。2006 年最高人民检察院《关于渎职侵权犯罪案件立案标准的规定》规定，国家机关工作人员非法剥夺他人人身自由 24 小时以上的，或者非法剥夺他人人身自由，并使用械具或者捆绑等恶劣手段，或者实施殴打、侮辱、虐待行为的等，予以立案。对于普通民众实施的非法拘禁行为成立犯罪，目前尚没有明确的立案标准，但较之于前述标准，无疑会更高。

对于犯罪判断是否应坚持刑法总则与分则的整体解释，近年争论最激烈的是危险驾驶罪（本章若无特别说明，仅限于醉驾型危险驾驶罪）的适用。

根据《刑法》第 133 条之一的规定，在道路上醉酒驾驶机动车，成立危险驾驶罪，并没有其他情节限制。司法实践中对于行为成立危险驾驶罪，因情节轻微，定罪免刑或者不起诉，并没有争议。需要探讨的问题是，在行为符合在道路上"醉酒驾驶机动车的"，有无适用刑法总则"但书"的必要和余地，换句话说，在该情形下，醉酒驾驶的行为是否有被评价为情节显著轻微危害不大，不认为是犯罪的空间，在刑法理论上是个极具争议的问题。

肯定意见提出，《刑法》第 13 条"但书"属于总则性规定，而新增的危险驾驶罪属于分则规定,所有分则罪名适用都必须受总则制约。[1] 醉酒驾驶机动车构成危险驾驶罪的属于抽象危险犯,但确定抽象危险犯的主要依据是立法者或者社会公众的生活经验或社会常识,公众的生活经验或社会常识在告诉我们醉酒之后驾驶机动车具有高度危险的同时,也告诉我们如果醉酒驾驶发生在车辆、人员极其稀疏的道路上,其危险状态肯定和我们立法所设定的危险驾驶罪的"抽象危险"有一定的距离,从而可以将这种情形下的醉酒驾驶行为视为情节显著轻微,达不到入罪所需的抽象危险的程度,进而不构成犯罪。[2]

"否定说"认为,危险驾驶罪在设定条文时已考虑了《刑法》第 13 条的规定,情节已经包含在条文的规定当中。行为人在道路上驾驶机动车,血液中的酒精含量只要达到或者超过了 80 毫克/100 毫升,那么行为就应该按照犯罪处理。[3]

司法实践对该问题曾有激烈争论,最高司法机关的态度经历了明显的变化。

2011 年 10 日在重庆市召开的全国法院刑事审判工作座谈会上,最高人民法院副院长张军指出,5 月 1 日以后,各地公安机关已陆续查获了一批醉酒驾驶犯罪嫌疑人,很快将起诉至人民法院。各地法院具体追究刑事责任,应当慎重稳妥。虽然《刑法修正案(八)》规定追究醉酒驾驶机动车的刑事责任,没有明确规定情节严重或情节恶劣的前提条件,但根据《刑法》总则第 13 条规定的原则,危害社会行为情节显著轻微危害不大的,不认为是犯罪。对在道路上醉酒驾

---

[1] 参见赵秉志、赵远:《危险驾驶罪研析与思考》,载《政治与法律》2011 年第 8 期。
[2] 参见王强军:《危险驾驶罪的构成特征及司法适用》,载《学术交流》2011 年第 11 期。
[3] 参见冯军:《论〈刑法〉第 133 条之 1 的规范目的及其适用》,载《中国法学》2011 年第 5 期。

驶机动车的行为需要追究刑事责任的,要注意与行政处罚的衔接,防止可依据道路交通安全法处罚的行为,直接诉至法院追究刑事责任。[1]

但公安部、最高人民检察院采取了明显不同的立场。2011 年 8 月公安部发布了《关于公安机关办理醉酒驾驶机动车犯罪案件的指导意见》,指出公安机关办理醉酒驾驶机动车犯罪案件,要进一步规范立案侦查,从严掌握立案标准。经检验驾驶人血液中的酒精含量达到醉酒驾驶机动车标准的,一律以涉嫌危险驾驶罪立案侦查;未达到醉酒驾驶机动车标准的,按照《道路交通安全法》的有关规定给予行政处罚。[2] 2011 年 5 月 23 日,最高人民检察院新闻发言人、办公厅主任白泉民接受采访时也表示,对于检方来说,醉酒驾驶案件只要事实清楚、证据充分一律起诉。[3]

危险驾驶罪颁布后的一段时间,实务部门对醉驾型危险驾驶罪的认定采取了十分刚性的立场,只要行为符合在道路上醉酒驾驶机动车的,几乎毫无例外地被认定为危险驾驶罪。其后庞大的危险驾驶罪案件数量引起了人们的关注和理性思考,社会上出现了越来越强的针对危险驾驶罪立法理性反思和司法限制处罚范围的声音。最近几年,国家为了缓和对危险驾驶罪的处罚,最高司法机关在指导案例和司法解释等文件中逐渐肯定了"但书"在本罪中的适用。

《刑事审判参考》第 895 号指导案例(唐浩彬危险驾驶案)和第 896 号指导案例(吴晓明危险驾驶案)都肯定了被告人的行为依法构

---

〔1〕 参见张伟刚、谢晓曦:《正确把握危险驾驶罪构成条件》,载《人民法院报》2011 年 5 月 11 日,第 001 版。

〔2〕 参见邢世伟、张媛:《公安部:警方对醉驾一律刑事立案》,载《新京报》2011 年 5 月 18 日,A07 版。

〔3〕 参见《最高检表态 只要证据充分醉驾一律起诉》,载《北京晚报》2011 年 5 月 24 日,第 8 版。

成危险驾驶罪,但在“裁判理由”中都表达了《刑法》总则规定的“但书”可以在危险驾驶罪中适用的观点。比如,在唐浩彬危险驾驶案“裁判理由”中指出:“为挪车而短距离醉驾的案件而言,如果没有发生实际危害结果或者仅发生轻微碰、擦后果的,可以根据具体情节,认定犯罪情节显著轻微,适用‘但书’条款,不作为犯罪处理或者作免予刑事处罚处理。”〔1〕在吴晓明危险驾驶案的“裁判理由”中写道:“犯罪情节显著轻微可以不认为是犯罪的,除不低于免予刑事处罚的适用条件外,在‘量’上应当更加严格把握,要求同时具备:(1)没有发生交通事故或者仅造成特别轻微财产损失或者人身伤害;(2)血液酒精含量在100毫克/100毫升以下;(3)醉驾的时间和距离极短,根据一般人的经验判断,几乎没有发生交通事故的可能性。”〔2〕

2017年最高人民法院《关于常见犯罪的量刑指导意见(二)(试行)》规定:“对于醉酒驾驶机动车的被告人,应当综合考虑被告人的醉酒程度、机动车类型、车辆行驶道路、行车速度、是否造成实际损害以及认罪悔罪等情况,准确定罪量刑。对于情节显著轻微危害不大的,不予定罪处罚;犯罪情节轻微不需要判处刑罚的,可以免予刑事处罚。”作为最高人民法院发布的重要司法文件,其明确肯定了醉驾型危险驾驶罪中的“但书”适用,清晰地彰显了《刑法》总则“但书”规定在本罪适用中的意义。

在刑法理论上,对于在道路上醉酒驾驶机动车辆有无适用刑法总则“但书”的余地,主要涉及两个方面的问题:一是行为人是否只要

〔1〕 参见中华人民共和国最高人民法院刑事审判第一、二、三、四、五庭主办:《刑事审判参考》(总第94集),法律出版社2014年版,第16—20页。

〔2〕 参见中华人民共和国最高人民法院刑事审判第一、二、三、四、五庭主办:《刑事审判参考》(总第94集),法律出版社2014年版,第21—25页。

实施了构成要件的行为,就具备了可罚性根据,都要作为犯罪处罚。换句话说,法益侵害的危险是否是抽象危险犯的犯罪成立(构成要件)要素。二是行为存在法益侵害的危险,是否一定构成犯罪。

强调法益侵害的危险是抽象危险犯的成立要件,这是由抽象危险犯的构造决定的。对于抽象危险犯的处罚根据,理论上一直争议很大。有的学者指出,抽象危险犯是一个行为的独特的危险性,被当作刑罚制裁的原因,行为的可罚性,与实际上是否出现危险状态无关。[1] 抽象危险犯中法益侵害的危险是立法上的假定,特定的行为方式出现,危险状态即伴随而生;具体个案即使不发生危险,亦不许反证推翻。[2] 很明显,在上述学者看来,法益侵害危险并非在一切抽象危险犯场合都存在,不属于此类犯罪的构成要件;即使一个被立法者认为有危险的行为,在实际上未惹起危险状态,依然是可罚的。对于上述观点,刑法理论上一直有学者持反对见解,认为对于危险行为的处罚,只有当该行为对法益具有实质侵害时,才是正当的。[3] 张明楷教授也指出:“在司法上,将没有任何危险的行为认定为危险犯,进而给予刑罚处罚,违反了刑法处罚危险犯的本旨。”[4]

本书认为,否定法益侵害的危险是抽象危险犯成立要件的观点是难以成立的。

首先,现代刑法的目的是保护法益,某种行为之所以被规定为犯罪,根本原因在于行为侵害了法益或者具有法益侵害的危险性,将一种对法益没有任何危险的行为纳入刑罚处罚的范围,将面临处罚

---

〔1〕 参见林东茂:《危险犯与经济刑法》,五南图书出版公司1996年版,第14页。

〔2〕 参见林东茂:《刑法综览》(修订五版),中国人民大学出版社2009年版,第51页。

〔3〕 参见林东茂:《危险犯与经济刑法》,五南图书出版公司1996年版,第15页。

〔4〕 张明楷:《危险驾驶罪的基本问题——与冯军教授商榷》,载《政法论坛》2012年第6期。

正当性的疑问。如果认为在抽象危险犯的场合,即便没有法益侵害危险的出现,也不排除犯罪的认定和刑罚适用,将导致对法益侵害原则的否定,引起现代刑法根基的动摇。而且,依照该观点也极易导致刑罚适用的酷苛和处罚范围的不适当扩大。刑法在构成要件中没有如具体危险犯一样明示法益侵害的危险,只是表明司法者在犯罪司法认定中不需要专门对法益侵害有无的危险作具体举证、判断,并不意味着此类犯罪的成立不需要行为具有法益侵害的危险。

其次,行为即便存在法益侵害的危险,也不能简单地认为其成立犯罪,这是由我国违法与犯罪二元相区分的框架与体系决定的。本书多次指出,与国外一元违法体系不同,我国采取的是违法与犯罪相区分的二元违法体系,刑法中所谓的犯罪都只是限于具有严重社会危害性的行为。除特殊规定外,若一种行为虽然有社会危害性,但达不到严重程度的,只能按照一般违法行为处罚。在这种体例下,若认为只要实施了特定构成要件的行为,就认为对法益侵害程度达到了值得用刑罚处罚的必要,进而认定为犯罪,那么,将使犯罪和一般违法行为的区分成为难题,司法实践中存在的大量一般违法行为将会被犯罪的概念所覆盖。所以,不仅将没有任何危险的行为认定为危险犯并处罚违反了刑法处罚危险犯的本旨,而且,对那些即便有法益侵害危险却无法达到“严重程度”的行为,若忽视法益侵害程度而处罚的,也同样是违反危险犯本旨的。那种认为“只要实施了构成要件的行为,就具备了可罚性根据,都要作为犯罪处罚”的观点并不符合我国违法犯罪的整体立法体系,是不能被认可的。法益侵害的危险同样应当是抽象危险犯构成要件(犯罪成立)的要素。

所以,当刑法将某一犯罪规定为抽象危险犯的场合,在判断其是否构成犯罪时,除需要判断行为人是否实施了构成要件的行为外,还须进一步判断抽象危险是否发生,以及危险是否达到了刑法规定的严重危险程度。只不过对抽象危险的判断方法不需要像具体危险犯那样进行具体认定,而只需进行一般性的、类型性的判断。而所谓一般性、类型性判断,就是原则上行为人只要实施了构成要件的行为,即可推定为具有了法益侵害的抽象危险,在具备特定事由时,可以例外处理。

具体到危险驾驶罪的认定,近年来不少地方性规范性文件也积极肯定在醉酒驾驶的场合,行为情节显著轻微危害不大从而不成立犯罪的情形。比如 2019 年浙江省高级人民法院、浙江省人民检察院、浙江省公安厅《关于办理"醉驾"案件若干问题的会议纪要》规定,"醉酒驾驶汽车……酒精含量在 100 毫克/100 毫升以下,且无上述 8 种从重情节[1],危害不大的,可以认为是情节显著轻微,不移送审查起诉;醉酒驾驶摩托车……酒精含量在 180 毫克/100 毫升以下,危害不大的,可以认为是情节显著轻微,不移送审查起诉"。

对于构成要件只是规定行为的情形,犯罪成立与否的判断应注意结合《刑法》第 13 条规定整体认定,并非仅限于危险驾驶等少数犯罪,而是具有普遍的方法论意义。

又如关于妨害公务罪。根据《刑法》第 277 条的规定,妨害公务罪是指以暴力、威胁方法阻碍国家机关工作人员依法执行职务的行为。本罪的设立旨在维护公务行为的权威性,保障公务活动

---

〔1〕 8 种从重情节为:(1)造成他人轻伤及以上后果的;(2)在高速公路上醉酒驾驶的;(3)醉酒驾驶营运机动车、中型以上机动车,或者严重超员、超载、超速驾驶的;(4)无驾驶汽车资格的(驾驶证被扣留、超出驾驶证年审期限未满 1 年、驾驶证记分满 12 分状态未满 1 年的除外);(5)明知是不符合机动车安全技术检验标准或者已报废的汽车而驾驶,驾驶无牌机动车或者使用伪造、变造或其他车辆的机动车牌证的;(6)在被查处时有驾车逃跑或严重抗拒检查行为的;(7)在诉讼期间拒不到案或者逃跑的;(8)曾因酒后驾驶 3 年内、醉酒驾驶 5 年内被追究的。

的顺利进行。刑法条文对于本罪的成立并没有情节的要求,正因为如此,实践中出现了本罪的不适当扩大化处罚的问题,有的办案人员将很轻微的暴力妨害公务的行为,认定为本罪;有的将行为人在被公安机关抓捕过程中本能的没有超过合法限度的反抗行为,认定为本罪。《治安管理处罚法》也明确规定了妨害公务的行为,第 50 条规定:"有下列行为之一的,处警告或者二百元以下罚款;情节严重的,处五日以上十日以下拘留,可以并处五百元以下罚款:……(二)阻碍国家机关工作人员依法执行职务的……阻碍人民警察依法执行职务的,从重处罚。"办案人员对于本罪的认定有必要注意行政法与刑法的衔接与协调,结合《刑法》总则第 13 条的规定综合判断,在行为没有达到情节严重的情况下,依法按照《治安管理处罚法》处理。当前的实务办案中,脱离《刑法》第 13 条的规定,只是重视行为性质而忽视行为情节导致的妨害公务罪扩大化适用问题,值得关注。

再如猥亵儿童罪。根据《刑法》第 237 条的字面规定,本罪成立没有行为情节的要求,但这并不意味着行为人只要对儿童实施猥亵行为,即便属于很轻微的猥亵行为,都成立犯罪,本罪的认定同样需要综合考察行为是否达到了值得动用刑罚处罚的程度。如果不注意这一点,有些案件的定性会出现明显不合理的处罚结论。

例如,谢某系某小学五年级的数学老师,其酒后、多次在教室、教室外走廊、校园内凉亭等处搂抱女学生,多名被害人均不满 14 周岁,被害人向家人哭诉,家人报警后案发。公诉机关指控谢某成立猥亵儿童罪,并且属于刑法规定的在公共场所当众猥亵儿童,情节恶劣的情形。

根据刑法规定,本案的行为发生在"公共场所"且属于"当众"并无争议,一旦猥亵行为构成犯罪,那么谢某的行为将会被认定为“在公共场所当众”猥亵儿童。谢某作为一名人民教师,本案中的行为很容易被认定为“情节恶劣”。这样一来,谢某的行为将被认为符合本罪的加重情节,即“在公共场所当众猥亵儿童,情节恶劣的”,处5年以上有期徒刑。不能否认,本案谢某的行为当然有违师德,也系违法,但谢某的行为是否具有严重社会危害性从而构成犯罪恐怕存在争议,认定谢某属于在公共场所当众猥亵儿童,成立猥亵儿童罪的加重处罚情形,显然拔高了行为性质。对谢某处5年以上有期徒刑,也难以符合罪责刑相适应的刑法基本原则。

还如盗窃罪。根据刑法规定,入户盗窃、携带凶器盗窃、扒窃成立盗窃罪,并没有盗窃财物数额或者情节的要求,但这并不意味着只要行为人实施了上述行为,就一律按照盗窃罪处理,行为是否成立盗窃罪,同样要结合《刑法》第13条但书的规定进行认定。《刑事审判参考》在第1175号指导案例即巫建福盗窃案的“裁判理由”中明确表明了该立场:“‘入户盗窃’数额较小和未遂的入罪与否都受制于‘情节显著轻微危害不大’这一条件,我们认为,实践中可以从人身危险性、犯罪行为方式和后果等方面把握适用标准。对于人身危险性较大的惯犯,以及采用深夜翻窗、撬门等方式潜入住宅或者携带凶器等手段入户、入户窃取孤寡老人等特定人员财物、窃取救灾救济款等特定财物、造成其他严重后果等情形的,即使窃得数额较小或未遂,应作入罪处理。相反,对于因饥饿难忍等原因入户盗窃或窃取少量财物救急的、进入忘记锁门的院内窃取少量瓜果蔬菜等物品或盗窃未遂的、窃取少量财物后主动予以补偿并得到谅解等后果较轻的情况,可以考虑作出罪处理。”[1]有的地方司法文件也明确表达了该意见。如2015年浙江省高级人民法院、浙江省人民检察院、浙江省公安厅印发的《关于办理盗窃刑事案件的若干意见》规定:“扒窃少量财物,但系初犯、偶犯的,可以视为犯罪情节显著轻微,不作为犯罪处理。”“入户盗窃、携带凶器盗窃、扒窃未遂的,应当依法追究刑事责任;但根据案件具体情况,盗窃情节显著轻微危害不大的,可不认为是犯罪。”

综上,重视刑法总则与分则的整体解释,在方法论上,就是要求办案人员对案件进行处理时,眼光不仅要往返于事实与刑法规范之间,还要往返于刑法总则与分则之间,避免对犯罪的判断脱离《刑法》第13条关于犯罪概念和犯罪本质的规定,超越我国违法与犯罪二元区分体系的整体框架。除特殊情形外,即便刑法条文只是规定了行为,没有对行为的数量或者情节有限制,办案人员也有必要重视违法行为的数量与情节对于犯罪成立的意义。

(四)刑法与其他部门法之间的整体解释

在性质上,刑法是保障法、事后法,其适用当然要注意与前刑法规范的协调一致,该问题涉及法秩序的统一性。在包括对经济犯罪在内的法定犯的认定中,强调刑法与其他部门法之间的整体性解释,对于准确界定行为性质,避免混淆犯罪与民事经济纠纷以及行政违法的界限,具有重要的意义。

刑法与其他部门法之间的整体解释,指的是办案人员在适用刑法时要注意相关前刑法规定,当行为有明确的民商法、经济法或者行政法等法律法规的依据时,要避免将其认定为犯罪。下面结合两个

---

〔1〕 中华人民共和国最高人民法院刑事审判第一、二、三、四、五庭主办:《刑事审判参考》(总第108集),法律出版社2017年版,第72页。

案例展开分析。

案例1:某公司非法转让、倒卖土地使用权案

甲、乙、丙、丁依法成立H房地产开发公司,以H公司名义取得某块土地使用权,因资金紧缺等原因未能按照规定进行开发。[1] 后甲、乙、丙、丁与A、B、C签订了H公司股权转让协议并办理了股权变更手续。A、B、C继而成为H公司的股东。甲、乙、丙、丁因股权转让共计获利人民币2000万元。

实践中此类行为并不乏见。对于行为的性质,一种有影响力的观点认为,甲、乙、丙、丁转让H公司股权的行为违反了《城市房地产管理法》等法律法规,属于以股份转让形式掩盖非法转让、倒卖土地使用权目的的行为,在性质上系"变相"非法转让、倒卖土地使用权,应依法构成非法转让、倒卖土地使用权罪。

人都具有趋利避害的本能,现实社会中,行为人为了逃避法律追究,掩盖犯罪事实,客观上存在不少变相犯罪行为,比如刑法规定的变相非法吸收公众存款、变相非法买卖外汇、变相行贿受贿等。但刑法与其他部门法不同,因秉持罪刑法定原则,所以,不论是刑法立法,还是犯罪的司法认定,都要强调明确性原则,这就要求办案人员对于变相犯罪行为的认定要谨慎,避免刑法适用中的类推。

特别是对于经济犯罪的认定而言,其多属于法定犯,犯罪的成立须以行为违反相应的经济行政法规为前提。所以,对于经济犯罪的认定不仅要依据刑法的规定,还要特别重视考察民商法、经济法、行

[1] 2019年修正的《城市房地产管理法》第39条第1款规定:"以出让方式取得土地使用权的,转让房地产时,应当符合下列条件:……(二)按照出让合同约定进行投资开发,属于房屋建设工程的,完成开发投资总额的百分之二十五以上,属于成片开发土地的,形成工业用地或者其他建设用地条件。"

政法等法律法规的规定,将两者结合进行整体解释。当某种行为有民商法和经济法的依据时,换句话说,当某行为在民商法和经济法上系合法行为时,基于法秩序整体性的考虑,就不宜将该行为解释为变相犯罪行为进而认定为犯罪。非法转让、倒卖土地使用权罪的认定同样要坚持这一整体解释的立场与方法。

上述案例反映的问题在实践中情形多样。有的行为人(股东)成立公司并非为了开发土地和项目建设,主观上既无开发土地建设项目的意愿,客观上也没有开发建设的条件和实力,股权转让最终在实质上实现的是转让土地使用权,行为人(股东)的根本目的是倒卖土地使用权,从中获取利益。在这种情况下,办案人员有必要超越行为的形式看行为的本质,行为人(股东)的行为可以依法认定为变相非法转让、倒卖土地使用权。但是,有的公司确实具有开发土地建设项目的意愿和实力,合法取得土地使用权后,也按照法律和行政法规的规定进行了开发建设,在这种情况下,对于行为人(股东)转让公司股权的行为,就要慎重将行为评价为变相非法转让、倒卖土地使用权,从而将行为认定为犯罪。具体来说:

首先,将甲、乙、丙、丁的行为认定为非法转让、倒卖土地使用权罪,应注意与《公司法》的规定相协调。《公司法》第 27 条第 1 款规定:“股东可以用货币出资,也可以用实物、知识产权、土地使用权等可以用货币估价并可以依法转让的非货币财产作价出资;但是,法律、行政法规规定不得作为出资的财产除外。”第 71 条规定:“有限责任公司的股东之间可以相互转让其全部或者部分股权。股东向股东以外的人转让股权,应当经其他股东过半数同意。……公司章程对股权转让另有规定的,从其规定。”第 137 条还规定:“股东持有的股份可以依法转让。”根据上述规定,公司股权依法可以转让,涉案行为明显符合《公司法》的规定。将涉案行为认定为变相非法转让、倒卖土地使用权的行为,并未注意到《公司法》中有关股东可以土地使用权出资,且股权可以自由转让的规定,难以认为是充分考虑了法秩序的统一性;在解释方法上,也未充分考虑民商法与刑法的整体性。

其次,将甲、乙、丙、丁的行为认定为非法转让、倒卖土地使用权罪,应注意避免混淆股权转让与土地使用权转让的概念。股权转让与土地使用权转让在法律性质上存在明显差异。股权转让是股东依据《公司法》将股份转让给他人的行为,是发生在公司股东、股权之间的交易和流转;而土地使用权转让是土地使用者将土地使用权再转移的行为,包括出售、交换和赠与,是实体资产的转让,属于(用益)物权的流转。两者在法律依据、转让程序、转让条件、转让主体、登记部门以及转让结果等方面都存在明显的不同。此类案件中,在权利主体方面,土地使用权的主体没有改变,只是作为使用权主体的公司的股权发生了转让,不能将公司股权转让评价为土地使用权的转让。最高人民法院在“薛惠玶与陆阿生、江苏苏浙皖边界市场发展有限公司、江苏明恒房地产开发有限公司委托代理合同纠纷案”中明确表达了上述立场。最高人民法院在该案判决书中写道:薛惠玶主张,案涉《股权转让协议》实质是以股权转让形式转移土地使用权的行为,系以合法形式掩盖非法目的,应认定为无效。本院认为,公司股权转让与作为公司资产的土地使用权转让为两个独立的法律关系,现行法律并无效力性强制性规定禁止以转让房地产项目公司股权的形式实现土地使用权或房地产项目转让的目的。薛惠玶的该项主张无法律依据,本院不予支持。〔1〕

此外,股权转让后,土地是否被合法使用、土地有无改变用途等

〔1〕 参见最高人民法院(2013)民一终字第138号民事判决书。

也是考量行为是否应当被认定为“变相”非法转让、倒卖土地使用权的因素。

过去的实践中,有的办案机关将类似于本案的行为简单地作为变相犯罪行为(非法转让、倒卖土地使用权罪)处理。本书认为,这种处理方式只是关注到了土地使用权转让的结果事实,没有充分注意到行为的过程特别是《公司法》的规定以及民商法与刑法的协调性和整体性,处理方式和结果难免有些简单、片面。

案例2:王某挪用公款案

王某系甲国有银行某支行行长,王某之妻李某为乙公司的总经理和实际控制人。某日,李某向王某提出,其经营的乙公司急需一笔款项,让王某想办法解决。王某本想从甲国有银行直接放贷给李某的乙公司,但因乙公司不符合放贷条件,无法放贷。于是王某找到时任丙国有公司总经理的刘某,刘某任职的丙国有公司曾与甲国有银行有过多次贷款关系,且王某和刘某系同乡,于是二人约定由丙国有公司先从甲国有银行正常贷款还息,然后无息转借给李某的乙公司。后按照约定,丙国有公司从甲国有银行贷款人民币3000万元后转借给乙公司。乙公司获得该笔款项后投入公司的正常生产经营活动,并按时偿还银行贷款。后该事情被人举报而案发。公安机关查证,丙国有公司将所贷银行款项人民币3000万元全部无偿转借给乙公司,并未从中牟取利益。

对于本案中的王某、李某和刘某的行为是否涉及犯罪,有两种观点:一种观点认为,本案应作无罪处理,因为刘某任职的丙国有公司从甲国有银行贷款,符合贷款条件,并无违法之处。丙国有公司将银行贷款转贷给李某公司的行为,当然是违法的,但由于没有从中牟利,依法不构成高利转贷罪。根据罪刑法定原则,王某、李某和刘某的行为依法不成立犯罪,属于行政违法行为。另一种观点认为,王某的行为属于以借贷为名的变相挪用公款行为,依法成立挪用公款罪。

本案中,刘某任职的丙国有公司符合向银行借贷的条件,涉案款项经过借贷银行同意,履行了借贷程序,贷款手续完备,该贷款行为并无违法之处。如果立足于民事、经济法律法规的规定和本案实际存在的借贷关系,将本案的行为认定为变相挪用公款罪,存在以下疑问:

第一,1986 年中国人民银行《贷款通则》第 20 条第六项规定:"不得套取贷款用于借贷牟取非法收入。"2020 年最高人民法院《关于审理民间借贷案件适用法律若干问题的规定》第 14 条第(一)项规定[1],"套取金融机构贷款转贷的",人民法院应当认定民间借贷合同无效。2019 年最高人民法院《全国法院民商事审判工作会议纪要》第 52 条也明确指出,"民间借贷中,出借人的资金必须是自有资金。出借人套取金融机构信贷资金又高利转贷给借款人的民间借贷行为,既增加了融资成本,又扰乱了信贷秩序,根据民间借贷司法解释第 14 条第 1 项的规定,应当认定此类民间借贷行为无效。"根据法律法规的规定,丙国有公司将从甲国有银行所贷款项转借给乙公司,显然是违法的行为。但是,根据《刑法》第 175 条的规定,以转贷牟利为目的,套取金融机构信贷资金高利转贷他人,违法所得数额较大的,才成立高利转贷罪。本案中,丙国有公司的行为并不符合高利转贷罪的规定,依法不成立本罪。《刑法》第 3 条规定:"法律明文规

[1] 根据 2020 年 12 月 23 日最高人民法院审判委员会第 1823 次会议通过的《关于修改〈最高人民法院关于在民事审判工作中适用《中华人民共和国工会法》若干问题的解释〉等二十七件民事类司法解释的决定》,该规定现修改为司法解释第 13 条第(一)项。

定为犯罪行为的,依照法律定罪处刑;法律没有明文规定为犯罪行为的,不得定罪处刑。”本案中,既然丙国有公司的行为不构成高利转贷罪,就应当为无罪,不能转而认定为变相挪用公款罪。

第二,甲国有银行将款项借贷给丙国有公司,符合贷款条件,获得了借款利息,银行从市场交易活动中实际获益,这在事实上属于市场主体之间的借贷关系,与成立挪用公款罪所需挪用公款归个人使用的通常行为模式存在明显的差异。将性质明显不同的行为等同评价并解释为挪用公款行为,属于刑法的类推适用。

第三,本案中,丙国有公司从甲国有银行的贷款符合条件,丙国有公司按时偿还了本息,不仅银行的资金安全没有任何风险,而且,甲国有银行与丙国有公司之间也没有民事纠纷。在行为连民事纠纷都不存在的情况下,将行为认定为变相犯罪,难以契合刑法属于保障法的属性。

(五)部分事实对于犯罪认定的意义

以上分析了整体解释对准确适用刑法的必要性和重要性,但是,事物存在的形态具有多样性和复杂性,对于办案人员而言,强调整体解释的意义,并不完全否定立足于部分事实对于犯罪认定的意义。

比如,我国刑法同时规定了贷款诈骗罪和骗取贷款罪。根据刑法规定,贷款诈骗罪成立必须要求行为人主观上具有非法占有目的。实践中,非法占有目的的认定是个难题,当现有证据无法证明行为人具有非法占有目的时,办案人员可以采取退而求其次的做法,只是认定行为人骗取贷款的事实,将案件按骗取贷款罪处理,既符合疑罪有利于被告人的刑事诉讼原则,也可以确保案件处理中事实与法律的充分。

又如，在逃税案件中，逃税系整体事实，为了逃税行为人实施的手段行为可能触犯伪造公司印章罪等其他罪名。根据刑法规定，在行为不成立逃税罪的场合，行为人逃税的手段行为并不当然不成立犯罪。甲某经营某水泥站，为使收益最大化决定采取设置两套账目、隐藏销售收入的方式逃税，两年间共计逃税 16 万元。在经税务机关依法下达追缴通知后，甲某补缴了应纳税款，缴纳滞纳金，并且已受到行政处罚。根据刑法规定，甲某因为补缴了税款，依法不再以逃税罪处理，但是其伪造公司印章的行为构成的犯罪，应依法成立。

再如，电信诈骗等诈骗犯罪的认定。众所周知，随着信息网络技术的发展和升级，诈骗犯罪也出现了迭代升级，在信息网络时代，诈骗罪的时空被大大地延长，这对此类犯罪的证据的收集和认定都提出了挑战。为了解决犯罪认定中的困境，《刑法修正案（九）》新增了帮助信息网络犯罪活动罪。在性质上，本罪属于帮助犯。实践中，办案人员如果能够查清案件整体事实，行为当然要被整体性地认定为诈骗罪，其中的帮助行为成立诈骗罪的帮助犯；如果诈骗罪事实无法查清或者暂时无法查清，对于帮助者可以依法适用帮助信息网络犯罪活动罪，避免强行认定为诈骗罪的共同犯罪面临的证据不足的难题。

例如，刘某、张某某系大学同学，二人以某网络科技有限公司的名义，在网上发布招聘话务员的信息，开展“电销引流”业务。刘某、张某某购买手机、电话卡及拓客通、畅打应用软件（用于规避通信运营商，防止电话被封号），从上线夏某处获取被害人电话号码、“话术”、微信群等并分发给话务员。由话务员冒充证券公司客服，谎称可以将被害人拉入免费的股票交流群，骗取被害人信任，引诱被害人加入微信群,以便上线人员进一步实施违法犯罪(可能是诈骗)活动,拉人入群后,话务员便退出该群。刘某、张某某每成功“推荐”一个客户,就可以获得70~100元不等的“佣金”,从中拿出30~50元分给对应的话务员。被害人金某在上述微信群内被诈骗20余万元后报警。办案机关并未指控“上线”所犯诈骗罪的事实,而且夏某等人尚未到案,仅指控刘某、张某某等构成夏某等涉嫌的诈骗犯罪的帮助犯。

本书不否认该案(很可能)系诈骗罪的组成部分,整体解释要求办案人员对犯罪的认定尽可能超越部分,关注案件整体事实,但是,任何犯罪的成立都是需要证据事实支撑证明的。根据刑法的规定,帮助犯是指帮助他人实施犯罪的情形,作为从犯的一种,帮助犯的成立具有一定的从属性。具体到本案而言,一方面,本案中刘某、张某某的行为所从属的“整体”尚不明确。如果认定刘某、张某某与夏某等成立共同犯罪,那么“上线”夏某等在刘某、张某某帮助下实施的违法犯罪应作为前提性事实。但本案中不仅夏某等后续涉嫌的诈骗犯罪基础事实,即诈骗对象、资金数额及走向等还未查清,夏某等人也未能到案。另一方面,认为刘某、张某某在事实上参与了共同犯罪,存在疑问。刘某、张某某在打电话拉客户入群后即退群,对于夏某等的后续行为并不清楚,也不关注,并且也仅收取了其涉案行为所获得的“佣金”,而非涉嫌诈骗犯罪所得的分赃。可见,尽管纵观全案事实,行为人很可能属于该电信诈骗团伙中的一员,但现有证据对此的证明并不能达到确实、充分的程度。在证据不能证明刘某、张某某的帮助行为依法成立诈骗犯罪的共犯,但有证据证明刘某、张某某行为成立帮助信息网络犯罪活动罪时,依法按照帮助信息网络犯罪活动罪处理,就是一种更为稳妥的处理方式。

需要说明的是,如上所述,为了确保案件事实的确实、充分,在有些案件中,办案人员只能选取证据扎实的部分事实起诉、定罪量刑,这种做法往往具有不得已性,出于司法技术的考量。对于部分事实的选取,不能违背刑事法治的精神特别是不能只是择取对行为人不利的部分事实。在法律的适用上,当某行为符合数个刑法条文规定时,办案人员不能择取部分而用,特别是不能仅择取对行为人有利或者不利的部分适用,案件处理应综合、整体、全面地考虑刑法条文的规定。

三、总 结

对于本章内容,简要总结如下:

任何事物都不可能孤立地存在,都系整体的一部分,提倡整体解释立场和方法,有助于科学把握事物的性质。法律的整体解释,既是认识论,也是方法论。

第一,刑法总则与分则以及分则条文是相互联系的有机整体。对于刑法条文的理解与适用,必须立足于刑法规定的整体性,不仅要注意分则条文的关系,也要重视总则与分则之间的关系,确保刑法条文含义与适用的妥当性。

第二,我国《刑法》分则不少条文只是规定了构成要件行为,犯罪的成立没有情节等限制,除极少数分则条文有特殊规定外,办案人员应重视结合《刑法》第 13 条的规定,综合考量行为的社会危害性是否达到严重程度,并值得刑罚处罚。

第三,特别是对于经济犯罪的认定,办案人员要重视法秩序的统一性,对于前刑法规范上的合法行为,应避免采取简单化思维,将其认定为犯罪行为,包括变相犯罪行为。

第四,根据刑法规定,在整体事实不构成犯罪的场合,不能排除部分事实可能依法构成犯罪。在整体犯罪事实因证据不足,难以认定为犯罪时,办案机关可以根据证据扎实的部分事实,认定行为的性质。

第十章
主要与次要

一、问题的提出

主要和次要也是一对对立统一的哲学范畴。事物的性质是由事物的主要矛盾和矛盾的主要方面所决定的,对于事物性质的确定要重视其主要方面。行为是否成立犯罪以及构成何种犯罪的判断,也要重视这一方法论。

案件办理中,常常出现这样的情况:行为的性质复杂,并非简单的非“此”即“彼”关系,而是同时具备“彼”“此”方面。比如,行为中既有欺诈成分,也有敲诈的因素,行为究竟是成立诈骗罪,还是成立敲诈勒索罪,有时会产生疑问。又如,在受贿案件中,国家工作人员在交易中获利,既有市场供求的原因,又与其国家工作人员身份有一定联系,行为究竟是否成立受贿罪,容易出现争议。法律解释和适用者站在此面(角度),会认为行为有罪或者构成此罪;立足于彼面(角度),会得出行为无罪或者构成彼罪的结论。这不仅影响案件定性的统一,还事关行为定性的科学妥当,甚至关系到行为的罪与非罪的界限。

本章主要结合刑法规范与案例,阐述主要和次要关系原理对准确认定犯罪的方法论意义。

二、规范表现

认定行为是否构成犯罪要重视主要事实以及行为性质的主要方面,在现有的司法解释和规范性文件中有明确体现。在概念的表述上,通常使用“大部分”“绝大多数”“主要用于”“主要责任”等表达。

1. 单位犯罪与个人犯罪的区分

单位犯罪与个人犯罪的区分是实践中的难题。就故意牟利型单位犯罪而言,行为是否成立单位犯罪,需要综合考量行为是否体现单位意志、行为是否以单位名义实施以及非法利益是否归属单位。

实践中,有的单位成立后既有合法经营行为,又有违法犯罪行为,属于单位犯罪还是个人犯罪,时常发生争议。有的案件中,非法所得归属情况复杂,部分被参与犯罪的个人非法占有,部分被单位所有,此时如何认定行为的性质,成为问题。

1999 年最高人民法院《关于审理单位犯罪案件具体应用法律有关问题的解释》第 2 条规定:“个人为进行违法犯罪活动而设立的公司、企业、事业单位实施犯罪的,或者公司、企业、事业单位设立后,以实施犯罪为主要活动的,不以单位犯罪论处。”2002 年最高人民法院、最高人民检察院、海关总署《办理走私刑事案件适用法律若干问题的意见》规定:“具备下列特征的,可以认定为单位走私犯罪:(1)以单位的名义实施走私犯罪,即由单位集体研究决定,或者由单位的负责人或者被授权的其他人员决定、同意;(2)为单位谋取不正当利益或者违法所得大部分归单位所有。依照《最高人民法院关于审理单位犯罪案件具体应用法律有关问题的解释》第二条的规定,个人为进行违法犯罪活动而设立的公司、企业、事业单位实施犯罪的,或者个人设立公司、企业、事业单位后,以实施犯罪为主要活动的,不以单位犯罪论处。单位是否以实施犯罪为主要活动,应根据单位实施走私行为的次数、频度、持续时间、单位进行合法经营的状况等因素综合考虑认定。”

上述司法解释和文件中,不正当利益或者违法所得“大部分归单位所有”“以实施犯罪为主要活动”等规定,明确显示出以行为的主要方面判断行为是成立个人犯罪还是单位犯罪的立场。

2. 事故责任与交通肇事罪

在我国,交通肇事罪的成立不仅需要行为违反交通运输管理法规以及行为导致了重大伤亡事故和重大财产损失,事故责任对于本罪的成立也具有决定性意义。

2000 年最高人民法院《关于审理交通肇事刑事案件具体应用法律若干问题的解释》第 1 条规定:“从事交通运输人员或者非交通运输人员,违反交通运输管理法规发生重大交通事故,在分清事故责任的基础上,对于构成犯罪的,依照刑法第一百三十三条的规定定罪处罚。”第 2 条规定:“交通肇事具有下列情形之一的,处三年以下有期徒刑或者拘役:(一)死亡一人或者重伤三人以上,负事故全部或者主要责任的;(二)死亡三人以上,负事故同等责任的;(三)造成公共财产或者他人财产直接损失,负事故全部或者主要责任,无能力赔偿数额在三十万元以上的。交通肇事致一人以上重伤,负事故全部或者主要责任,并具有下列情形之一的,以交通肇事罪定罪处罚:(一)酒后、吸食毒品后驾驶机动车辆的;(二)无驾驶资格驾驶机动车辆的;(三)明知是安全装置不全或者安全机件失灵的机动车辆而驾驶的;(四)明知是无牌证或者已报废的机动车辆而驾驶的;(五)严重超载驾驶的;(六)为逃避法律追究逃离事故现场的。”

由以上规定可见,行为人只有对于事故承担全部责任、主要责任、同等责任的,才可能依法成立交通肇事罪。行为违反交通运输管理法规,无论造成何种重大伤亡事故或者财产损失,如果行为人对事故只是承担次要责任或者无责任,依法不能构成交通肇事罪。比如,甲驾车在道路上行驶,乙和丙骑摩托车违章横穿马路,两车相撞,导致乙、丙两人死亡的后果。交警部门事故责任书认定甲对事故承担次要责任,乙、丙负主要责任。本案中尽管存在两人死亡的严重后果,但因为事故发生主要系乙、丙的违章行为导致,甲对事故只承担次要责任,依法不成立交通肇事罪。当然,甲依法也不成立过失致人死亡罪。

在交通肇事的场合,交通肇事罪的成立需要行为人对事故承担全部责任、主要责任和同等责任,也体现出主要与次要关系的原理对于交通肇事罪认定的意义。

3. 诈骗犯罪中非法占有目的的认定

非法占有目的既是诈骗犯罪与民事欺诈行为相区分的关键,也是诈骗犯罪认定中的难点。实务中,行为人对财物是否具有非法占有目的,需要综合判断,其中,资金的用途对于确定行为人主观上是否具有非法占有目的具有重要意义。实践中,行为人将所得资金全部用于生产经营活动,即使无法归还的,司法机关一般不会认定行为人具有非法占有目的,成立诈骗犯罪。但案件情况往往复杂,同一案件中,部分资金用于生产经营活动,部分资金用于赌博、挥霍或者无法查清去向的,行为如何定性是个问题。在该问题上,司法文件明确采取了行为性质由其主要方面决定的立场。

比如,2001 年最高人民法院《全国法院审理金融犯罪案件工作座谈会纪要》规定:“……行为人将大部分资金用于投资或生产经营活动,而将少量资金用于个人消费或挥霍的,不应仅以此便认定具有非法占有的目的。”又如 2017 年最高人民检察院《关于办理涉互联网金融犯罪案件有关问题座谈会纪要》指出,“是否具有非法占有目的,是区分非法吸收公众存款罪和集资诈骗罪的关键要件,对此要重点围绕融资项目真实性、资金去向、归还能力等事实进行综合判断。犯罪嫌疑人存在以下情形之一的,原则上可以认定具有非法占有目的:(1)大部分资金未用于生产经营活动,或名义上投入生产经营但又通过各种方式抽逃转移资金的……”

4. 资金用途与非法吸收公众存款罪

根据刑法规定,非法吸收公众存款罪是指行为人非法吸收公众存款或者变相吸收公众存款,扰乱金融秩序的行为。2011 年施行的最高人民法院《关于审理非法集资刑事案件具体应用法律若干问题的解释》第 1 条第 1 款规定:“违反国家金融管理法律规定,向社会公众(包括单位和个人)吸收资金的行为,同时具备下列四个条件的,除刑法另有规定的以外,应当认定为刑法第一百七十六条规定的‘非法吸收公众存款或者变相吸收公众存款’:(一)未经有关部门依法批准或者借用合法经营的形式吸收资金;(二)通过媒体、推介会、传单、手机短信等途径向社会公开宣传;(三)承诺在一定期限内以货币、实物、股权等方式还本付息或者给付回报;(四)向社会公众即社会不特定对象吸收资金。”为了限定非法吸收公众存款罪的处罚范围,该解释第 3 条第 4 款规定:“非法吸收或者变相吸收公众存款,主要用于正常的生产经营活动,能够及时清退所吸收资金,可以免予刑事处罚;情节显著轻微的,不作为犯罪处理。”司法解释明确肯定了资金用途对于非法吸收公众存款罪的成立与处罚的限制意义。其中,“主要用于正常的生产经营活动”的规定,同样采取的是重视行为主要方面决定行为性质的方法论。

5. 其他表现

重视以行为主要方面判断和认定行为的性质,在下列司法解释或文件中也有明确体现。

2016 年最高人民法院《关于审理非法行医刑事案件具体应用法律若干问题的解释》第 4 条规定:“非法行医行为系造成就诊人死亡的直接、主要原因的,应认定为刑法第三百三十六条第一款规定的‘造成就诊人死亡’。非法行医行为并非造成就诊人死亡的直接、主要原因的,可不认定为刑法第三百三十六条第一款规定的‘造成就诊人死亡’。但是,根据案件情况,可以认定为刑法第三百三十六条第一款规定的‘情节严重’。”

2009 年最高人民法院、最高人民检察院《关于办理职务犯罪案件认定自首、立功等量刑情节若干问题的意见》规定,“犯罪分子如实交代犯罪事实,有下列情形之一的,一般应当从轻处罚:(1)办案机关仅掌握小部分犯罪事实,犯罪分子交代了大部分未被掌握的同种犯罪事实的……”

2010 年最高人民法院、最高人民检察院《关于办理利用互联网、移动通讯终端、声讯台制作、复制、出版、贩卖、传播淫秽电子信息刑事案件具体应用法律若干问题的解释(二)》第 3 条规定:“利用互联网建立主要用于传播淫秽电子信息的群组,成员达三十人以上或者造成严重后果的,对建立者、管理者和主要传播者,依照刑法第三百六十四条第一款的规定,以传播淫秽物品罪定罪处罚。”

2019 年最高人民法院、最高人民检察院《关于办理非法利用信息网络、帮助信息网络犯罪活动等刑事案件适用法律若干问题的解释》第8条规定："以实施违法犯罪活动为目的而设立或者设立后主要用于实施违法犯罪活动的网站、通讯群组，应当认定为刑法第二百八十七条之一第一款第一项规定的'用于实施诈骗、传授犯罪方法、制作或者销售违禁物品、管制物品等违法犯罪活动的网站、通讯群组'。"

三、方法论的展开

以行为的主要方面判断行为的性质，对于办案人员准确认定行为是否构成犯罪以及构成何种犯罪，具有重要的方法论意义。下面结合具体案例展开分析。

1. 轻微暴力引起被害人伤亡案件定性

本书第四章专门论述了该问题。所谓轻微暴力引起被害人伤亡，指行为人实施了轻微的殴打行为，由于被害人的特殊体质或者其他原因，引起被害人死亡的情形。《刑事审判参考》第389号指导案例（洪志宁故意伤害案）〔1〕、杨逸章故意伤害案〔2〕和《刑事审判参考》第1079号指导案例（都某过失致人死亡案）〔3〕、第1080号指导案例（张润博过失致人死亡案）〔4〕，都是有关该问题的典型案例。

如前指出，此类案件定性主要存在三种争议观点：第一种观点认

〔1〕 参见中华人民共和国最高人民法院刑事审判第一、二、三、四、五庭主办：《刑事审判参考》（总第49集），法律出版社2006年版，第26—31页。

〔2〕 参见福建省龙海市人民检察院诉杨逸章故意伤害案，载《最高人民法院公报》2007年第1期。

〔3〕 参见中华人民共和国最高人民法院刑事审判第一、二、三、四、五庭主办：《刑事审判参考》（总第103集），法律出版社2016年版，第43—47页。

〔4〕 参见中华人民共和国最高人民法院刑事审判第一、二、三、四、五庭主办：《刑事审判参考》（总第103集），法律出版社2016年版，第48—54页。

为不构成犯罪,属于意外事件;第二种观点认为成立过失致人死亡罪;第三种观点认为成立故意伤害罪,持该种观点的一般不主张成立故意伤害致人死亡罪。《刑事审判参考》对此类案件的态度也经历了调整与变化。在洪志宁故意伤害案和杨逸章故意伤害案中,被告人的行为被认定为故意伤害(致人死亡)罪,考虑到罪责刑相适应,经最高人民法院核准,依据《刑法》第63条减轻处罚的规定,人民法院都在法定刑以下处罚。都某过失致人死亡案和张润博过失致人死亡案中,被告人的行为被认定为构成过失致人死亡罪。

本书第四章从实行行为的角度分析了此类案件的定性。一方面,轻微暴力虽然是行为,但依法不应当被评价为故意伤害罪的实行行为,将此类案件认定为故意伤害罪,实际上拔高了行为性质;另一方面,过失致人死亡罪的成立也需要同时具备主客观要件,客观上必须具备致人死亡的实行行为。轻微暴力连刑法中的伤害行为都难以构成,更难被认为属于"致人死亡的行为"从而认定为过失致人死亡罪。实践中,此类行为不管是被认定为故意伤害罪还是过失致人死亡罪,实际上是综合考虑刑法规定、刑事政策、被害人诉求及其社会效果的结果,严格按照刑法规定和犯罪成立的逻辑,此类案件难以认为成立犯罪。有关该问题的详细论述,可以参见本书第四章相关内容。

这里补充说明的是,立足于主要和次要关系原理,此类行为的性质可以得到更清晰的认识和把握。在轻微暴力引起被害人伤亡的案件中,被告人的轻微暴力和被害人的特殊体质或其他原因相互作用影响,引起了被害人死亡的严重结果。对于被害人死亡结果而言,行为人实施的轻微暴力系诱因,对结果发生起到的是次要作用;被害人特殊体质系主要原因。对此,司法鉴定意见也是明确的,比如杨逸章故意伤害案中,法医鉴定的结论是:被害人田学山生前患晚期门脉性肝硬化、巨脾症、冠心病等严重疾病,在遭受外伤等诱因的作用下引起与肝脏连结的腹膜撕裂出血休克死亡。《最高人民法院公报》在本案的裁判摘要中也写道:“行为人殴打他人并致人死亡,已构成故意伤害罪,但被害人死亡的主要原因是其生前患有严重疾病,行为人的殴打行为不是被害人死亡的主要原因,仅是被害人死亡诱因的,行为人不应对被害人的死亡结果承担全部责任。”〔1〕

既然行为人的轻微暴力对于被害人伤亡结果的发生系诱因和次要原因,那么,将行为认定为成立故意伤害罪或者过失致人死亡罪,在方法论上难以认为是妥当的。可见,立足于主要和次要关系的原理,此类案件中行为的性质会更清晰。本书第四章的分析与结论应当得到坚持。

2. 侮辱罪的罪与非罪

案例1:蔡晓青侮辱案

本案系《刑事审判参考》第1046号指导案例。基本案情如下:被告人蔡晓青因怀疑徐某在陆丰市东海镇金碣路32号其“格仔店”服装店试衣服时偷了一件衣服,于2013年12月2日18时许将徐某在该店的视频截图配上“穿花花衣服的是小偷”等字幕后,上传到其新浪微博上,并以求“人肉搜索”等方式对徐某进行侮辱。同月4日,徐某因不堪受辱在陆丰市东海镇茫洋河跳河自杀。案发后,蔡晓青的父母与徐某父母达成和解协议,蔡晓青父母一次性赔偿徐某父母人民币12万元,徐某父母出具谅解书,请求司法机关对蔡晓青从轻处罚。

〔1〕 福建省龙海市人民检察院诉杨逸章故意伤害案,载《最高人民法院公报》2007年第1期。

> 一审陆丰市人民法院以侮辱罪判处被告人蔡晓青有期徒刑1年。被告人蔡晓青不服,上诉提出,其发微博的行为属于正常寻人,不构成犯罪;没有足够证据证明其行为与徐某的自杀行为之间存在因果关系;一审法院量刑过重等。二审汕尾市中级人民法院裁定驳回上诉,维持原判。

《刑事审判参考》在“裁判理由”中分析指出:第一,蔡晓青发微博要求“人肉搜索”的行为属于侮辱行为。第二,本案被告人的侮辱行为与被害人的死亡结果具有刑法上的因果关系。从蔡晓青要求“人肉搜索”的第一条微博发布,到第二天晚上徐某在河边发出最后一条微博后自杀,仅持续了20多个小时。多名证人证言证实,这次微博事件对被害人伤害很大,明显感觉徐某情绪低落。徐某作为一个尚未步入社会、生活在经济不发达小镇的在校未成年少女,面对“人肉搜索”的网络放大效应及众多网民先入为主的道德审判,对未来生活产生极端恐惧,最终导致自杀身亡的严重后果,故蔡晓青发微博的行为与徐某的自杀具有刑法上的因果关系。第三,被害人徐某不堪“人肉搜索”受辱而跳河自杀身亡,明显属于“情节严重”的情形。[1]

本书并不否认本案法院判决的妥当性,但是,本案法益侵害结果的发生,毕竟由被告人的侮辱行为和被害人的自杀行为共同导致,两者对于死亡的原因或者说对于死亡的作用如何,两审人民法院对此都没有积极充分的阐述,而不阐述该问题,判决结论将难以令人信服。

根据刑法规定,侮辱罪是指以暴力或者其他方法公然侮辱他

---

〔1〕 参见中华人民共和国最高人民法院刑事审判第一、二、三、四、五庭主办:《刑事审判参考》(总第101集),法律出版社2015年版,第84—89页。

人,情节严重的行为。本案中,蔡晓青发微博要求“人肉搜索”的行为依法属于公然侮辱他人的行为,没有疑问,但跳河自杀行为毕竟系被害人自己实施的,被告人蔡晓青的行为只是属于被害人死亡结果的诱因,该诱因行为能否被评价为犯罪行为,需要考虑该诱因行为与被害人死亡结果之间的因果关系以及原因力。

本书赞同蔡晓青的行为和被害人死亡结果之间存在因果关系,但问题在于,本案行为和结果之间的因果关系,究竟是主要因果关系,还是次要因果关系。换句话说,对于被害人跳河自杀,被告人蔡晓青“人肉搜索”的侮辱行为系主要原因力,还是次要原因力,这一点对于本案能否认定被告人行为成立侮辱罪具有重要意义,本案判决和《刑事审判参考》的“裁判理由”的分析都没有充分注意该问题。如果蔡晓青的行为对于被害人跳河自杀行为只是起到次要作用,系诱因,那么,将其评价为犯罪,就存在拔高行为定性的问题。

值得注意的是,本案被害人徐某系在校未成年少女,其心智和身体与成年人无法相提并论,面临“人肉搜索”的巨大压力,选择跳河自杀,难以认为存在重大过错。这样一来,本案被害人跳河自杀行为,既无法阻断被告人侮辱行为和自杀结果之间的因果关系,也难以认为被告人蔡晓青的行为对于被害人跳河自杀只是起到次要作用。正是基于此,本书基本赞同一审和二审法院判决对本案行为的定性。但是,如果被害人系精神正常的成年人,那么,行为的性质就应另当别论了。

3. 非法拘禁罪与绑架罪的区分

《刑法》第 238 条第 3 款规定,为索取债务非法扣押、拘禁他人的,依照非法拘禁罪处罚。根据司法解释的规定,这里的债务既包括合法债务,也包括赌债和高利贷等非法债务。需要探讨的问题是,行为人为向被害人索取债务对其实施非法拘禁,索取的财物数额超出债务的,如何处理?

案例2:吴某非法拘禁案

> 某日,刘某向其朋友吴某借款10万元声称做生意,款项到手后刘某将其用于赌博,很快挥霍一空,无力偿还。吴某多次通过电话及上门索要未果。一日,吴某得知刘某的下落后将刘某拘禁于自家地下室并给刘某家人打电话索要13万元,否则将对刘某实施人身伤害。后刘某家人报警,遂案发。本案中吴某对刘某非法拘禁两天多时间,其间还有轻微殴打行为。

对于本案的定性,有三种观点:第一种观点认为,吴某对刘某实施非法拘禁和向其家人索要财物的行为,因索要财物13万元超出了10万元债务本身,行为依法属于"以勒索财物为目的绑架他人",成立绑架罪。第二种观点认为,本案成立非法拘禁罪与绑架罪的想象竞合犯。对于吴某向刘某家人索要13万元中的10万元行为,成立非法拘禁罪;对于其中索要3万元的行为,构成绑架罪。两罪构成想象竞合犯,按照绑架罪论处。第三种观点认为,对吴某的行为按照非法拘禁罪处理。

根据刑法规定,本案中如果吴某只是向刘某及其家人索要10万元,自然与绑架罪无关,问题在于吴某将刘某非法拘禁后,向刘某及其家人索要13万元,超出了原债务10万元的范围。本书认为,尽管吴某索要的金额13万元超出了原债务金额10万元,但超出的3万元仅占总债务金额的一小部分,不应从整体上改变吴某索要10万元债务这一主要事实,况且10万元债务到期不偿还还存在利息问题。根据主要与次要关系的原理,决定本案行为的定性应当是吴某向刘某索要债务这一主要事实。所以,认定吴某的行为依法成立非法拘禁罪为宜,超出部分应作为从重处罚情节考虑。认为吴某的行为成立非法拘禁罪与绑架罪的想象竞合犯,这实际上是以本案同时存在非法拘禁和绑架两个行为为前提的,该认识没有注意到行为的整体性和一体性。

类似的问题也可能出现在抢劫罪等财产犯罪认定上。2005 年最高人民法院《关于审理抢劫、抢夺刑事案件适用法律若干问题的意见》规定,“抢劫赌资、犯罪所得的赃款赃物的,以抢劫罪定罪,但行为人仅以其所输赌资或所赢赌债为抢劫对象,一般不以抢劫罪定罪处罚。构成其他犯罪的,依照刑法的相关规定处罚”。实践中,行为人抢劫所输赌资或所赢赌债时,可能超出了部分数额。对于超出部分的定性,有必要考虑超出部分的数额以及占所输赌资或所赢赌债的比例,根据主次关系的原理和方法论,对于超出部分占所输赌资或所赢赌债比例不大的,同样没有必要再单独定罪。

4. 诈骗罪与民事欺诈的区分

如本书第三章指出,诈骗罪也属于民事欺诈的范畴,只不过属于民事欺诈中的高端部分,实践中所谓民事欺诈与诈骗罪的界限有特定含义,其中的民事欺诈是在狭义上使用,系单纯的民事欺诈。

在客观方面,两者都存在虚构事实、隐瞒真相的行为,但两者中虚构事实和隐瞒真相的内容与程度并不尽相同,这直接影响到行为人是否具有非法占有目的的判断。换句话说,行为人是否具有非法占有目的,应重视对虚假内容及其程度的判断。在该问题上,办案人员如果能够注意主要和次要关系的原理和方法论,对于准确划定民事欺诈与诈骗罪的界限,同样具有重要意义。

在市场经济社会,为了推销商品,赢得交易机会,市场主体(包括单位和个人)难免实施一定的虚构、夸大事实的行为,办案人员为了准确认定行为究竟属于诈骗犯罪,还是民事欺诈,需要考察案件中事关行为定性的核心、主要事实的真实性,这些核心、主要事实决定了行为性质。如果行为人实施的事关行为性质的核心、主要事实系虚假的,那么,行为就有可能被认定为诈骗犯罪;相反,如果行为人只是在边缘、次要事实上虚构,或者即便核心、主要事实虽存在虚假、不真实之处,但虚假程度并不高,那么,办案人员要慎重将行为认定为诈骗犯罪。

案例3:棺材诈骗案

2015年5月至8月,原审被告人孔某某将在湖南省靖州苗族侗族自治县租赁场地加工的木质棺材半成品(未刷漆)先后运往湖北省利川市、贵州省石阡县等地销售,并办理了木材运输证、植物检疫证书等证件。孔某某在销售棺材的过程中,隐瞒了棺材的盖板、墙板是用铁钉将多块木料连接拼凑的真相,谎称是"整墙整盖"的棺材,致使17人购买了孔某某销售的棺材半成品或配件后按当地习俗(棺材不能带铁制器件)不能用于安葬死者。

检察院指控孔某某明知被害人居住地使用的棺材不能带铁制器件的习俗,却虚构了棺材"整墙整盖"的事实,隐瞒了棺材是用铁钉拼接的真相,获利20余万元,符合诈骗罪的犯罪构成要件,应以诈骗罪追究孔某某刑事责任。

一审法院认为,被告人孔某某主观上以赚钱为目的,客观上做部分虚假宣传,以次充好,故意隐瞒真实情况以诱使对方作出错误意思表示,通过履行约定的行为,以达到谋取一定利益的目的,其行为属民事欺诈。但被告人孔某某的行为不符合诈骗罪的法律特征,不构成诈骗罪。

检察机关抗诉认为,原审判决存在错误,被告人孔某某明知被害人居住地使用的棺材不能带铁制器件的习俗和“整墙整盖”棺材是指用一根木材加工而成的情况下,采用连接拼凑、勾缝伪装等方法,隐瞒真相,其行为不属于民事欺诈行为,符合诈骗罪的犯罪构成要件,应当以诈骗罪追究其刑事责任。

二审法院审理认为,原审被告人孔某某在销售木质棺材的过程中,为了赚取更多的利益,违反双方口头约定,隐瞒出售的棺材系用铁钉连接拼凑的真相,致使对方当事人产生错误认识而购买棺材,导致利益受损。但原审被告人孔某某在加工、销售棺材的过程中,购买木料、雇请木工加工、运输时办理了木材运输证、植物检疫证书等证件,主观上无非法占有他人财物的故意,其为了赚取更多的利益在销售棺材时隐瞒真相的行为,不符合诈骗罪的犯罪构成要件,不构成诈骗罪。原审被告人孔某某的民事欺诈行为给对方当事人造成的财产损失,可以通过民事诉讼途径解决。检察机关的抗诉依法不能成立。[1]

本案中,被害人遭受数额较大财产损失是客观事实,因为“整墙整盖”的棺材与本案实际交付的棺材之间存在明显的价格差异。立足于保护被害人财产,特别是就棺材交易的差额部分而言,检察机关指控和抗诉提出被告人孔某某行为成立诈骗罪,不是完全没有道理,但本书更赞同两级法院认定孔某某的行为属于民事欺诈的结论。

首先,本案存在真实的交易事实。不可否认的是,被告人在销售木质棺材的过程中,为了赚取更多的利益,隐瞒了出售的棺材系用铁钉连接拼凑的真相,致使对方当事人产生错误认识而购买棺材利益

〔1〕参见湖北省利川市人民法院(2016)鄂2802刑初29号刑事判决书;湖北省恩施土家族苗族自治州中级人民法院(2016)鄂28刑终133号刑事裁定书。

受损。但棺材交易的事实是真实存在的,被告人采取此类手段的主要目的是实现民事合同,从中赚取更多利润。

其次,对于本案定性更为关键的事实是,本案中的棺材交易是真实的,孔某某交付的棺材具有棺材的基本功能与属性。行为人隐瞒了交付棺材的盖板、墙板是用铁钉将多块木料连接拼凑的真相,属于合同交易中的以次充好、违反合同约定的行为。事物的性质是由事物的主要方面决定的,既然棺材交易客观存在,交付的棺材具有棺材的基本使用价值和主要功能,交易的核心、主要事实存在,那么,将行为评价为民事欺诈和违约行为,就更为妥当。将主要交易事实存在只是以次充好的行为认定为诈骗,明显拔高了行为的性质,也不符合普通国民观念。

实践中,类似的案例并不乏见,比如吴某销售床垫诈骗案。吴某系某床上用品销售者,其店中主打一款名为"好睡眠"的多功能床垫在网上和实体店同时销售。吴某对外宣称该床垫材质融合多种科技且具有安眠、治疗颈椎病、缓解肾虚等功能,但价格不菲,对外售价人民币 9800 元。喻某失眠多梦且常年伏案有颈椎病的老毛病,了解到该床垫有如此神奇疗效后,遂前往购置。然购买数月后,其失眠和颈椎问题依然未得到有效缓解,遂咨询有着相关专业背景的朋友,被告知此床垫并无宣传的功效,只是一般的床垫,但质量没有问题。喻某以诈骗罪向当地公安机关报案。其后一段时间,当地公安机关陆续接到数名群众报案,反映吴某销售床垫涉嫌诈骗罪。

本案中,吴某对外宣称该床垫材质融合多种科技,具有安眠、治疗颈椎病、缓解肾虚等功能,确实与事实不尽符合,属于虚假宣传的行为,而且,床垫的价格也不符合实际价值。但是,虚假宣传和过分夸大宣传中的"骗"并不能简单地认定为诈骗罪中的"骗"。吴某销售的床垫是合格产品,具有床垫的基本功能,并无任何质量问题。在宣传产品基本或者主要功能存在的情况下,涉案行为的性质更多属于虚假宣传和民事欺诈,而非刑法中的诈骗罪。

除诈骗犯罪外,刑法中还有如虚假广告罪、提供虚假证明文件罪、骗取贷款罪等,这些犯罪的成立都需要行为人在客观上实施了虚构事实和隐瞒真相的行为。从广义上讲,这些犯罪中的虚假,既可能是全部事实虚假,也可能是部分事实虚假。但是,在部分事实虚假的情况下,办案人员务必重点考察哪一部分事实是虚假的,该虚假部分对应决定行为性质是否具有核心、主要作用。如果只是边缘、非核心和次要部分的事实系虚假的,那么,就不能简单地以此认定行为系虚假的,从而成立相关犯罪。

5. 诈骗罪与敲诈勒索罪的界分

通常情况下,诈骗罪与敲诈勒索罪比较容易界分,但实践中,有些行为同时具备"骗"和"敲诈"的双重特征,换句话说,导致法益侵害结果发生的行为,既有骗的因素,也有敲诈的成分,此时,行为的性质不够清晰。对于此类案件,办案人员如果能够注意使用主次关系原理,考察被害人交付财产,究竟是"骗"起到了主要作用,还是"恐吓"起到了主要作用,往往有助于消除案件争议,准确确定行为的性质。

案例 4:碰瓷诈骗案

春节后,李某与朋友熊大、熊二(均另案处理)因失业来到某市。三人商量该市疫情控制较好,聚会饮酒将增多,计划先合作"碰瓷"赚点钱花。2020 年 5 月 1 日晚 21 时许,熊大在六一大酒店门口蹲守时,看到一伙人用餐结束,其中有人对王某说:"王总今天没少喝,不如找代驾。"王某说:"家近,仅需十几分钟,自己能行。”熊大遂将情况火速告知李某及熊二。随后,王某驾驶宝马7系机动车行驶至小区附近,熊大未戴头盔驾驶电动车、李某坐在后座从路边冲出。相撞后,熊二用事先准备的动物鲜血洒在地面,造成事故假象,李某装作查看熊大伤势,说:“完了,不死也丢半条命。”并对王某说:“救人要紧,你赶紧出医药费,要不我们报警。”王某心知自己酒驾,当场同意赔钱私了,并通过微信转账等方式给付李某人民币40万元。后王某感到被骗报警,李某、熊大、熊二被民警抓获,检察机关以敲诈勒索罪对李某、熊大、熊二提起诉讼。[1]

对于本案的定性,有三种意见的对立:第一种意见认为成立诈骗罪。本案中的交通事故是李某、熊大、熊二故意虚构的,而且,事故发生后熊二用事先准备的动物鲜血洒在地面上制造熊大伤情严重的假象,以此骗取王某财物,成立诈骗罪。第二种意见认为成立敲诈勒索罪,主要理由是,李某、熊大、熊二虚构交通事故和伤情的事实是客观存在的,但是,被害人王某并非自愿交付财物。其中,李某对王某说:“救人要紧,你赶紧出医药费,要不我们报警。”王某是因为担心李某等报警才交付财物的,并不情愿,具有不得已性,李某、熊大、熊二应成立敲诈勒索罪。第三种意见认为本案行为既成立诈骗罪也构成敲诈勒索罪,属于想象竞合犯,从一重罪论处。

根据刑法规定,在诈骗罪的场合,被害人基于行为人虚构事实、隐瞒真相的行为被骗,自愿处分(交付或者放弃)财物;在敲诈勒索罪中,行为人客观上实施的威胁或者要挟行为,使得被害人产生内心恐惧,被迫交出或者放弃财物。所以,被害人交付或者放弃财物究竟系内心自愿还是恐惧和不得已,成为两罪区分的关键。本案的特殊性

[1] 本案为2021年武汉市第二届律师论辩大赛辩题。

在于,被害人王某通过微信转账等方式给付李某人民币 40 万元,既存在被骗的因素,也有被敲诈的因素,在两种行为同时兼有的情况下,就需要区分究竟是"骗"还是"敲诈"对于被害人交付财物起到了主要作用,进而确定行为的性质。不能简单地以敲诈勒索行为的危害性及其程度比诈骗高,而将行为定性为敲诈勒索。

本案中,李某对王某说:"救人要紧,你赶紧出医药费,要不我们报警。"王某担心自己醉酒驾驶被警察发现,当场通过微信支付 40 万元给被害人。客观地讲,对于支付该 40 万元,王某并不情愿,而且在该场合,支付如此巨额费用,一般人都不会心甘情愿。但是,王某支付该 40 万元,并非无缘无故,一是因为事故导致被害人伤情严重,该 40 万元是对被害人遭受严重伤害的赔偿;二是通过支付 40 万元补偿费以求交通事故的私了,避免自己醉酒驾驶的事实被公安机关发现。换句话说,在王某看来,被害人因事故受伤和 40 万元赔偿具有对应关系,王某支付该 40 万元虽然不积极自愿,但也不违背其意志,并非基于心理强制不得已而为之。本案中王某支付 40 万元,虽兼具被骗和被敲诈的性质,但更主要系被骗主动交付,而非被敲诈不得已为之,李某、熊大、熊二的行为依法应成立诈骗罪。

想象竞合犯是指一个行为触犯数个罪名,也就是说,行为实施一个构成要件,其在规范上既成立甲罪,同时又成立乙罪。本案中,李某、熊大、熊二实施的行为确实有诈骗的性质,也有敲诈的性质,但如上分析,只是成立诈骗罪一罪,不存在触犯数个罪名的问题,与想象竞合犯无关。

6. 刑法中"伪劣产品"的含义

实践中,刑法中"伪劣产品"的认定出现了一定扩大化的问题,其中既有立法和刑事政策的原因,也有司法认定中方法论不恰当的问题。本书第五章对伪劣产品的刑法含义有专门论述,这里主要结合主次关系原理再作分析。

根据刑法规定,生产、销售伪劣产品罪,是指生产者、销售者在产品中掺杂、掺假,以假充真,以次充好或者以不合格产品冒充合格产品,销售金额较大的行为。2001 年最高人民法院、最高人民检察院《关于办理生产、销售伪劣商品刑事案件具体应用法律若干问题的解释》对“伪劣产品”的概念进行了具体解释。其中,对于不合格产品的含义,该解释第 1 条第 4 款指出:“刑法第一百四十条规定的‘不合格产品’,是指不符合《中华人民共和国产品质量法》第二十六条第二款规定的质量要求的产品。”众所周知,大部分产品往往由多个部分组成,每个部分都承载着各自的功能(部分功能),在广义上,任何部分或者功能不合格的,都可以认为整个产品不合格。但是,如果只是产品的次要部分及其功能不合格的,也被认定为刑法中的“伪劣产品”,不仅会导致生产、销售伪劣产品罪处罚范围的不适当扩大,甚至会违背常理。此时,以产品主要部分或者性能是否合格,认定该产品是否属于刑法中的“伪劣产品”,对于准确认定行为性质,避免刑法不适当扩张就很有必要。

案例 5:刘远鹏涉嫌生产、销售“伪劣产品”(不起诉)案

该案系最高人民检察院第二十三批指导性案例。基本情况如下:2017 年 11 月至 12 月,浙江动迈有限公司(法定代表人刘远鹏)通过研发制造出创新产品智能平板健走跑步机,对外以健走跑步机名义进行销售,销售金额达 701 万余元。经抽样检测,上述跑步机所检项目多数指标符合固定式健身器材的国家标准,但有“紧急停止开关”“安全扶手”“脚踏平台”三项指标不符合跑步机的国家标准,被判定为不合格。

> 浙江省永康市公安局以刘远鹏涉嫌生产、销售伪劣产品罪对其立案侦查并采取刑事拘留强制措施。后公安机关将案件移送永康市人民检察院审查起诉。经审查,本案的关键问题在于:“智能平板健走跑步机”是创新产品还是不合格产品?能否按照跑步机的国家强制标准认定该产品为不合格产品?永康市人民检察院经审查,认定刘远鹏生产、销售的“智能平板健走跑步机”在运行速度、结构设计等方面与传统意义上的跑步机有明显区别,是一种创新产品。对其质量不宜以传统跑步机的标准予以认定,因其性能指标符合“固定式健身器材通用安全要求和试验方法”的国家标准,不属于伪劣产品,刘远鹏生产、销售该创新产品的行为不构成犯罪。综合全案事实,永康市人民检察院依法对刘远鹏作出不起诉决定。

本书赞同检察机关对本案定性的意见,而且,本案也是检察机关改进办案方式,加强对民营企业的平等保护的典型案例。其实,如果能够结合主要和次要关系的原理对本案行为性质进行分析,那么本案的结论会更清晰、明确。

首先,跑步机由多个部分组成,正如证据显示,涉案跑步机所检项目多数指标符合固定式健身器材的国家标准,只是“紧急停止开关”“安全扶手”“脚踏平台”三项指标不符合跑步机的国家标准,被判定为不合格。不能否认,“紧急停止开关”“安全扶手”对于确保跑步机安全具有重要意义,但在整个跑步机及其指标中,“紧急停止开关”“安全扶手”“脚踏平台”及其指标毕竟只是其中的少部分或者小部分。在跑步机整体质量没有问题,主体性指标合格的情况下认定整个产品系刑法中的不合格产品,难以认为正确把握了主次关系及其对事物定性的意义。

其次,从跑步机的质量看,经检察机关核实,涉案“智能平板健走跑步机”最高限速仅为 8 公里/小时,远低于传统跑步机 20 公里/小时的速度,加装该公司自主研发的红外感应智能控速、启停系统后,实际使用安全可靠,并无加装前述特殊安全配置的必要。从消费者使用体验和技术参数分析,使用该产品不存在现实隐患。既然涉案跑步机属于创新产品,而且不存在危及人身、财产安全隐患,且具备应有使用性能,自然不应被认定为刑法中的“伪劣产品”。

7. 受贿罪与非罪的界分

受贿罪是刑法规定的典型的职务犯罪,受贿罪的本质是钱权交易,所以,如果行为不体现钱权交易的实质,就不应认定为受贿罪。实务中,有些案件钱权交易性质明确,但有些场合,行为是否体现钱权交易并不十分清晰,因而容易发生争议。重视行为性质的主要方面,有利于准确认定受贿罪,避免处罚的不适当扩大化。

案例 6:吕某购买铁矿石受贿案

吕某系某县公安局局长,购买新房后需要装修,因装修款尚缺 10 万元而发愁。朋友陈某得知后为其出谋划策,告诉吕某当地甲公司(民营企业)经营的铁矿石供不应求。吕某可以找该公司董事长张某批一些铁矿石(购买指标),该购买指标在市场上很紧俏,转卖即可赚钱从而补足房屋装修款。吕某通过陈某的介绍找到张某批得铁矿石 200 吨,转卖后获得差价 13 万元。该钱款用于房屋装修。案发后,经查证,吕某购买铁矿石的价格并不存在明显低于市场价的问题,吕某与甲公司及张某之间也没有任何具体请托事项。

对于吕某的行为是否成立受贿罪,有两种观点:一种观点认为,吕某身为当地公安局局长,与当地甲公司之间存在管理与被管理关系,吕某利用职务上的便利,通过购买转卖铁矿石指标,属于变相非法收受他人财物,成立受贿罪。另一种观点认为,本案中吕某通过陈某找到张某批得甲公司铁矿石指标转卖获利 13 万元,不能否认是违纪行为,但吕某和张某之间并不存在具体请托事项,本案行为不体现钱权交易的实质,依法不应成立受贿罪。

本案中,吕某系某县公安局局长,宽泛地讲,公安机关与当地企业之间存在管理和被管理的关系,如果对于本案行为定性采取形式判断,很容易得出吕某利用职务便利,变相受贿的结论。但是,本案将吕某的行为认定为受贿罪是不妥当的。

第一,吕某获得 13 万元主要系铁矿石市场交易的结果,并非权力交易的对价。不可否认,本案中吕某获得铁矿石指标与其作为国家工作人员(公安局局长)的身份有关。因涉案铁矿石在市场上属于紧俏商品,如果吕某没有公安局局长的身份,而是一般社会民众,难以获得涉案 200 吨铁矿石指标。但是,本案中,一方面,吕某购买铁矿石是客观事实,并非虚假行为,而且,涉案铁矿石价格也不存在明显低于市场价的问题;另一方面,吕某在本案中获得的 13 万元系铁矿石转卖的收益,系铁矿石真实市场交易的结果,并非吕某凭借公安局局长的职权获得。可见,本案中吕某获得的 13 万元主要系铁矿石市场真实交易的对价,而非权力的对价,其公安局局长的身份只是提供了交易的机会。在整个交易中,公安局局长的身份对于行为定性不应起决定性或者主要作用。该点是认定本案中吕某行为是否成立受贿罪需要关注的重要问题。

第二,本案也不存在吕某实施利用职务上的便利,为他人谋取利益的行为。2016 年最高人民法院、最高人民检察院《关于办理贪污贿赂刑事案件适用法律若干问题的解释》第 13 条规定:“具有下列情形之一的,应当认定为‘为他人谋取利益’,构成犯罪的,应当依照刑法关于受贿犯罪的规定定罪处罚:(一)实际或者承诺为他人谋取利益的;(二)明知他人有具体请托事项的;(三)履职时未被请托,但事后基于该履职事由收受他人财物的。国家工作人员索取、收受具有上下级关系的下属或者具有行政管理关系的被管理人员的财物价值三万元以上,可能影响职权行使的,视为承诺为他人谋取利益。”本案中,购买甲公司铁矿石系吕某通过朋友陈某主动提出的,甲公司和张某并无具体请托事项。认为本案成立受贿罪的观点指出,公安局和甲公司之间存在行政上的管理和被管理关系,所以,符合前述司法解释第13条第2款规定的“视为承诺为他人谋取利益”。该认识是不能成立的。最高人民法院和最高人民检察院为了从严打击贿赂犯罪,对于“为他人谋取利益”的含义进行了进一步扩张解释,本书是赞同的,但是对于前述司法解释第13条第2款中的“具有上下级关系的下属或者具有行政管理关系”要适当限制解释,不能宽泛地认为某县公安局和该市所有企业之间都存在行政管理关系,司法解释中规定的“上下级关系”和“行政管理关系”应当是具体的关系。

第三,如果认为吕某的行为成立受贿罪,那么,甲公司和张某将可能被认定为行贿罪,这是很不妥当的结论,甲公司作为民营企业,依法有自主经营权,本案中甲公司的行为完全是合法正当的行为。

案例7:甲购买房屋受贿案

甲系某市分管城市建设的副市长,甲与乙、丙、丁系大学同学。乙、丙、丁都在当地从事商业活动,是当地有一定影响力和社会声望的企业家。一日聚餐,四人谈起当地新近开业的商业圈正在出售门面房,相约四人一起购买门面房出租赚钱,每人需

> 要投资500万元。甲因经济实力所限,只能投资200万元。乙、丙、丁商量由乙借给甲300万元,赚钱后返还,并没有约定借款时间和利息。3年后,甲、乙、丙、丁四人将所购买门面房转卖,每人所得700万元,净赚200万元利润。甲立即偿还乙的300万元借款,并向乙支付50万元利息。乙只收取了300万元本金,拒绝收取任何利息。案发后,对于乙借贷甲300万元投资赚取200万元的事实,一种意见认为属于变相受贿行为,依法应以受贿罪追究责任。

本案中,甲系某市分管城市建设的副市长,乙、丙、丁是该市从事商业活动的企业家,与前述吕某购买铁矿石受贿案(案例6)一样,从形式上看,两者之间很容易被认为存在管理和被管理的关系,从而肯定甲的行为属于以借为名的变相受贿。但是这种理解同样不正确地理解了本案行为的性质。

不可否认,如果甲不是某市副市长,乙、丙、丁很可能不会借款给甲并共同投资商圈门面房,所以,不能认为甲赚取200万元利润完全与职务行为没有任何关系,但本案定性的核心问题在于,甲通过与乙、丙、丁共同投资房屋赚取200万元,究竟主要是依靠钱与权的交易,还是市场供求交易,这是决定甲行为性质的核心问题。

首先,乙借300万元给甲一起投资购买门面房,系乙、丙、丁共同商量的结果,甲与乙、丙、丁是大学同学,就借款300万元而言,也没有任何具体请托事项或谋取利益的承诺。甲和乙、丙、丁共同出资购买房屋是真实存在的,甲支付200万元,却无力支付另外300万元也是事实。由此可见,甲和乙之间系真实借贷关系,所借300万元用于购买门面房,依法并不属于钱权交易。

其次,甲、乙、丙、丁合伙购买房屋3年后将其转卖,每人净赚200

万元,这是房屋市场供求决定的,是真实市场交易的对价,并不是权力交易的结果。

所以,与吕某购买铁矿石受贿案(案例6)一样,本案中甲赚取200万元主要是房屋市场交易的结果,而不是其凭借权力所得。其副市长的身份可能与其赚取200万元有一定联系,但并没有起到实质性作用。行为性质应由其主要方面决定,本案依法不应认定甲构成受贿罪。

8. 贪污罪与私分国有资产罪的区分

私分国有资产罪,是指国家机关、国有公司、企业、事业单位、人民团体,违反国家规定,以单位名义将国有资产集体私分给个人,数额较大的行为。根据刑法规定,本罪属于单位犯罪。司法实践中,私分国有资产罪与共同贪污行为容易混淆。办案人员能够注意主次关系原理,有助于厘清行为的性质。

案例8:张某、王某等共同贪污案

张某和王某系某国有医院某科室主任和副主任,两人违反国家和医院管理规定,私自决定在账外设置小金库,除去日常接待花销等,过去3年共计收取各种费用累计69万元。科室员工李某等5人知道科室有小金库,但并不知道小金库的具体数额。因张某工作调离原因,张某和王某商量将该69万元在科室内部私分。其中张某和王某每人分取27万元,其余15万元由李某等5人平均分取,每人分取3万元。

对于本案性质,一种观点认为,本案中张某、王某的行为成立私分国有资产罪;另外一种观点认为,张某和王某的行为构成共同贪污罪。

本书认为,认定张某、王某的行为构成私分国有资产罪不是完全没有道理：首先，根据刑法规定，私分国有资产罪是单位犯罪，成立本罪，客观上要有单位行为，主观上要体现单位意志。本案中，张某和王某系某国有医院某科室主任和副主任，两人的行为可以代表单位行为，两人的决定也可以体现单位意志。其次，从 69 万元的分配结果看，除张某和王某分得款项外，科室的李某等 5 人每人都分得了 3 万元，可以认为款项为单位集体私分。

但是，如果考察 69 万元的分配比例和结果，将本案行为定性为私分国有资产罪，就面临疑问。证据显示，该科室包括张某和王某等共计 7 人。张某和王某每人分取 27 万元，合计 54 万元，其他 5 位同事每人分得 3 万元，合计 15 万元，在款项的分配比例和结果方面，张某、王某两人占有了绝大部分款项，将本案评价为单位犯罪，明显不符合行为事实。贪污罪和私分国有资产罪都属于职务类经济犯罪，财物的归属和去向对于决定行为性质具有重要意义，既然张某和王某两人占有了该 69 万元中的绝大部分，那么，本案行为性质的认定就应充分考虑该事实。本书认为，认定张某和王某共同贪污，成立贪污罪的共同犯罪更为妥当，贪污的数额为 54 万元。

9. 共同犯罪与单独犯的区分

根据刑法规定，共同犯罪是指二人以上共同故意犯罪。共同犯罪的成立，需要二人以上客观上实施了共同行为，主观上具有共同意思联络。但在有些场合，二人以上是否存在共同行为和意思联络，容易产生争议。办案人员若能立足于主次关系原理，注意考察行为的主要方面，有助于澄清行为性质，避免争议。

案例 9：刘某等共同盗窃案

刘某等三人与齐某等四人，是两个独立的盗窃团伙。刘某等三人来自乙县，齐某等四人来自丙县。两个犯罪团伙在甲县

> 盗窃时相识。其后，两个犯罪团伙经常一起结伴同行、租车在甲县行窃。租车的费用由两个团伙各自分担，盗窃中也无互相帮助行为，盗窃所得归各自团伙所有。两个盗窃团伙作案数起，在当地产生了恶劣影响，后被公安机关查获。

对于刘某等三人和齐某等四人是否成立盗窃罪的共同犯罪，办案机关有争议。一种观点认为，两个团伙同行、共同租车，依法属于互相帮助、鼓励行为，成立盗窃罪的共同犯罪；另一种观点认为，两个团伙不应整体认定为盗窃罪的共同犯罪，而应各自承担刑事责任。

本案中，刘某等三人和齐某等四人共同租车、同行盗窃，在主观上都知道对方的行为是盗窃，客观上有同行的行为，在同行过程中难免存在犯罪的交流、沟通，所以，认为两个团伙在整体上构成共同犯罪，似乎符合刑法规定。但是，将刘某、齐某等 7 人认定为共同犯罪，忽视了本案核心、主要事实对本案定性的意义，并不妥当。

首先，从客观行为看，盗窃罪的核心构成要件行为是窃取财物的行为。对于该行为，两个团伙之间既没有互相参与的实行行为，也没有实质性的相互补充、加功、利用行为。两个团伙共同租车同行，主要是出于交通的便利，同行行为依法不属于各自犯罪的共同行为（帮助行为）。租车的费用各自承担，就能很好地说明两个团伙之间是相互独立的。

其次，盗窃罪属于财产犯罪，所得财物是否共同分配，对于认定行为人是否属于共同犯罪具有重要意义。本案中，两个团伙盗窃所得财物分别分配，这也决定了本案不能被整体认定为盗窃罪的共同犯罪。

10. 犯罪工具的没收及其范围

《刑法》第 64 条规定，“违禁品和供犯罪所用的本人财物，应当予以没收”。如何理解“供犯罪所用”,刑法和司法解释都没有进一步说明,实务中办案人员对其标准的把握也不统一。

案例10:宝马牌轿车运输毒品案

2021年8月28日晚20时许,喻某与师某等人在茶楼包间正准备交易毒品时,接到吸毒人员唐某欲购买“K粉”的电话,喻某便吩咐马仔李某与吴某跟随其回到自己居住小区地下停车场,从宝马牌轿车后备厢中取出用红色烟盒包装的约35克的“K粉”交给二人,并让李某与吴某驾驶自己的宝马牌轿车将毒品送至某小卖部,以4000元的价格卖出。李某与吴某收取现金后返回茶楼交给师某时,被公安机关当场查获。本案喻某的宝马牌轿车也一并被公安机关扣押。

对于本案中运送毒品的轿车是否属于《刑法》第64条规定的“供犯罪所用的本人财物”,存在争议。人民法院审理后指出,关于扣押在案的宝马牌轿车,现无证据能够证实该车系被告人喻某为贩卖毒品而购买,或者购买后主要用于贩卖毒品,该车不宜认定为犯罪工具,应当由扣押机关依法退还给原车主。

案例11:黄某等非法采砂案

2021年2月16日至3月6日期间,黄某在未取得开采海砂海域使用权证和许可证的情况下,指使周某、张某驾驶自吸自卸式采砂船,在某海域进行盗采海砂作业,后将开采的海砂销往外地,从中牟取暴利。黄某被当地公安机关查获,采砂船被依法扣押。

本案审理过程中,对于涉案采砂船是否属于《刑法》第64条规定的“供犯罪所用的本人财物”,存在较大的意见分歧。辩护意见认为，采砂船并非黄某专门为犯罪所准备，且价值远高于涉案金额，不宜认定为非法采矿的犯罪工具予以没收，把如此高价值的船只作为犯罪工具予以没收，既不符合比例性原则，也不符合保护第三人利益原则。人民法院审理后认为，该船系供犯罪使用的本人财物，依法应予以没收，虽然是合法购置，但上述设备均在犯罪过程中予以使用，没有上述犯罪工具，非法采砂的犯罪行为是无法实施的，依法应属于作案工具。

如果仅看《刑法》第 64 条的字面含义，那么，即便某财物仅仅一次或者偶尔用于犯罪，同样也不失为“供犯罪所用”，将其作为犯罪工具没收，不能说违反刑法规定。但这种对刑法条文简单化、字面化的理解会导致案件处理既不合法，也不合情理。

罪责刑相适应是我国刑法的基本原则，系比例原则在刑法中的体现。作为刑法基本原则，不仅要体现在主刑的适用上，也要体现在附加刑的适用中；不仅要贯彻在生命刑、自由刑的适用上，也要贯彻于财产刑的适用和涉案财产处理（没收和追缴）中。为了贯彻罪责刑相适应的刑法基本原则，“供犯罪所用”应限制解释。首先，要注意考察作为犯罪工具的财物价值。如果作为犯罪工具使用的涉案物品价值很大，而犯罪本身涉及的财物价值并不大，如前述宝马牌轿车运输毒品案（案例 10），那么，要慎重地将涉案物品作为犯罪工具没收，避免处罚的过度与失衡。其次，要重视考察工具的性质，即能否认定为犯罪工具。现实生活中，涉案物品，如摩托车、汽车、采砂船具有多种功能，如果物品主要用于合法生产、生活，仅一次或者偶尔用于违法犯罪活动，要特别慎重将其作为犯罪工具没收；相反，某种物品主要用于犯罪活动或者多次用于犯罪活动的，应根据《刑法》第 64 条的规定，予以没收。

上述宝马牌轿车运输毒品案（案例 10）中，宝马牌轿车价值不罪,如果并非用毒资购买或者并非主要用于毒品犯罪交易,那么就不能将其作为毒品犯罪工具没收。本案中人民法院的判决充分注意到这一点,值得肯定。在黄某等非法采砂案(案例 11)中,涉案采砂船应否作为犯罪工具没收,需要综合考察该船只从事非法采砂的时间和次数、非法采砂的获利数额、是否主要用于涉案非法采砂行为等因素,不能因为查获时该船只用于非法采砂就简单地将其认定为犯罪工具予以没收。

四、结　论

对于本章内容,简要总结如下:

第一,事物的性质应当由其主要方面决定,要避免以次要方面确定事物的性质。犯罪认定同样应贯彻上述主次关系原理及其方法论。

第二,根据司法解释的规定,主次关系原理及其方法论在单位犯罪与个人犯罪的区分、诈骗犯罪非法占有目的的认定、交通肇事罪的认定、非法吸收公众存款罪与非罪界限等方面都有明确体现。

第三,实务中,办案人员坚持主次关系的原理和方法论,不仅有助于准确把握罪与非罪的区分,也有助于厘清此罪与彼罪的界限。比如,轻微暴力致人死亡案件中,被害人死亡的主要原因系特殊体质,此类案件难以认为成立故意伤害罪或者过失致人死亡罪;行为人虚构事实骗取被害人财物,如果其中的主要事实是真实存在的,虚构的只是次要事实,要慎重认定为诈骗犯罪;在“骗”和“敲诈”交织的案件中,行为的定性应重视是“骗”起了主要作用,还是“敲诈”起了主要作用;产品的次要部分或次要功能不合格的,应避免将整个产品认定为刑法中的“伪劣产品”。此外,共同犯罪成立犯罪的认定、犯罪所用的本人财物的没收等,同样应重视主次关系原理及其方法论。

关键词索引